Les Éditions du Boréal
4447, rue Saint-Denis
Montréal (Québec) H2J 2L2
www.editionsboreal.qc.ca

LUMIÈRES VIVES

DU MÊME AUTEUR

Option Québec, Éditions de l'Homme, 1968 ; Typo, 1997.

La Passion du Québec, Québec Amérique, 1978.

Oui, Éditions de l'Homme, 1980.

Attendez que je me rappelle…, Québec Amérique, 1986, 2007.

Chroniques politiques, tome 1 : *1966-1970*, Hurtubise, 2014.

Chroniques politiques, tome 2 : *1970-1971*, Hurtubise, 2017.

René Lévesque

LUMIÈRES VIVES

Chroniques de cinéma 1947-1949

*Édition établie et présentée
par Jean-Pierre Sirois-Trahan*

Boréal

Livre publié sous la direction de Robert Lévesque

© Les Éditions du Boréal 2022
Dépôt légal : 4e trimestre 2022
Bibliothèque et Archives nationales du Québec

Diffusion au Canada : Dimedia
Diffusion et distribution en Europe : Interforum

Catalogage avant publication de Bibliothèque et Archives nationales du Québec
et de Bibliothèque et Archives Canada

Titre : Lumières vives : chroniques de cinéma 1947-1949 / René Lévesque ; édition établie
et présentée par Jean-Pierre Sirois-Trahan.

Autres titres : Chroniques. Extraits

Noms : Lévesque, René, 1922-1987, auteur. | Sirois-Trahan, Jean-Pierre, 1972- éditeur intellectuel.

Identifiants : Canadiana (livre imprimé) 20220021945 | Canadiana (livre numérique) 20220021953 |
ISBN 9782764627419 | ISBN 9782764637418 (PDF) | ISBN 9782764647417 (EPUB)

Vedettes-matière : RVM : Cinéma—Histoire. | RVM : Cinéma québécois—Histoire et critique.

Classification : LCC PN1993.5.A1 L469 2022 | CDD 791.4309—dc23

Présentation

*J'aime beaucoup le cinéma. J'ai même été
chroniqueur de cinéma dans mon temps.*

RENÉ LÉVESQUE, 1973

Intérieur – jour. Nous sommes à la fin de l'été 1948. La fenêtre est grande
ouverte, l'heure dorée enveloppe la ville de sa lumière chaude et ambrée,
la nuit orageuse s'apprête à tomber sur Montréal, « deuxième ville française du monde ». Le centre-ville et les faubourgs étouffent dans cette
chaleur caniculaire. À son bureau, un jeune auteur de vingt-cinq ans
commence à taper sur sa Remington Rand les notes éparses tracées
rapidement avec son Eagle Veriblack. La radio est allumée, quand ce
n'est pas un morceau de jazz qui tourne sur le soixante-dix-huit tours.
Dans son petit logis de l'avenue Barclay, dans Côte-des-Neiges, il s'applique à saisir par les mots cette lumière vivante reflétée par les écrans.
Il ne sait pas trop ce qu'il va faire de son existence, mais il aime parler
des films, cela, il le sait. C'est ainsi que chaque semaine, au sortir d'un
des grands cinémas de la rue Sainte-Catherine (« notre petit Broadway »), il recommence, encore et encore, l'écriture fervente d'une chronique, avec pour seules armes sa parole franche et son intelligence vive.

Ce recueil est une révélation, et elle est multiple. Celui qui fut tour
à tour *speaker* à la radio, reporter pour la troisième armée du général
Patton durant la Seconde Guerre mondiale, journaliste de guerre en
Corée, animateur vedette de l'émission *Point de mire,* ministre dans
« l'équipe du tonnerre » de Jean Lesage et, bien sûr, l'un des premiers

ministres les plus importants de l'histoire du Québec (1976-1985), cachait encore une facette de son personnage plus grand que nature. On savait déjà que René Lévesque avait publié quelques critiques sur des films d'ici (*La Forteresse, Tit-Coq* et *Les Ordres*), mais on en concluait rapidement que c'étaient des écrits de circonstance au milieu de son activité publique. La mise au jour de cet ensemble compact de quatre-vingt-huit chroniques publiées dans *Le Clairon* de Saint-Hyacinthe, de décembre 1947 à novembre 1949, confirme cette chose inattendue : Lévesque fut un brillant critique de cinéma[1]. Son érudition impeccable, sa passion cinéphile, son brio dans l'analyse et sa plume acérée en font assurément l'un des pionniers de la critique au Québec.

Le contexte est nécessaire pour mieux comprendre ce Lévesque d'avant Lévesque. Cette importante activité critique se situe dans ce qu'il appelait lui-même son « entre-deux-guerres » : entre la Seconde Guerre mondiale (1939-1945) et celle de Corée (1950-1953). Années des débuts dans la vie (il se marie le 3 mai 1947 et devient père à vingt-cinq ans, en avril 1948), années de formation dans un relatif anonymat : c'est l'époque sur laquelle passent rapidement tous les historiens, même s'il ne fait aucun doute que ces années-là peuvent receler quelques surprises.

De retour de France en 1945, après avoir accompagné les soldats américains dans leur campagne militaire, jusqu'à l'ouverture des camps de Liebenau et de Dachau (où il a fait un reportage avec un cameraman français), il reprend son emploi de *speaker* au Service international de Radio-Canada. « La Voix du Canada » : la dénomination semble prestigieuse, mais il ne s'agit que du service d'ondes courtes à destination des soldats canadiens basés à l'étranger. Encore choqué par ses années de guerre, dont certains souvenirs, dira-t-il, vous rendent « triste pour le restant de vos jours[2]... », il ne sait plus trop où est sa place dans le monde. Il écrit dans une lettre : « Mes temps libres se passent surtout à

---

1. La livraison du 22 juillet 1949 (vol. 38, n° 29) est absente des fonds d'archives. On peut donc soupçonner une quatre-vingt-neuvième chronique.

2. Pierre Godin, *René Lévesque*, tome 1 : *Un enfant du siècle*, Montréal, Boréal, 1994, p. 166.

PRÉSENTATION

me promener d'un cinéma à l'autre et de librairie en librairie[3]. » En août 1946, il commence en parallèle à écrire des chroniques sur les spectacles (radio, théâtre, chanson) puis, à partir de décembre 1947, à livrer cette chronique régulière sur le cinéma.

Est-ce pour diversifier ses revenus – il gagnait 2 700 dollars par année à Radio-Canada en 1945 – et avoir un lectorat à la grandeur du Québec qu'il a envoyé ses chroniques au *Clairon*? Dirigé par Télesphore-Damien Bouchard (1881-1962), ancien maire de Saint-Hyacinthe, cet hebdomadaire était aussi publié dans les grands centres (sous les titres de *Clairon-Montréal* et *Clairon-Québec*), où il s'adressait aux « rouges » opposés au conservatisme et au cléricalisme. Au plus noir de la Grande Noirceur – l'Union nationale de Maurice Duplessis remporte quatre-vingt-deux des quatre-vingt-douze sièges à l'élection du 28 juillet 1948 –, ces pages libérales devaient apparaître à cet anticonformiste comme un formidable espace de liberté où user de son indépendance, de sa plume frondeuse. Cette activité s'arrête à la fin de 1949, quand le périodique maskoutain cesse d'être publié à Montréal et à Québec[4].

Un cinéphile et son milieu

Le plus étonnant dans ces critiques, c'est qu'elles attestent un cinéphile aguerri qui tranche par son goût déjà pleinement développé – il n'est pas question ici d'un travail alimentaire exécuté par un dilettante. Cette passion pour le cinéma, elle semble avoir toujours été présente. Alors qu'il écrit ses mémoires après sa retraite de la vie politique en 1985, Lévesque s'envole vers Paris, capitale de la cinéphilie, afin de se gaver de films, chose impossible lorsqu'il était au pouvoir : « Par bonheur, on n'est plus en service commandé, *Pariscope* paraît chaque semaine et, comme au temps jadis, on se plonge dans une orgie de films qu'on ne

---

3. *Ibid.*, p. 188.

4. Sur *Le Clairon* et l'activité de Lévesque dans ses pages, voir Jean-Noël Dion, « René Lévesque, journaliste pour *Le Clairon* de Saint-Hyacinthe 1946-1949 », *Le Courrier de Saint-Hyacinthe*, 17 octobre 2001.

se permettrait pas chez nous. Ce que je n'ai d'ailleurs jamais compris[5]... » Il semble déplorer ici le manque de cinéphilie de la société québécoise, et là-dessus rien n'a vraiment changé.

Bien avant cela, où avait-il pu acquérir une telle érudition dans ce désert cinéphilique qu'était le Canada de l'époque, ce « royaume de la grisaille » ? On sait qu'il a fréquenté les cinémas quand il était soldat à Londres ; il aurait assisté aux séances des *film societies* de l'Ouest montréalais ; et sans doute a-t-il participé au ciné-club francophone de l'Université de Montréal, fondé en 1948.

Il n'empêche, cette culture du cinéma, exceptionnelle pour l'époque, devait en faire un homme seul, en rupture avec son milieu culturel. À ce titre, et à moins d'une redécouverte de même ampleur, il faut désormais voir René Lévesque comme l'un des premiers critiques modernes au Québec. Certes, depuis le tournant des années 1920, il y avait des critiques de cinéma dans les journaux, et d'aucuns n'étaient pas dénués d'intelligence (Jean Béraud, Roger Champoux, Jean Nolin, Gustave Comte[6]...), mais c'était le plus souvent des chroniqueurs de théâtre ou de musique qui condescendaient à parler de cinéma. Pour bien critiquer un film, encore faut-il connaître en profondeur les enjeux expressifs du septième art et être capable d'apprécier sa spécificité. Et puis, souvent les critiques des journaux montréalais ne pouvaient s'empêcher de faire la promotion des films dont les publicités garnissaient les pages : « Et je songe, raconte Lévesque en observateur lucide, que ces mêmes feuilles ne s'occupent trop souvent de films ou de concerts, de théâtre ou de radio, même de livres, qu'en fonction de la réclame ; que de toute façon ces items-là sont relégués dans un coin obscur et, autant que possible, confiés aux plumes les plus gauches et les plus ignares qu'on puisse dénicher ! » (p. 228) Il faudra attendre les premières revues de cinéma

---

5. René Lévesque, *Attendez que je me rappelle...*, Montréal, Québec Amérique, 2007, p. 17.

6. À ce sujet, voir la thèse d'Hubert Sabino-Brunette, « Critique cultivée et modernité vernaculaire : dualité de l'émergence d'un discours sur le cinéma dans la presse montréalaise francophone entre 1920 et 1931 », Université de Montréal, 2019.

dignes de ce nom (*Découpages, Images* et *Séquences*) pour qu'une critique cinéphile voie le jour dans les années 1950.

S'il ne rate jamais une occasion de moquer ses « collègues » montréalais, il lit avidement les critiques des journaux new-yorkais et parisiens, et sans doute également ceux de revues comme le *New Yorker, Les Temps modernes* ou *Esprit*. Son emploi à Radio-Canada lui permettait vraisemblablement un accès à ces périodiques, mais il ne semble pas qu'il connaissait les premières revues spécialisées (*La Revue du cinéma, L'Écran français* ou *Sight & Sound*).

Pour comprendre l'inscription du jeune critique dans le contexte du cinéma d'après-guerre, il faut savoir que les vainqueurs de la Seconde Guerre mondiale utilisent alors le cinéma comme *soft power*. En plein âge d'or du système des studios, les Américains se servent de leur puissance économique pour inonder les marchés étrangers (dont le Canada) de produits sophistiqués sortis de leur usine à rêves, tandis que l'Union soviétique séduit de plus en plus d'intellectuels occidentaux, notamment en France, où le Parti communiste a une forte influence sur la culture. À Hollywood, c'est le règne des grands producteurs (Samuel Goldwyn, David O. Selznick, Darryl F. Zanuck ou Irving G. Thalberg). Si Lévesque se méfie du mercantilisme américain et de sa culture triomphante, c'est moins dû à l'idéologie canadienne-française de ces années-là qu'à une perméabilité à l'anti-américanisme français et à l'anti-hollywoodisme qui règne sur les scènes de Broadway. À cette époque, Paris et New York sont les deux pôles de son cosmopolitisme. C'est un homme au confluent de plusieurs cultures, par son bilinguisme d'abord, par sa connaissance des cultures américaine, française et anglaise ensuite, par sa passion pour le cinéma et la littérature enfin.

Un souvenir d'enfance de René Lévesque

Les années 1940 voient aussi se raffermir le culte des vedettes de l'écran, ces divinités descendues de leur Olympe californien pour que leurs exploits soient représentés sur tous les calicots du monde grâce aux pyramides lumineuses des projecteurs. Lévesque n'est pas insensible à cette magie. Cet homme qui aimait les femmes se montre particulièrement sensible au sex-appeal triomphant des actrices sous les *sunlights* et ne se prive jamais de décrire leur vénusté (comme disait Roland Barthes). C'est l'époque où le glamour des stars féminines et masculines est mis de l'avant par les studios pour capter l'attention des masses. Cet aspect est sans doute ce qui a le plus vieilli dans les textes de Lévesque ; il peut difficilement passer, dans le contexte d'alors, pour un trait original. Un souvenir d'enfance, sorte de scène primitive de sa cinéphilie, permet d'éclairer cet intérêt. Dans le Québec d'alors, les enfants sont interdits de cinéma ; les petits n'ont accès qu'aux films édifiants que leur passent leurs éducateurs religieux (voire un Chaplin ou un Walt Disney dans le meilleur des cas). C'était compter sans l'inconséquence du curé de New Carlisle, comme Lévesque l'explique lui-même dans ses mémoires :

> [...] afin de renflouer la fabrique, il eut l'audace de transformer la salle paroissiale en cinéma. Surtout quand on vit s'étaler l'annonce du film inaugural où les enfants eux-mêmes étaient admis : *The Jungle Princess* (1936) avec Dorothy Lamour ! Ce fut un beau tollé qui mit bientôt fin à cette dangereuse initiative. J'eus quand même la chance d'admirer la Dorothy en sarong, roucoulant à son partenaire qui, lui, retomba dans l'oubli : « *I belong to you, you belong to me, my looove.* » Un petit air obsédant que je fredonne encore à l'occasion[7].

Ce goût, dans ses chroniques, est aussi à comprendre dans le contexte moral de l'après-guerre : alors qu'à Hollywood les règles d'autocensure de l'industrie sur le sexe et la violence, le fameux code Hays, poussent les scénaristes et cinéastes à développer un érotisme sublimé, fait d'allusions et de symboles cachés, le Canada français est embourbé dans un moralisme mortifère. Le Bureau de censure de la province de Québec, avec ses ciseaux qui détruisent l'intégrité des films, a la réputation d'être le plus sévère du monde, alors même que le règne sans

---

7. René Lévesque, *Attendez que je me rappelle...*, p. 69. La chanson évoquée s'intitule « Moonlight and Shadows » (musique de Friedrich Hollaender, paroles de Leo Robin). Le refrain se lit plutôt comme suit : « *I belong to you, you belong to me, my sweet.* »

partage de Duplessis met une chape de plomb sur les rêves de modernité qu'avaient suscités les retours d'Europe. Athée depuis l'adolescence, Lévesque se présente alors comme un démocrate laïque : il ne manque jamais d'utiliser des expressions latines pour dénoncer la tartufferie des censeurs, le *nihil obstat* des curés en particulier, surtout quand il évoque le sex-appeal des stars ! Lui qui toute sa vie a eu comme partenaires de travail des femmes de tête, à commencer par la grande journaliste Judith Jasmin, réserve le plus souvent ses éloges aux *new women* émancipées (Katharine Hepburn, Irene Dunne, Olivia de Havilland, Lana Turner, Ida Lupino, Marlene Dietrich, etc.) qui peuplent alors les écrans.

Une pensée du cinéma

Face à cet ensemble compact mais forcément disparate de chroniques longues et fouillées, on peut se demander quelles sont les idées structurantes sur lesquelles Lévesque s'appuie pour passer au tamis le tout venant de la production courante.

Première remarque : comme plus tard en politique, le jeune Lévesque montre peu d'intérêt pour les grandes théories et l'esprit de système. Avec son esprit fin, tout en nuances, il préfère décrire les beautés que recèlent les films et juger en détail le travail effectué. Il faudrait pouvoir citer tous les passages remarquables sans gâcher le plaisir du lecteur : sa comparaison précise entre le jeu de Pierre Fresnay et celui de Louis Jouvet, son regard sans complaisance sur la production nationale, l'émotion qui l'étreint quand, devant les films de guerre, il est assailli par des souvenirs, ses commentaires vitrioliques sur Jean Cocteau, son résumé de la culture canadienne-française en forme de bilan comptable, ses deux papiers décapants sur Sacha Guitry, sa découverte d'Ingmar Bergman, etc.

Le cinéma est un art complexe dont la fabrication dépend de divers savoir-faire et procédés : le scénario, le décor et les costumes, le jeu des comédiens, le travail de la lumière et de la caméra, enfin le découpage et le montage. En gros, Lévesque se demande toujours comment la « machine » fonctionne, concrètement, et si l'ensemble de ses parties forment un tout ou non, selon une conception classique. Sa préférence va souvent aux films cousus main, fabriqués par des artisans indépendants. Il n'aime pas trop les mécaniques rutilantes des techniciens sans âme – d'où son ambivalence devant les produits parfaitement usinés à Hollywood.

Deuxième remarque : il considère le cinéma comme « le fils du siècle », celui de la modernité et du *common man*. Loin d'être élitiste, l'art de l'écran attire alors les masses avides qui se pressent, tous les soirs, dans les cinémas de première (les Loew's, Capitol, Palace et Orpheum de la Sainte-Catherine, l'Imperial de la rue Bleury), des salles qui peuvent faire jusqu'à trois mille deux cents places. Aussi Lévesque passe-t-il avec aisance de sa grande culture littéraire (il cite Montaigne, Boileau, Dostoïevski, Nietzsche, Camus, etc.) à une cinéphilie populaire. Même s'il lui arrive de tancer le public auquel il s'adresse, en affirmant que les Canadiens n'ont que la culture qu'ils méritent, il ne s'exclut pas du constat, d'où son désir, sans doute, de remonter le niveau général par sa rigueur et son talent.

« Il me semble, voyez-vous, qu'on ne doit aller au cinéma, essentiellement, que pour se distraire (c'est-à-dire pour être halé quelques instants hors de ses tracas et de ses inquiétudes) » (p. 148), affirme-t-il à la manière du poète Robert Desnos. Il revendique cette vision du cinéma comme évasion, habituellement l'une des tares de ce langage pour les intellectuels cinéphobes :

> Un film, c'est avant tout un divertissement, une distraction, une « évasion » […]. Le rôle premier du cinéma – du cinéma populaire, et pour l'instant il n'en est à vrai dire point d'autre – est de faire oublier la salle et le fauteuil et les embêtements du bureau, le voisin qui fleure l'ail et la voisine qui sent trop bon – bref, de me faire sortir de moi-même… Le film qui remplit bien cet emploi aura beau souffrir par ailleurs de tous les vices, ce n'est pas absolument un navet. Celui, par contre, qui ne parvient pas à m'avoir, qui me laisse penser aux courses du lendemain, je sais qu'en dépit de tous les fignolages et de toutes les prétentions, il ne vaut pas cher. (p. 299)

Mais il est intéressant d'observer ce qui le divertit vraiment : l'intelligence d'un propos, les nuances du jeu d'un comédien, l'audace et les idées neuves de la mise en scène, ceci qui le surprend par son inédit, cela qui révèle du panache, ou encore lorsque la fantaisie le dispute à l'esprit (d'où ses louanges en direction de Guitry, malgré le personnage, qu'il juge imbuvable). À l'inverse, il n'apprécie guère les mélos ni les couleurs qui distraient le spectateur (Natalie Kalmus, la directrice artistique qui supervisait le procédé Technicolor, est l'une de ses têtes de Turc préférées). Il n'aime pas non plus les cinéastes qui ne respectent pas l'intelligence du public, pas plus que « cette insupportable suffisance des bandes qui s'imaginent porteuses d'un "message" et qui se complaisent sans fin dans leur propre vacuité » (p. 130).

Troisième remarque : ce qui structure en filigrane son discours pourrait être résumé par l'opposition cinéma-reportage et cinéma-roman. En bon reporter de guerre, son goût se porte vers les auteurs (c'est-à-dire le scénariste, le cinéaste et parfois le producteur) qui ont fait une recherche honnête pour révéler les mille nuances, les mille détails d'un sujet. Bien documenté, un film doit montrer les particularités inimitables d'un milieu donné, avec sa culture, son accent, ses paysages réels, bref, son écosystème naturel et humain dans toute son ambiguïté ; il doit révéler sous une lumière exacte une réalité sensible qui ne soit pas qu'un amalgame de clichés. Autrement dit, il faut qu'un personnage soit situé dans un temps et dans un lieu – d'où le fait que Lévesque accole souvent une date à une réalité (« Götterdämmerung-45 ») pour signifier cela. Le cinéma est « l'art du présent », disait René Clair, mais Lévesque dirait plutôt qu'il est l'art des spatio-temporalités singulières. Rien ne l'agace plus que les films non situés : « Nous avons vu comment le film de Becker [*Antoine et Antoinette*, 1947] se situe de lui-même, est bien de Paris, du Paris d'aujourd'hui, et ne saurait être d'ailleurs. *The Street with No Name* [William Keighley, 1948] est en revanche ce que son titre indique : une image de n'importe où, donc de nulle part. » (p. 161) Pour lui, un personnage de fiction n'est vrai qu'à la condition qu'il soit d'un milieu précis : « Nick Bianco est un homme. Peut-être a-t-il vécu. De toute façon, il est *viable* : il a une âme et un milieu. » (p. 36) Les méchants de pacotille l'énervent ; devant les bandits complexes et sans clichés de *Key Largo* (1947) de John Huston qui l'enthousiasment, il aura ce titre ironique : « Merci, mon Dieu, pour les méchants… » Il se désole même que la Gestapo soit stéréotypée !

Selon son biographe Pierre Godin : « Le cinéma est pour lui un terrain de rencontre aussi efficace qu'un livre ou un tableau. Un tapis magique qui le fait entrer non seulement dans le décor, mais aussi dans la vie des gens éloignés de lui par les détails aussi énormes que la langue, les traditions et l'histoire[8]. » Aussi se renfrogne-t-il contre la tendance hollywoodienne à tourner toutes les histoires du monde dans l'artifice des studios californiens, système de production qui allait de pair, dans ces années d'après-guerre, avec la stratégie de monopole sur les écrans étrangers. « Chacun ses histoires… et l'écran dirait moins de bêtises » (p. 190), écrit-il.

Or, cette conception du cinéma-reportage, qui regroupe le documentaire et le réalisme en fiction, est constamment tempérée par son goût du cinéma-roman, à savoir la capacité qu'ont les auteurs d'inventer des mondes autonomes, peu ou prou fidèles, qu'importe, à la réalité historique, et de les peupler de figures nouvelles. C'est ainsi qu'il ne dédaigne pas, à l'occasion, la fantaisie d'une comédie de boulevard, les chorégraphies étourdissantes des comédies musicales, les décors irréels des opérettes, le schématisme des contes de fées. On le voit, ce n'est pas un critique normatif – même s'il a ses préférences –, et il juge le plus souvent les films selon les critères internes des genres auxquels ils appartiennent.

Avant la politique des auteurs

Étrangement, il ne nomme pas beaucoup les cinéastes des films qu'il chronique. Mais à l'époque les metteurs en scène des grands studios étaient généralement considérés comme des exécutants. Nous sommes avant la fameuse « Politique des auteurs » des *Cahiers du cinéma* des années 1950, alors que ne s'était pas encore imposé cet auteurisme qui ferait du seul metteur en scène le maître d'œuvre d'un film. En effet, pour Lévesque, les films sont des œuvres pleinement collectives au résultat desquelles concourent différents métiers : le scénariste, le producteur, le cinéaste et tous les départements. Si certaines œuvres

---

8. Pierre Godin, *René Lévesque*, tome 1, p. 240.

(comme *The Search* de Fred Zinnemann [1948]) fonctionnent par simple addition harmonieuse de tous les talents, il remarque pourtant qu'il faut un chef d'orchestre capable d'intégrer le tout, un artiste de film qui a la capacité d'inspirer et d'intégrer le travail de chacun : le metteur en scène.

> Mais quand même tout cela ne fait pas un film. Cette foule de bouts jetés en vrac dans les boîtes demeurent pour l'instant aussi informes qu'un monceau de briques : tant mieux si la texture en est bonne, mais le bâtiment reste à faire. L'on ne dira le mot *film* que le jour où le metteur en scène aura réuni, fondu ces images et cette bande sonore, et ces bribes d'orchestre, en un tout. Le metteur en scène ! l'homme-prodige, le Pic de notre siècle ! (p. 187)

Il y a, selon lui, deux sortes d'autorités créatrices sur un film, soit l'auteur du scénario et l'auteur de la mise en scène, mais elles sont partielles et rarement réunies, comme il l'affirme au sujet de Joseph Mankiewicz, qui est « scénariste et metteur en scène (donc, ce qui est très rare à Hollywood, vraiment auteur du film) » (p. 236). Si à Hollywood les « bandes stéréotypées », produites en série, sont « toujours d'excellent *standing* technique », il s'interroge quand même : « Car les meilleures productions ne viennent-elles pas très souvent de ces autres pays pauvres, comme la France et l'Italie, où le film est, ne peut être qu'une œuvre vraiment signée, celle d'un artiste ou, au plus, d'un "tandem" d'artistes (Jeanson–René Clément, Véry–Christian-Jaque) ?... » (p. 225)

Paradoxalement, s'il nomme rarement les metteurs en scène, sa liste des « grands artistes » du cinéma n'est peuplée que de cinéastes : D. W. Griffith, Charlie Chaplin, Fritz Lang, Serguei Eisenstein, Carl Theodor Dreyer, René Clair, Marcel Carné, Jean Renoir, Ernst Lubitsch, Alfred Hitchcock, John Ford, Walt Disney, Billy Wilder, Frank Capra, John Huston, le premier Cocteau, Sacha Guitry, Jacques Becker, Roberto Rossellini, etc. On peut voir ce paradoxe comme symptomatique d'une époque où le metteur en scène va passer du statut de simple exécutant quasi anonyme à celui de cinéaste auteur (et c'est le scénariste qui va prendre sa place parmi les exécutants plus ou moins anonymes).

XVIII   LUMIÈRES VIVES

Le sujet et la façon

Comme tous les bons critiques, Lévesque s'intéresse au problème de l'expression cinématographique : comment le propos, les thèmes sont exprimés par le style, c'est-à-dire par la forme singulière donnée au film par un artiste. Mais sa pensée sur le sujet évolue, non sans contradictions. Il existe une tension entre deux termes esthétiques : d'une part le *sujet*, thème principal d'un film, son propos essentiel, autrement dit ce qui s'y trouve représenté comme contenu global ; d'autre part la *façon*, c'est-à-dire la manière de faire, liée aux moyens expressifs, qui définit la griffe personnelle d'un cinéaste (la « *Lubitsch Touch* » et la manière Capra en sont des exemples). Ces deux centres d'intérêt sont l'objet d'un tiraillement dans la pensée du jeune critique. Faire œuvre artistique, c'est d'abord, dit-il, une question de style, et parfois même de style national : « Les Italiens, qui ont fait *Rome, ville ouverte* et *Païsa*, n'ont pas l'art (car ce peut être un art, tout est dans la manière) du western. » (p. 88) Ensuite, il remarque que le traitement du sujet a son importance : « Il en va de celui-ci comme de tous les sujets : selon qu'on le traitera bien ou mal, il en peut sortir une œuvre puissante ou médiocre ; ou même ridicule, car les thèmes "à haute tension" confinent toujours au mélo criard. » (p. 179) Aussi le diable est-il dans les détails, et un tâcheron peut gâcher un bon sujet de film, car, dit-il, « il est mille et une façons de trahir un sujet, de fausser un personnage » (p. 191). Parlant d'*Un homme et son péché* (Paul Gury, 1949), son opinion se précise :

> On ne tente plus de fabriquer des films sur canevas d'occasion, peuplés d'individus de Nulle-part-en-Québec. Le problème du sujet, du fond, semble résolu… Mais nous n'en sommes encore qu'à mi-côte. Reste la forme : un bon sujet ne devient pas tout seul du vrai cinéma. Il n'y parvient, comme toute matière première, qu'après une transformation dont les procédés changent sans cesse et se compliquent, à mesure que les pionniers explorent des domaines nouveaux. (p. 215)

Ici, la défense du sujet (prônée par le classicisme) se trouve modernisée, dans un rapport dialectique, par la forme. En effet, un bon film est celui « qui a quelque chose à dire et qui le dit de l'exacte manière qu'il fallait » (p. 282). Parlant de *Rome, ville ouverte* (Roberto Rossellini, 1945), il résume ainsi le secret de sa réussite : « Un sujet, une "pâte à film", une vraie matière première – aucune œuvre, nulle part, jamais, ne saurait se passer d'avoir quelque chose à dire, mais à crier, à hurler, à pleurer, à rigoler bien fort ou à murmurer tout bas, qu'importe ? [...] Quelque chose à dire, savoir s'y prendre : est-il rien de plus banal ? Nous avons tout cela. Les sujets, ils sont là, partout, légion, au bout de mon nez et du vôtre. » (p. 288)

Parlant d'un éternel triangle amoureux, il revient sur sa pensée : « Ce n'est pas l'amour en trois personnes qui est stupide, puéril, usé jusqu'à la corde ; c'est tel ou tel écrivain qui en fait une plate et vide formule – et tel critique, également, qui fait mine d'ignorer (ou ce qui est pis, ignore vraiment) qu'il n'est pas de nombre, pas même de sujet, qu'il n'y a, en réalité, et n'y aura jamais que des auteurs. Eux seuls sont intelligents ou stupides, mercantis ou honnêtes gens. Le sujet n'est rien. » (p. 304)

Si le sujet n'est rien, est-ce que tout est dans la manière ? Celle-ci peut en tous les cas transformer un canevas mille fois rabâché en un film captivant : « Banale histoire. C'est à peu près le thème de toutes les *murder stories,* qu'elles soient parlées, imprimées ou filmées. C'est la façon – le style, si l'on veut – qui est ici remarquable. » (p. 118) Selon Lévesque, toute la force d'un western réside « dans la simplicité de son action, dans le rythme de sa mise en scène, dans le muscle de ses chevaux et le coloris de ses extérieurs » (p. 131). De ce balancement entre le sujet et la façon, peut-être que le point d'équilibre est à trouver dans une chronique sur la radio de décembre 1947 : « Tout est dans la manière. Il est bon aussi – mais à la rigueur, on s'en passe – d'avoir quelque chose à dire[9]. »

Mais un film ne peut se contenter d'un sujet, de la façon et du métier de ses artisans ; il ne peut atteindre réellement à la dignité du septième art que s'il possède au surplus, en son cœur secret, une qualité *sine qua non* :

---

9. G.-Désiré Lemieux [René Lévesque], « Radio-Canada, mercredi soir ? », *Le Clairon*, 12 décembre 1947, p. 4.

Aussi manque-t-il quelque chose. Quelque chose d'essentiel, et qu'il est vraiment trop facile d'appeler le je-ne-sais-quoi. Talent ? Oui, talent, sans lequel tant de beaux sujets sont bousillés. Inspiration ? Oui, inspiration, dont l'absence fait ramper tant d'hommes par ailleurs excellemment équipés. Autrement dit : *le talent qui flambe...* (p. 288)

Flamber, c'est-à-dire produire une forte lumière vive. Et quel est l'illuminant qui permet de produire cet éclat ? La réponse est étonnante :

Et comment le talent s'allume-t-il ainsi ? (Comment l'homme s'allume-t-il toujours !) Je ne trouve qu'un tel feu, qu'une étincelle, qui vaut d'ailleurs pour tous les brasiers : l'amour. Il faut aimer ce qu'on veut faire, aimer ce qu'on va faire, aimer ce qu'on fait – et même, je crois bien, en dépit des déceptions, aimer ce qu'on a fait ! (p. 288)

Contre les mercantis, contre les cyniques et les indifférents, rien d'autre qu'un cœur inspiré : cette réponse, belle et généreuse, pourrait en faire sourire certains. Mais c'est la même que donnera le grand critique André Bazin en 1953 (« Je crois que plus que tout autre art, le cinéma est l'art propre de l'amour[10] »), et c'est la même encore que donnera François Truffaut lorsqu'il tentera en 1957 de définir ce que devrait être le cinéma moderne : « Le film de demain sera un acte d'amour[11]. »

Cet amour fou du cinéma, qui fait en sorte que ses chroniques brûlent d'une lumière si intense, est-ce qu'il aurait pu déboucher, à l'instar des Truffaut et Godard, sur une activité de cinéaste si la politique n'avait pas mené Lévesque ailleurs ? En 1973, il s'en ouvre à un journaliste :

---

10. André Bazin, « De Sica metteur en scène » (1953), dans *Écrits complets,* édition établie par Hervé Joubert-Laurencin, Paris, Macula, 2018, p. 2577.

11. François Truffaut, « Le cinéma français crève sous les fausses légendes » (15-21 mai 1957), dans *Chroniques d'*Arts-Spectacles *(1954-1958),* Paris, Gallimard, 2019, p. 368.

Au point de vue culturel, René Lévesque est un amateur de cinéma. Il connaît très bien le septième art pour avoir lu quantité de livres sur la question et ne rate pas une occasion d'aller voir un film. Ce n'est pas rare de le voir entrer d'un pas pressé dans une salle de cinéma montréalaise. Lorsqu'il parle de cinéma, ses yeux s'animent. Il esquisse un sourire, son nez semble se retrousser davantage : « J'aime beaucoup le cinéma. J'ai même été chroniqueur de cinéma dans mon temps. D'ailleurs, je rêve un jour de pouvoir faire un film ou deux. J'ai fait à la télévision, qui a été mon métier longtemps, du travail proche du cinéma, entre autres, le montage. Parce qu'à la télévision, comme au cinéma, le montage c'est la clé de ce qui est bon ou pas bon[12]. »

Un écrivain et la politique

On le sait depuis Diderot et Baudelaire, la critique bien comprise est un art littéraire. Un vrai critique de film est un « écrivain de cinéma » (Truffaut), son activité déborde le seul journalisme. Si on connaissait déjà l'éloquence et le français irréprochable du reporter Lévesque, le charisme oratoire du politicien adulé, jamais mieux qu'ici on ne trouvera cette verve percutante et nerveuse qui fait mouche comme le jab rapide et délié d'un boxeur dansant sur le ring. Charriant pointes mordantes et humour pince-sans-rire, sa phrase se démarque par sa netteté joueuse, sa prosodie syncopée, tout en cassures de rythme (comme ce jazz qu'il adore), avec un mélange détonnant de gouaille populaire et de rigueur classique (qu'on trouve également chez les poètes qu'il préfère : Louise Labé surtout, Rutebeuf, François Villon, Joachim du Bellay, Pierre de Ronsard ou Jean de La Fontaine). De plus, il y a quelque chose de l'art du monteur dans son écriture et, à l'inverse, il utilise un terme de rhétorique littéraire, le « nombre » (défini comme « agencement harmonieux, rythmique, sans bavure »), pour décrire le montage des films.

---

12. François Aubin, *René Lévesque tel quel*, Montréal, Boréal Express, 1973, p. 17-18.

Cette lecture si bouleversante d'un écrivain pousse à se demander s'il ne s'agit pas d'une vocation empêchée. On sait qu'à sa mère qui souhaitait en faire un avocat, le jeune Lévesque avait annoncé qu'il serait écrivain – il alla même jusqu'à écrire avec Lucien Côté une pièce de théâtre, intitulée *Princesse à marier,* qu'il mit en scène à dix-huit ans au Palais Montcalm avec, dans le rôle principal, une actrice hollywoodienne d'origine canadienne (Francine Bordeaux) ! Ces chroniques où se reconnaît la patte d'un écrivain ne portent-elles pas en elles la part la plus secrète de Lévesque, à savoir celle d'un politicien qui aurait voulu être un artiste ? Et quelle part ce regret de ne pas avoir suivi sa vocation d'écrivain ou de cinéaste a-t-il jouée dans sa trajectoire politique ? Cette culture artistique fut-elle une boussole dans sa vie publique ou l'a-t-il refoulée ? La mise au jour de ce corpus oublié ouvre un chantier archéologique qui, dans les prochaines années, permettra d'apprécier un autre visage de cet homme aux multiples facettes.

Il faut lire ces chroniques d'un styliste éblouissant pour recevoir ses lumières vives. Vives, car un écrivain tente de réfracter dans un autre milieu, celui des mots, les éclats qu'il a reçus de l'écran. Vives aussi, car ces propos se sont donné pour tâche de dissiper la grande noirceur dans laquelle le Québec marchait à tâtons. Vives encore, car ces chroniques de cinéma sont les premiers feux d'un homme hors de l'ordinaire, malgré l'obscurité des débuts. Vives enfin, car elles rendent justice aux rayons et aux ombres d'un art industriel, ce cinéma que René Lévesque a tant aimé.

*   *   *

Cette édition n'aurait pu voir le jour sans l'aide de nombreuses personnes. Je tiens à remercier particulièrement mon ami Sébastien Hudon, commissaire d'expositions et historien de la photo, qui m'a envoyé en janvier 2021 une chronique sur Orson Welles en me demandant si son auteur était bien *le* René Lévesque. Sans lui, ce livre n'aurait pas existé. Merci également aux auxiliaires de recherche (Daouda Coulibaly, Sarah Laurin et Viviane Morin) qui m'ont aidé à dépouiller *Le Clairon* à la recherche des autres textes. J'ai reçu, finalement, l'aide et les précieux conseils de mes amis Manuel Candré, François Gauvin, André

Habib, Olga Hel-Bongo, Hervé Joubert-Laurencin, Gabriel Laverdière, Guillaume Lavoie, Jean-Philippe Marcoux, Natacha Mercure, Philippe Navarro, Pierre Pageau, Louis Pelletier et Julie Ravary-Pilon. Qu'ils en soient ici vivement remerciés.

Jean-Pierre Sirois-Trahan

Établissement du texte

Pour l'édition de ce recueil, le principe général a été de respecter intégralement le texte de René Lévesque, avec ses titres et sous-titres, et de les publier dans l'ordre chronologique. Nous n'avons retiré que deux parties sur le théâtre. Cependant, nous avons rectifié les erreurs dans les titres de films et les noms de personnes. Certaines graphies ont été uniformisées (les chiffres et les abréviations, entre autres). La ponctuation a été mise aux normes actuelles, ainsi que certaines graphies vieillies (« grand'mère », par exemple).

L'auteur utilise de nombreux termes anglais, en général pour parler de Hollywood, et il les place souvent entre guillemets. Nous avons décidé de mettre tous ces mots en italique, à moins qu'il soit clair que Lévesque rapporte un mot qu'il n'aurait pas dit lui-même, auquel cas les guillemets ont été conservés.

Enfin, par souci de respecter l'intégrité historique, nous avons décidé de laisser tels quels des termes qui, aujourd'hui, peuvent choquer ou offenser certaines personnes, ou encore paraître déplacés. Lévesque a maintes fois prouvé son engagement pour la dignité et la justice sociale. Nous nous en remettons au bon jugement des lecteurs.

De Broadway à Hollywood – sans incident

Des foules innombrables ont applaudi la pièce. Au théâtre, elle a battu tous les records de longévité.

Voici maintenant que *Life with Father* entreprend une nouvelle carrière à l'écran. La caméra et les millions de Hollywood ont permis aux frères Warner d'exprimer en détail tout ce que la scène devait sous-entendre : un intérieur de bourgeois cossu, les calèches et les *hippo-tramways* de 1883, la bonhomie et le rythme incroyablement placide d'un New York XIXᵉ siècle. Ajoutons que, pour faire hurler au naturel ce fouillis de meubles patauds et d'horribles potiches, le Technicolor était le pinceau tout désigné.

À part ça, grâce au Ciel ! pas un iota n'est changé. Comme le *hit* de Broadway, le film est la peinture aimable et sans prétention d'une famille ultra-sympathique, ultra-pareille-à-toutes-les-familles. Le père est un brave soupe au lait d'homme d'affaires. Il se croit monarque absolu, mais sa femme, pour le plus grand bien de tous, le mène par le bout du nez. Les enfants sont bien élevés, tapageurs, adorables et malfaisants – tout à fait normaux !… Enlevez du *Notaire du Havre* beaucoup de nuance et toute cette amertume d'ailleurs superficielle ; mettez-y en échange une candeur puritaine et le formidable optimisme *yankee* : et *Life with Father* devient à peu près le début d'une *Chronique des Pasquier made in USA*.

Votre serviteur a toujours eu un faible pour Irene Dunne, cette harmonieuse actrice au sourire énigmatique. William Powell est un comédien sobre et d'un métier très sûr. La distribution tout entière, jusqu'au petit Derek Scott (parfait cabotin de cinq ans !) est solide et bien équilibrée.

À l'écran, comme naguère à la scène, *Life with Father* nous procure une heure de détente et de facile évasion, où rien ni personne n'a l'ambition de changer quoi que ce soit à la face du monde. Sa popularité ne peut donc que se maintenir ; la réalité – cette hideuse face du monde qui grimace sous nos yeux – mérite sans contredit qu'on lui échappe et l'oublie le plus souvent possible.

Les vieux amis

Oh ! Si l'on remontrait plus souvent les bons vieux films au lieu de se faire une telle gloire d'exhiber, *prestissimo,* tous les navets nouveaux !

On donnait cette semaine *L'Inévitable Monsieur Dubois.* Comédie légère que les Américains qualifieraient de *sophisticated* ; comédie pleine de santé, de sel et de franche rigolade. Annie Ducaux et André Luguet y jouent, avec finesse et spontanéité, un couple d'amoureux qui s'abhorrent... jusqu'à la scène finale exclusivement. Annie Ducaux est de plus fort attrayante. Quant à monsieur Luguet, c'est dans ce film – de tous ses rôles – qu'il a le mieux camouflé des ans l'irréparable outrage...

... Mais il faut surtout clamer et acclamer la brève visite que nous fait le chef-d'œuvre de Laurence Olivier, *Henry V.* Voilà un film où Alceste aurait seul le morbide courage de chercher les petits points noirs. Ce drame trop vaste et complexe n'a jamais trouvé sur les planches l'espace qu'il lui fallait. Olivier, dans ce cas, a bel et bien sauvé la vie à Shakespeare. Il a d'abord ressuscité le cadre légendaire du Globe Theatre, juste assez longtemps pour en montrer l'insuffisance ; puis, élargissant la scène à l'infini, il recrée avec maîtrise toute la pompe encore primitive et la violence du XVe siècle. Il faut vivre cette nuit saisissante dans le camp de l'armée anglaise et ensuite, au matin, admirer la savante confusion et la furie de l'historique bataille d'Azincourt. Il faut voir cette équipe d'acteurs de grande classe qu'Olivier a massés autour de son personnage central d'Henry V. Avec quel respect, avec quelle intelligence ils ont transposé pour l'écran l'incomparable musique du grand poète ! C'est l'heureux événement qu'attendent avec impatience tous ces surhommes qu'on appelle les classiques.

(5 décembre 1947)

La Mystérieuse Affaire de la rue McGill

Dix heures du soir. À la porte d'un édifice, le gardien méfiant accueille une vingtaine d'individus dont l'allure furtive ne lui dit rien qui vaille. Avant de prendre l'ascenseur, chacun doit s'identifier en signant la feuille de nuit. Sait-on jamais quelles noires actions peuvent se perpétrer là-haut ?

Au troisième, au bout d'un corridor de prison, une pièce étroite est tendue de sombres étoffes. Au fond un écran, devant lequel on a étagé des fauteuils. Réunion maçonnique ?…

Les lumières s'éteignent. Dans le noir éclate une musique violente, révolutionnaire. Une image apparaît sur l'écran : rue sans joie d'un très modeste quartier de Paris. Cette fois, ça y est : propagande de zone rouge !… Mais chut ! voici le narrateur…

— Auguste Rodin naît à Paris en 1840…

Quelques scènes, discrètes et bien choisies, nous permettent de suivre, en même temps que le génie, toutes les étapes d'une simple vie d'homme : l'enfance incertaine et pleine d'inquiétude, au milieu de la pauvreté l'amour, et l'effort tenace malgré l'obscurité ; et enfin, à l'âge où tant d'autres songent à la retraite, la longue et majestueuse floraison : cette maturité et cette vieillesse dont l'incroyable fécondité a peuplé de chefs-d'œuvre tout un musée parisien.

Mais le plus beau, c'est le sort que la caméra a su faire, en si peu de temps, à l'œuvre. Et c'est justice, puisque Rodin n'a sans cesse vécu que pour son art, et parfois si pauvrement que par lui.

Voici des marbres et des bronzes, voici des faces et des membres auxquels un même ciseau immortel a donné la vie. Voici la foule surhumaine de *La Porte de l'Enfer,* premier jet magistral et source de tous ceux qui vinrent après. Voici l'audace inouïe et la simplicité de *La Main de Dieu*. Et Dante qui se penche sur la grappe torturée des personnages ; c'est *Le Penseur* dont la beauté, aussi bien que le titre, rejoint par-dessus les siècles Michel-Ange et les autres géants de la Renaissance... Avec amour, la photo trouve le temps de caresser les détails : le muscle d'une jambe qui se bande sous la peau, le frisson des nerfs dans une main de métal... Et, dans la pénombre complice le couple du *Baiser,* comme *Les Bourgeois de Calais* sous leur crépuscule tragique, sont plus vivants que bien des acteurs en chair et en os !

C'est peut-être pour cela. Les statues de Rodin, justement, sont trop vraies, ses nus ont trop de vigueur et de franchise. De sévères diététiciens ont dressé notre régime anatomique avec une prudence qui n'admet pas de telles viandes fraîches et saignantes. Sans doute connaissent-ils mieux que nous-mêmes l'état de notre organisme : alors tant pis pour nous ! c'est que nous sommes vraiment les « fils déchus » dont parle un poète[1]... Acceptons sans rouspétance l'équivalent moral des purées Heinz pour bébés : les jambes de Betty Grable, le torse de Van Johnson !

Bref, ce documentaire français sur la vie et l'œuvre de Rodin est à la fois un admirable tour de musée et un coup d'œil perspicace sur le dur labeur de l'artiste. Pour nos sculpteurs en herbe, surtout, en attendant ce voyage qu'ils rêvent tous de faire aux sources de l'Art, c'est une leçon de grande classe...

Bref, aussi, ce même documentaire est pour le pauvre « grand public » un film *verboten*. Et vive la *sweater girl* !

Quid novi ?

The Foxes of Harrow... Tableau d'époque : La Nouvelle-Orléans au temps où le joueur de poker y régnait en maître absolu, où le Vieux-Carré ne vivait pas encore pour les seuls touristes. Couleur, fracas, un

---

1. Il s'agit d'un poème d'Alfred DesRochers : « Je suis un fils déchu de race surhumaine / Race de violents, de forts, de hasardeux / Et j'ai le mal du pays neuf, que je tiens d'eux / Quand viennent les jours gris que septembre ramène. » (première strophe de « Liminaire », *À l'ombre de l'Orford,* 1929).

couple original : la très « aguichamment » irlandaise Maureen O'Hara, le très débonnairement *British* Rex Harrison.

Dark Passage… Monsieur et madame (Lauren Bacall) Humphrey Bogart. Brrr !… Du sang (beaucoup), de la volupté (très peu) et de la mort (tant et plus qu'on en veut) !…

(12 décembre 1947)

Beware of Baronova!

« Ottawa, 3 décembre. Un porte-parole de la compagnie Fox déclare que le film *The Iron Curtain* n'a pas l'heur de plaire à une certaine minorité très active... Une quinzaine de piqueteurs, récemment, ont même retardé les prises de vues qui se poursuivaient rue Sussex, devant les quartiers généraux du Conseil national de recherches. » (La Presse canadienne)

Du piquetage à Ottawa! Seigneur, où allons-nous?... Si on continue, vous verrez, on se réveillera un beau matin avec des boîtes de nuit à Toronto!

À quel propos nos braves Outaouais, d'ordinaire si blasés, se sont-ils ainsi violemment échauffés?

Voici les faits. *The Iron Curtain* sera la version dramatisée (?) et romancée (ici, pas de doute!) de notre trop célèbre affaire d'espionnage.

Un espion – hollywoodien, celui-là – divulguait il y a quelques jours les grandes lignes du scénario signé Milton Krims... Le film, s'il faut l'en croire, se déroule tout entier à Ottawa. La caméra s'y promène, successivement, devant l'ambassade russe (pour les gens précis : 285, rue Charlotte), au Château Laurier, au parlement et à la tour de la Paix, près du canal Rideau, dans un café de Hull et enfin dans la salle de rédaction de l'*Ottawa Journal*... À part Gouzenko, tous les personnages seront affublés de pseudonymes. Fred Rose, par exemple, portera un nom sonore et inquiétant : Leonard Lorin...

Dana Andrews et Gene Tierney sont les vedettes, Andrews jouera le rôle de Gouzenko, et Mlle Tierney celui de Baronova[1]...

---

1. En réalité, Gene Tierney jouera le rôle d'Anna Gouzenko, la femme d'Igor

8 LUMIÈRES VIVES

— Baronova ! mais qui c'est ça ! direz-vous sans réfléchir.

Prenez garde : une telle question ne fait qu'étaler votre ignorance. Baronova ? Mais c'est l'ABC de l'espionnage classique : elle est sinueuse, elle est troublante, elle est – soyez-en sûrs – l'un des rouages capitaux de tout le drame… Si Baronova n'existait pas, vous dis-je, il faudrait l'inventer !

— Mais, n'est-ce pas justement ce qu'on fait ? À l'enquête, non plus qu'aux procès, personne n'a mentionné ce nom-là !

Et puis après ? Comme si la police montée avait sorti le fond de ses dossiers ! Comme si l'*artiste* n'avait plus le droit d'habiller le squelette de la vérité !…

— Avouez du moins que cette apparition soudaine de Baronova pourrait bien expliquer celle des piqueteurs à Ottawa…

Cela, fort possible. Ce que c'est, tout de même, que de manquer d'imagination !

Né à Berlin, mort à Hollywood

Ces deux termes ne paraissent rien moins que prometteurs. Ils forment pourtant la biographie de dictionnaire d'un pionnier du cinéma qui fut cet oiseau rare : un metteur en scène chez qui l'homme de goût et d'esprit ne disparut jamais.

Ernst Lubitsch, élève de Max Reinhardt, fit d'abord du théâtre. Au cinéma, il commença par diriger la production de plusieurs films muets, entre autres ceux de Pola Negri et de Mary Pickford. Son premier sonore fut *The Student Prince.* Depuis lors, il a donné une foule de comédies satiriques et *sophisticated,* dont le rythme allègre et la bonne humeur un peu cruelle firent naître l'expression *The Lubitsch Touch* – la griffe de Lubitsch.

Il mourrait récemment en Californie, à l'âge de cinquante-six ans.

Du coup, Hollywood – qui déjà ne l'est pas tellement – sera moins

---

Gouzenko. Quant au rôle de Nina Karanova – la « Baronova » dont parle l'auteur –, il sera tenu par June Havoc.

gai. Il n'est donc pas nécessaire d'avoir connu M. Lubitsch personnellement pour savoir que sa mort est bien triste…

Au choix

Something in the Wind – Musique et musiquette : de l'Opéra Metropo-
litan à la *hit parade*… Deanna Durbin n'est toujours pas une actrice,
mais elle a fait son chemin.

Deep Valley – Ida Lupino, elle, est une puissante actrice. Le film ?
Comme Hollywood sait les montrer : boum ! paf ! crac ! un train d'enfer qui ne mène nulle part…

Things to Come – D'excellents interprètes transposent, tant bien que
mal, la fantaisie terrifiante et prophétique de feu H. G. Wells.

Scarface – La très horrifique rencontre de Paul Muni, George Raft
et B-B-Boris K-Karloff… Tremblez, mortels !

(19 décembre 1947)

L'an prochain, dans l'autre monde…

Les hommes sont très inquiets. 1947 a coulé plus sombre et plus menaçant encore, si possible, que 1946. Et 48 ne s'annonce guère plus
attrayant.

Toutes nos Cassandres vivent leurs plus beaux jours… Sur le vieil
air funèbre de l'hystérie par les grosses marchettes, elles ont actuellement une riche variété d'expressions à nous psalmodier : guerre des
fusées, guerre atomique, guerre bactériologique, guerre idéologique,
sans oublier l'apéritif : ces bonnes petites guerres civiles…

C'est trop, c'est beaucoup trop. Il n'en faut pas tant pour exterminer
la race ! Mais les prophètes n'en prophétisent pas moins : ils sont payés
pour ça… Et leur piètre marchandise – prétentieuses *columns,* terrifiants
commentaires radiophoniques – trouve toujours des clients satisfaits.

* * *

Si vous êtes de ces morbides pour qui le frisson de l'Au-delà est
l'indispensable adjoint de la bonne digestion, que n'allez-vous ces jours-
ci au cinéma ? On y donne une « antiquité » de 1936, le fameux film du
regretté H. G. Wells : *Things to Come…*

Mieux que les reporters, mieux que les bonzes et les alarmistes professionnels, Wells sait nous entraîner dans les régions apocalyptiques
de l'imprévisible. Avec une imagination débridée et une précision de
chirurgien, il nous montre une Europe dévastée par la Blitzkrieg, où
revient à toute vapeur, dans le sillage des ruines et de la faim, la barbarie
des cavernes… Tout ce premier tableau – filmé en 36, ne l'oublions
pas – pourrait être tiré des actualités de la seconde Grande Guerre.

Ce qui est effarant, c'est que, jusque-là, Wells ait raison. Car alors, qui peut nous assurer qu'il ait tort dans la dernière partie de son œuvre ?… Alors qu'il nous fait assister, après une génération de chaos, à l'aurore de l'Âge scientifique : vers 1970, des ingénieurs, des médecins, des hommes de laboratoire entreprennent de reconstruire le monde… À travers les massacres et les épidémies, ils ont jalousement conservé le secret des machines et du travail méthodique, ainsi que ces notions rigides de l'ordre et de l'*efficiency* qui sont la marque du technicien. Ils ont des plans précis, un calme sans défaillance et la passion réfléchie du chercheur… La Terre leur appartiendra.

Sans doute, il y a des mécontents. Mais Wells nous les campe tous comme des caricatures de poètes, d'orateurs ou d'aventuriers, esprits brouillons qui réclament une liberté dont ils ne savent que faire. Ils rouspètent ; les savants agissent : un « canon spatial », qui figure assez bien les découvertes atomiques des années 40, est braqué sur… la Lune ! Et, tandis que les tenants de la vie simple protestent et s'agitent dans la futilité, les soldats de la froide raison partent à la conquête de l'Univers !…

Cette victoire de l'ingénieur, Wells n'a-t-il pas avoué un jour, au moins implicitement, qu'il la souhaitait ?… C'était durant cette même année 1936, lorsqu'il publia, pour rigoler, la nouvelle de sa mort suivie d'un éloge funèbre où l'on trouve la phrase éloquente que voici :

— Écrivain de son métier, Wells n'en demeura pas moins toujours un esprit scientifique plutôt qu'un artiste…

Prophète de malheur ?… Il y a là, tout de même, de quoi rester songeur. Surtout qu'en ce moment les deux seuls États qui comptent dans notre monde sont, comme par hasard, avant tout des sociétés de technocrates…

Sur ce, disons comme d'habitude : bonne et heureuse année 1948… Mais gare à l'an 2000 !

Et l'âge d'or…

Revenons un instant sur le plancher des vaches ; avec un bon lest de statistiques…

Savez-vous quelles ont été, en 1946, les recettes de nos 1 500 cinémas canadiens ? Quelque chose comme 875 millions de dollars… Combien ils ont vendu de billets ? Plus de 225 millions !

Si tous les Canadiens, depuis les bébés d'un mois jusqu'aux vieillards d'un siècle, étaient cinéphiles, ces chiffres démontreraient que chacun d'entre eux a dépensé 6,25 dollars et a vu dix-neuf films au cours de l'année.

En d'autres termes, c'est en page financière – et à la meilleure place – que tous les journaux devraient caser la chronique du cinéma !

Vacarmes

« *Party… Fun for all… Noisemakers!…* »

Toutes nos salles décrivent en caractères gras, sur l'écran et les affiches, ces supplices ultra-spéciaux qu'elles nous réservent pour la nuit du 31 décembre.

Ces *midnight shows* comportent aussi des films.

Si vous embarquez dans cette galère – Dieu ait pitié de vos restes ! –, voici donc les spectacles qui seront probablement les moins soporifiques. (Quand on se donne la peine de sortir en pleine nuit, ce n'est pas pour dormir…)

Round to Rio – L'inséparable trio, Bing Crosby-Bob Hope-Dorothy Lamour, dans une série de mésaventures équatoriales… Plus c'est idiot, plus on rigole.

Down to Earth – La déesse, qui visite ici l'humanité, n'est nulle autre que Rita Hayworth : si l'Olympe est ainsi peuplé, la plastique y est affolante, le théâtre inexistant !

Menue monnaie

Le célèbre jésuite français, le révérend père Doncœur, retour de Hollywood (où il fut attaché comme *expert* à la compagnie Selznick pendant la production de *Joan of Arc*), en a rapporté un gros béguin pour Ingrid Bergman. Homme de goût… Il paraît qu'on va retarder l'adap-

L'AN PROCHAIN, DANS L'AUTRE MONDE…

tation de *Earth and High Heaven,* le roman de la jeune Montréalaise Gwethalyn Graham. C'est que le dernier *hit* de Fox, *Gentleman's Agreement,* traite le même sujet : l'antisémitisme. Le bien commun, c'est très beau ; mais les recettes !… Maintenant que Gabrielle Roy a remporté le prix Femina, Hollywood a toute trouvée la réclame inédite pour « The Tin Flute: *the Famous Femina Prizewinning Novel* » !… Hors-la-loi dans Québec et à Philadelphie, *Forever Amber* attire partout ailleurs, à ce qu'on raconte, des foules-records. Ah ! ce péché originel !…

(26 décembre 1947)

Pour que les vaches soient bien gardées

Sur deux écrans montréalais, une couple de films détestables s'étalaient, ces jours derniers. Deux petites choses à la fois très banales et très prétentieuses.

L'un de ces films était américain, et l'autre anglais… Car il faut dire que les usines londoniennes de Mr. Rank ne se font pas faute, depuis la fin de la guerre surtout, de nous expédier leur bonne part de pacotille.

Dans *The Unfinished Dance,* Hollywood s'est approprié le thème d'un film français d'avant-guerre. Pour le défigurer, comme de bien entendu, et le vider de toute son audace.

Quant à *My Heart Goes Crazy,* c'est l'un des fours les plus noirs qui soient jamais sortis des studios britanniques. Pourquoi ? Parce que, malgré tous ses défauts, Hollywood possède tout de même certains talents et une technique certaine, qu'il ne fait pas bon copier d'une main trop servile.

Dans l'un et l'autre cas, c'est en voulant faire les chiens savants que nos deux ânes révèlent toute la lourdeur de leurs pattes et la grossièreté de leur braiment.

Comment en un plomb vil… ?

Il est un vieux (entendez : d'avant 1910 !) film français, dont j'ai oublié le vrai nom, mais qui a fait sa carrière américaine sous le titre de *Ballerina.* C'est l'étude assez poussée d'un sujet pénible et délicat : la névrose et la volonté réfléchie de faire le mal chez un enfant… Ce film était donc, avant tout, une analyse psychologique des plus difficiles, car il s'agit là d'une anormalité heureusement peu commune. Du moins, la méchante gosse du cinéaste français était-elle vraiment méchante !

Or, voici que Hollywood, dans *The Unfinished Dance,* a hérité du scénario de cette œuvre quasi oubliée. Quelle aubaine ! Les *producers* américains y trouvent, tout cuit, l'appareil extérieur d'un film sensationnel : un milieu, des silhouettes dans un décor, des péripéties, un dialogue… Mais aussi, la troublante analyse psychologique ! voilà le problème ! Par bonheur, les Américains ont l'habitude de rencontrer des problèmes et ont développé au plus haut point, avec un aplomb bien *yankee,* l'art de l'escamotage…

En l'occurrence, rien de plus simple : que l'enfant ne soit plus vicieuse, le problème ne se posera pas. La petite Margaret O'Brien sera la fillette candide et pure, que le mal n'a pas encore effleurée ; sa mauvaise action n'est plus qu'un accident ; sa conscience la mettant quand même à la torture, elle avouera ; la victime, tout de suite, pardonnera… On s'embrasse, et tout est pour le mieux.

The Unfinished Dance renferme aussi pour quelques centaines de milliers de dollars de musique, de décors et de scènes de ballet. On y massacre avec grand luxe *Le Lac des cygnes* ; on y monte en épingle, avec la même générosité dépourvue de nuance, cette insignifiante mélodie de Rose qui s'intitule « Holiday for Strings »…

Affreux gaspillage, puisque tout est disparu de ce qui faisait la valeur du film français, et dont l'adaptation n'aurait coûté qu'un peu de labeur intelligent.

À Hollywood, n'est-ce pas d'ailleurs le précepte le plus indiscuté : pourquoi diable se fatiguer les méninges pendant cinq minutes lorsqu'il est si facile de dépenser cinq millions ?

Alas! poor Mr. Rank!…

Un athlète, Oriental à l'huile d'olive, brandit une masse. D'un gong énorme, dont le bronze technicoloré chatoie comme du vieil or, il tire une plainte profonde… tandis qu'apparaît sur le métal bosselé le nom du grand magicien de Sa Majesté britannique : « *J. Arthur Rank presents…* »

Simple lever de rideau. Pendant cent longues – très longues – minutes vont défiler sous nos yeux toutes les trouvailles du Hollywood-sur-la-Tamise… Des néons dix fois plus papillotants que nature. Des jours de soleil et des nuits de lune comme la vieille Angleterre n'en a jamais vécu que dans ses rêves les plus nostalgiques. Des décors inouïs, auprès desquels la mille et unième nuit est une pauvresse. Et ce clou de Brobdingnag : un piano monstrueux, garni d'une vingtaine de virtuoses qui tapotent au coude-à-coude le plus gnangnan des refrains syncopés ?…

Il y a des *girls* : treize *glamours* londoniennes qui furent choisies, au milieu d'une débauche de réclame, par un comité d'experts en *pulchritude*. Elles représentent assez adéquatement le goût masculin, et la beauté féminine, au Royaume-Uni : deux ou trois sont jolies, deux ou trois passables, les autres sont moches… Toutes portent un camouflage de khôl, de mascara et de rouge à lèvres qui, à lui seul, a dû coûter une petite fortune.

Les couleurs – on n'y coupe pas – sont fulgurantes… et l'intrigue simpliste. Un obscur mais génial comédien arrive à Londres de sa province. Après des semaines et des mois d'oisiveté, à l'instant précis où le malheureux excédé va faire un malheur, la chance lui sourit…

— Mais, direz-vous, n'ai-je pas vu tout ça quelque part, il n'y a pas longtemps ?

Sans aucun doute, et cent fois plutôt qu'une ! C'est la dispendieuse, la classique *musical comedy,* dont les divers studios nous offrent chaque année quelques douzaines de rééditions. Celle-ci, *My Heart Goes Crazy,* est un produit anglais. C'est dire que les accents cockneys y sont pour une fois authentiques, les extérieurs relativement modestes, et le jazz au-dessous de tout ! La vedette du film (Sid Field) est un comique de grand talent. Par malheur, sauf dans une couple de scènes à l'esprit vétuste, il passe son temps à se recroqueviller à l'arrière-plan.

À part ça, si l'on ajoute encore à l'actif un groupe de costumes assez réussis – c'est la banqueroute… Pas une *joke* qui ne montre la corde. Par exemple : la grosse femme qui chante à tue-tête en faisant de l'escarpolette au-dessus de l'étang… Et puis ? Je vous le donne en mille… Elle tombe à l'eau ! (Rire homérique…) Pas surprenant que toute la distribution – y compris quelques excellents acteurs – ait souvent l'air très mal à l'aise. Surtout que les Anglais ont la bosse de l'enfantillage aussi développée que nos écrivains canadiens-français celle de l'humour !…

Enfin, le montage malhabile, le découpage haletant et marqué de curieux à-coups ne sont qu'une singerie de cette allure aérodynamique dont Hollywood a le secret. N'a pas qui veut le « rrrrythme amrrri-cain » !

*   *   *

Ce luxueux navet et une douzaine de congénères sont le piètre résultat d'une audace qui aurait mérité un meilleur sort. Les Britanniques se sont en effet lancés dans la superproduction musicale, qui est depuis toujours une chasse gardée – et l'infaillible grosse recette – de Metro et de Paramount. Tels les conquistadors de jadis, Mr. Rank et ses bailleurs de fonds débarquent sur la côte du Nouveau Monde en quête d'une nouvelle fontaine de Jouvence : la pluie de dollars !

Mais hélas, leur campagne est bien mal engagée. Sur ce terrain de la comédie-jazz, Hollywood est imbattable. Les airs à succès de Tin Pan Alley, les poupées statuesques de quarante-huit États et de Broadway, ce laboratoire trépidant du *show-business* n'ont de rivaux sérieux en aucun autre pays du monde. Faut-il ajouter : grâce au Ciel !

… Chacun son métier. Pour le film à spectacle, le drame policier et le western, les Américains se moquent de la concurrence.

Qu'à cela ne tienne… Quand on est capable, et à bien meilleur marché, de monter des *Brief Encounter*, des *In Which We Serve* ou des *Henry V.*

La fine comédie, le drame sobre et humain, la vraie tragédie : voilà où Hollywood n'existe pas. Trois filons : le Klondike pour les *producers* européens qui savent prospecter !

Pile ou face

Magic Town – Le bon jeune homme (James Stewart), l'innocente jeune fille, la foule ultra-sympathique des braves gens… Magie toute blanche !

Fun and Fancy Free – Mickey Mouse, Donald Duck et compagnie, auxquels se joint pour la circonstance l'ours Bongo. Situations et dialogue également plats. Monsieur Disney se répète, et d'une façon de moins en moins heureuse : depuis *Blanche-Neige* et *Bambi*, quelle chute, mes frères !

(2 janvier 1948)

Bilan sans bavardage

La compagnie Canada Français, Limitée.
Division : petite industrie ; section : cinéma-théâtre-roman.
Période : janvier-décembre 1947.

Cinéma

A) Importé

1) Les Quatre Grands : *La Symphonie pastorale* (France), *Henry V* (Grande-Bretagne, reprise), *Rome, ville ouverte* (Italie), *Gone with the Wind* (USA, reprise). Marché avide mais affamé.

N.B. – Le Cinquième Grand : *Les Enfants du Paradis* (France), bloqué à la douane. Motif : fumée de morale sur flamme de politique. Marché foutu.

2) La vingtaine d'excellents, par exemple *Goupi Mains Rouges* (France), *Le silence est d'or* (France, avec capital américain), *The Best Years of Our Lives* (USA), *The Stone Flower* (URSS), etc. Marché fermé.

3) La multitude d'insignifiants : films puérils (USA), soporifiques (Grande-Bretagne), puérils et soporifiques (France). Marché gavé.

B) Exporté

1) Documentaires : nombreux, tous convenables, quelques-uns excellents, réalisés sans bruit par l'Office national du film. Marché stable.

2) Navet : un (1), semé dans l'allégresse, arrosé de réclames toni-
truantes, récolté dans les larmes, *La Forteresse* (variété anglaise : *Whispering City*)… Marché – loué soit le Seigneur ! – nul.

Théâtre

A) Importé

1) Troupes : zéro. (Tarifs prohibitifs sur la concurrence.) Marché
rébarbatif.

2) Pièces : foule hétéroclite : le meilleur et le pire, d'Anouilh à
Bataille, en passant par Claudel et Cocteau. Marché aveugle.

B) Exporté

1) Troupe : une (1), Les Compagnons, sur l'Ontario et la Nouvelle-
Angleterre. Marché aimable.

2) Acteurs : demi-douzaine, sur Paris. Appuyés par subsides du
gouvernement. Marché surencombré.

3) Pièces : zéro. Marché inexistant.

C) Strictement domestique

1) Spectacles : toute la gamme… Le magistral, *Fridolinons*; le massacre, Molière à L'Équipe et Racine chez Les Compagnons ; et les
autres… Industrie qui vivote.

2) Pièces : Marquantes, bonnes, potables, zéro. Moches : production normale. Appui désespéré des Amis de l'Art et autres vertueux
groupements. Industrie qui n'a jamais vécu.

Roman

A) Importé

En vrac… Marché insatiable.

B) Exporté

Trois (3) excellents : *Bonheur d'occasion, Le Survenant* et *Marie-Didace.* Résultat d'un effort de cinq ans. Marché prometteur.

C) Strictement domestique

Excellents : un (1), *Marie-Didace...* Bons : littérairement, zéro ; moralement, tous... Potables : deux ou trois, comme par exemple la récente « menue monnaie » du docteur Panneton... Industrie refoulée.

*   *   *

BALANCE : légèrement catastrophique.
PERSPECTIVE-1948 : *id.*
CONCLUSION : « Nous sommes venus il y a trois cents ans, et nous sommes restés »... Application de la loi d'inertie... Racines profondes mais quelque peu rabougries.

(2 janvier 1948)

La grande dizaine

Les dix meilleurs films de l'année… C'est le grand sport de janvier ! Pas un critique, pas un chroniqueur qui ne dresse en ce moment sa liste, étayée d'une foule de pourquoi et de comment.

Allons-y de notre choix, pour être à la mode…

La Symphonie pastorale : un très grand film français. Le roman de Gide est quelque peu déformé. Et puis après ? Qui ne troquerait Gide contre Michèle Morgan ?…

Gone with the Wind : le classique du cinéma spectaculaire.

Rome, ville ouverte : le plus vrai, le plus poignant des films de la Résistance, par des Italiens.

Great Expectations : une saisissante, et fidèle, évocation de l'Angleterre de Dickens.

The Best Years of Our Lives : tableau sobre, humain, d'un difficile après-guerre.

Brief Encounter : excellent drame bourgeois.

Le silence est d'or : comédie légère, toute simple, sans prétention.

Life with Father : *idem,* par des Américains. (Oiseau bien plus rare !)

Goupi Mains Rouges : sombre étude de mœurs paysannes.

The Stone Flower : film russe, où la couleur est enfin naturelle.

Et voilà. Trois films français, trois américains, deux anglais, un russe et un italien : la quintessence d'une année de cinéma montréalais.

Vous n'êtes pas d'accord ? Des goûts et des couleurs, nous ne discuterons pas…

Les prétendants sans le sou

C'est un trône tout en or que celui du cinéma.

En 1947, c'est indiscuté, Hollywood a été moins que jamais digne de s'y asseoir. Même aux États-Unis, les *experts* ne rangent parmi les *Ten Best* de l'année que cinq, parfois quatre films américains.

Aussitôt, en certains milieux, on s'imagine que le glas sonne pour Hollywood. Les intellectuels et les culturels à tous crins entonnent en chœur le « libera » de Metro et de Paramount. Et chacun voit poindre à l'horizon l'avènement du *vrai* cinéma. C'est-à-dire ? N'importe quoi, selon la mentalité et les préjugés du prophète. Le vrai cinéma, clame celui-ci, ne peut être que français !... Le vrai cinéma, pontifie celui-là, doit être marxiste !... Et patati et patata. Le seul point sur lequel personne ne discute : le Vrai Cinéma ne sera jamais américain.

Et l'on cite avec enthousiasme tous les signes avant-coureurs de la Renaissance de l'écran... Britannique et Français, à défaut de quantité, ne sont-ils pas les maîtres de la qualité ? Des industries cinématographiques – frêles arbrisseaux arrosés de fierté nationale – ne surgissent-elles pas un peu partout dans l'Inde, en Argentine, en Suisse ?... Le Mexique n'a-t-il pas Dolores del Río ? Et le Canada, la compagnie Québec Productions ?... Les Italiens eux-mêmes, pour s'évader un instant de leur misère noire, n'ont-ils pas produit quelques films merveilleux ?

Oui, oui, oui, oui !... Et pourtant, et quand même :

en Angleterre, Mr. Rank et ses employés tirent (relativement) le diable par la queue ;

en France, la production totale sera de trente à trente-cinq films en 1948 (trop peu de sous et d'électricité ; trop de frais !) ;

à Rome, les admirables films italiens d'après-guerre ont moins de succès que les westerns les plus fatigués de Hollywood...

Comment se fait-il ? C'est à la fois très simple et très compliqué. S'il fallait étudier toutes les circonstances, peser chaque facteur local, national, mondial et, là-dessus, ergoter, on n'en sortirait pas. Mais lorsqu'on s'en tient à l'essentiel, l'explication crève les yeux.

L'essentiel, c'est que l'Amérique est riche.

Le film américain sur tous les marchés, c'est un aperçu d'un monde heureux et bien nourri. C'est une échappée sur le Paradis perdu.

À Rome, où l'on crève de faim, on va voir des cowboys s'empiffrer de bifteck. À Berlin, pour assister à *Destry Rides Again,* on ne trouve de billets qu'au marché noir !

Cette prospérité américaine, que nul pays d'Europe ou d'Asie ne recouvrera de longtemps, permet à Hollywood de produire en masse, en série. La pellicule coûte cher. Les acteurs, les techniciens, les décors coûtent cher. L'exportation coûte cher. Même en Europe – où l'on sait pourtant rogner les budgets –, le cinéma est une industrie de luxe.

Les millions de Hollywood sont invincibles. Ils ont été la cause de crimes sans nombre contre l'art et le bon goût. Ils n'en sont pas moins le moteur d'une usine gigantesque dont les produits, bons et mauvais, en vrac, déferlent sur tous les continents.

La production massive, c'est le triomphe – et la honte fréquente – des États-Unis. Au cinéma, et dans tous les domaines.

Car – voilà le hic – aucun *producer* (ou producteur) d'aucun autre pays ne possède, pour y réussir, cet as d'atout des magnats américains : 150 millions de consommateurs immédiats, inassouvibles, toujours satisfaits.

Pour l'or, Hollywood se moque des critiques et des spectateurs exigeants.

Quant à l'art… Mais cela, c'est une autre affaire.

L'époque lacrymale

Magic Town, c'est un film dans la même veine que *Mr. Smith Goes to Washington* et *Meet John Doe.* Il semble, par malheur, que la veine commence à s'épuiser.

C'est encore une fois l'Odyssée mi-plaisante, mi-touchante de l'Américain moyen. Une petite ville hospitalière, où les gens sont sympathiques jusque dans leurs travers, accueille dans son sein cet interprète attitré du *common man,* Ulysse à la fois retors et empêtré : James Stewart.

Mais hélas ! Homère est absent… le fabuleux Capra, auteur de *Mr. Smith,* avait seul l'audace de pousser à l'absurde de tels grossissement du banal quotidien et de monter avec naturel de renversantes gradations. Seul Capra savait rendre le rire homérique et les larmes intarissables.

Sans lui, *Magic Town* se débrouille plutôt mal que bien. On y a respecté la formule du maître : dosage savant du burlesque et des sanglots, dialogue qui pétarade comme un « Puffed Wheat », raccourcis plutôt primaires des problèmes nationaux…

Le film demeure quand même étriqué. En fait de verve et de culot, Hollywood n'a rien vu depuis l'éclipse de monsieur Capra.

(9 janvier 1948)

Maigre et jeune

Cette semaine, dans nos salles de premières, les amateurs de bons films ont fait carême. Heureusement qu'ils ont l'habitude. Remarquez aussi que, par « bons », j'entends tout juste des films où l'intérêt se maintient, où l'on déniche une scène, une réplique, un geste original.

Phénomène d'ailleurs des plus fréquents dans cette branche financière du cinéma, la distribution : les films intéressants voyagent toujours de conserve et s'amènent tous ensemble… et les moches de même. Sauf, bien entendu, que ces derniers sont l'écrasante majorité. Depuis dix jours, par exemple…

Et pourtant, allez-vous répliquer, ne vient-on pas de donner *The Long Night,* qui est remarquable ?

Vous avez presque raison. D'abord, on y trouve une jeune actrice dont c'est le premier grand rôle, une découverte qui en est vraiment une. Elle s'appelle Barbara Bel Geddes. Elle est jolie, ce qui est banal ; elle a beaucoup de talent, ce qui est si rare que Hollywood s'arrange d'ordinaire pour s'en passer… Dans ce film, on admire encore le jeu sobre et la parfaite aisance – sous des dehors empêtrés – de ce vieux routier de l'écran, Henry Fonda. Le sujet ? *The Long Night* est une sordide histoire de crime passionnel, où l'on jette une lumière crue sur le cas pénible des petites gens qui se permettent les intrigues et les complications sentimentales de riches. Car, pour qu'un triangle se dénoue en beauté, il faut avoir des sous – comme vous l'apprendra le dernier des drames bourgeois. Mais les héros, ici, sont de pauvres hères et de pauvres filles : il y a du revolver, du sang et une photo brutale qui passe au microscope le cadre piteux de la tragédie. Tout ça, pour Hollywood, c'est à coup sûr de « la belle ouvrage »…

Seulement, il faut bien dire que ça ressemble un peu beaucoup à un certain film de Jean Gabin intitulé *Le jour se lève* (ou comme disait un confrère de langue anglaise : « Le Jour célèbre » !)… Et – sortons le tricolore – *Le jour se lève* était mieux. Il avait surtout le bon sens de ne pas introduire la morale dans un milieu où Lucifer est roi ! (Hollywood et nombre de censeurs – ceux-ci poussant celui-là – ont accoutumé de jouer à l'autruche vertueuse devant cette vérité d'évidence : qu'en ce bas monde le péché n'est pas toujours puni ; bien plus, qu'il est l'une des occupations quotidiennes et fort rémunératrices du genre humain !)

Voilà pour *The Long Night*. Quant au reste… Eh bien, rentrez d'abord les trois couleurs et fourrez-les dans votre poche : car les deux films qui nous arrivaient de France, cette semaine, ne méritent pas l'honneur d'une réception officielle… Dans *Jeannou*, Michèle Alfa et Saturnin Fabre défendent, ou plutôt se défendent contre, une thèse de petit catéchisme social : bonne renommée (en l'occurrence, un vieux château du Périgord, une foule de nobles ancêtres et un fauteuil qu'Henri IV a naguère honoré de son postérieur) vaut mieux que ceinture dorée. N'était l'*assent* du Midi, on croirait entendre l'un quelconque de nos plaidoyers canadiens pour le Retour à la Terre…

Après quoi *Le journal tombe à cinq heures* nous présente Pierre Renoir et Pierre Fresnay qui hurlent, trépignent, s'engueulent et se débattent comme des diables dans l'eau bénite : ce qui est censé traduire toute la fièvre et la tension d'un grand quotidien. Si le journalisme se pratiquait de cette façon, nos quotidiens montréalais seraient rédigés à Saint-Jean-de-Dieu…

Un mot, enfin, sur *Singapore*… Ava Gardner est l'ex-madame Mickey Rooney ; si l'absence de talent est contagieuse, Mickey a bien fait de divorcer. Mlle Gardner et Fred MacMurray – ce brave type à la gueule de bois – nous racontent une longue, complexe et endormante histoire de trésor, de mémoire et d'amour perdus et retrouvés. Le tout se passant en Extrême-Orient, les enragés d'exotisme n'y verront que du feu. Mais cette aventure se déroulerait dans la province de Québec qu'on aimerait mieux voir *La Forteresse* !

Et ça coûte moins cher !

Il est tout de même une solution, chaque fois qu'on affiche des programmes de cette farine. C'est de se réfugier dans les cinémas de quartier. Pour peu qu'on se donne la peine de fouiller la réclame, on y peut voir ou revoir quelques films de valeur. Mieux vaut, certes, apprendre par cœur *Henry V* ou *La Symphonie pastorale* que de s'embêter dans les rues pseudo-malaises de *Singapore*.

Ainsi, à moins de dix minutes du centre de la ville, trois cinémas nous offraient ces jours derniers des films qui valaient chacun un billet de tramway… *The Thief of Bagdad*, qui fut tourné il y a une dizaine d'années par deux grands acteurs, aujourd'hui disparus : Conrad Veidt, qui est mort, et le jeune Sabu, qui, hélas ! a grandi… *In Which We Serve*. Une peinture magistrale de la vie dans le Royal Navy, par ce loyal sujet de Sa Majesté, Noël Coward. L'étoile de *Brief Encounter*, Celia Johnson, jouait dans ce film son premier rôle-vedette… *The Stone Flower*, un triomphe des cinéastes soviétiques : couleurs discrètes et bien fondues, féérie à peine communisante animée par un beau couple de jeunes staliniens, Vladimir Druzhnikov et Tamara Makarova…

Les miettes qui tombent de la table

Il paraît que Hollywood va laisser au Canada une poignée de ses dollars cinématographiques ; lui donner même l'occasion de gagner quelques billets américains.

Récemment, Ottawa lançait ce qu'on appelle le programme de conservation des dollars. Or, l'une des saignées les plus anémiantes qu'ait à subir notre économie, c'est la somme annuelle de soixante à soixante-quinze millions que récoltent chez nous les *producers* et *exhibitors* des USA.

Les restrictions étant à la mode, ces messieurs sentent du tarif, et peut-être de l'embargo dans l'air. Ils ont décidé de prévenir les coups. Surtout que ça n'a pas été payant de les attendre lorsqu'en Angleterre, l'an dernier, la situation était identique…

Hollywood va donc faire tout son devoir de millionnaire canadien.

Les mesures dont on parle le plus : placement de capitaux américains dans les compagnies canadiennes de cinéma ; établissement chez nous de succursales des grands studios de Californie ; prises de vues plus nombreuses en territoire canadien – extérieurs tyroliens dans les Rocheuses, scènes de westerns dans la Prairie, cadres simili vieille France dans la province de Québec.

Il est question d'un accord par lequel Hollywood s'engagerait à faciliter la distribution aux États-Unis des films canadiens. Générosité toute *yankee* que ce traitement de faveur à de si féroces concurrents !

Menue monnaie

À propos, justement : que devient, qu'est devenue la compagnie Québec Productions ? Se reposera-t-elle longtemps sur ses premiers lauriers ? Maigre coussin… Un *expert* vient d'être convoqué par les *producers* de *Sealed Verdict,* film tiré du roman-feuilleton d'un journaliste montréalais, Lionel Shapiro : rien de moins que l'un des premiers procureurs américains aux procès de Nuremberg. *Much ado about nothing…* Les cinéastes de France réduisent la production, les stars sont trop exigeantes : il en est qui demandent jusqu'à trente ou quarante mille dollars pour tourner un film. À Hollywood, *Arch of Triumph* a rapporté à Ingrid Bergman la somme d'un million de dollars. Et l'on viendra soutenir que l'Europe n'a pas besoin du plan Marshall…

(16 janvier 1948)

Les étoiles ne brillent qu'une fois

Un astronome dira peut-être que c'est faux ; l'astronomie n'est pas mon fort. C'est au cinéma – à son azur délavé, incendié de néons criards, strié de pancartes et de banderoles où hurlent des réclames toujours nouvelles, toujours les mêmes, ciel fertile en mannes de dollars et de vérités premières – que nous pensons.

Or, une loi de tous les hollywoods du monde, c'est que les astres éteints ne se rallument pas. On parlera de Charlie Chaplin, et nous admettrons tout de suite que celle-ci, comme les autres lois, a ses exceptions. Cependant, une vedette qui a connu son heure de gloire et puis l'éclipse n'a plus d'ordinaire qu'à se résigner à l'indifférence du public.

Sans doute n'est-ce pas facile d'accepter le silence après les acclamations, la vie obscure après la cohue des chasseurs d'autographes. On ne redevient pas de bon cœur garçon de café, *girl* de boîte de nuit, lorsqu'on a porté quelque temps la couronne du plus prestigieux des carnavals.

Aussi les victimes se débattent-elles toujours, dans le flot noir de l'oubli, comme un noyé qui cherche une perche, un brin d'herbe auquel se raccrocher. C'est ce qui donne une teinte de nervosité et d'angoisse à tous les *comebacks* des demi-dieux de nos saisons passées. On devine, là, dans leur dos, la vague aveugle et lourde d'un intérêt qui se porte ailleurs et, en déferlant, va les engloutir.

Mais, comme dirait l'autre, ne dramatisons pas ! En l'occurrence, il s'agit tout simplement d'une couple de jolies femmes qui sont sur le retour… Mary Pickford, à cinquante ans ; et Shirley Temple – triste sort des enfants prodiges – avant même d'avoir vécu.

Sommeil profond

Sleep, My Love… C'est un mari qui voudrait bien se débarrasser d'une épouse gênante afin de la remplacer par une petite amie aux lignes aérodynamiques. Pour ce faire, il hypnotise sa pauvre femme et, en la torturant de mille façons subtiles et sataniques, cherche à la tuer, ou tout au moins à la rendre folle… Mais – *crime doesn't pay*! La dame a son fidèle chevalier, qui veille, qui déjoue les machinations de l'infâme mari et qui, à point nommé, recueille dans ses bras la belle éplorée (sitôt qu'elle est veuve!) et des plus consolables…

Ce *drame* est la première grande production d'une compagnie qui s'appelle – cette raison sociale est tout un programme – Triangle Film[1]. Et cette compagnie, en réalité, c'est madame Mary Pickford. Femme d'affaires avisée, l'ex-*sweetheart* de l'Amérique est aujourd'hui millionnaire. Elle est aussi très répandue dans les *drives,* les campagnes et les œuvres de charité les plus diverses. Gagner de l'argent, faire du bien, qu'est-ce toutefois, au prix de l'encens dont ses narines ont gardé la nostalgie? N'ayant plus l'âge des ingénues et n'accusant pas encore celui des grand-mères, Mary Pickford a choisi de *come back* derrière un massif bureau de *producer*. Son mari, Buddy Rogers, n'est pas moins en cause, puisque c'est lui qui a dirigé ce premier film[2].

Sleep, My Love se glorifie d'avoir donné à Claudette Colbert l'occasion de jouer un rôle dramatique: celui de la femme hypnotisée. Il y a même une scène de somnambulisme provoqué que la réclame compare sans vergogne à la promenade nocturne de Lady Macbeth!… Certes, Claudette Colbert a beaucoup de métier et une amusante frimousse de bébé – qui se fripe de plus en plus, par malheur. Elle n'a tout de même ni la prestance, ni les cordes profondes, ni surtout les remords d'une madame Macbeth. Et d'abord, elle est bien trop rondelette et réjouie pour qu'on la puisse jamais prendre au tragique!

Du moins Colbert joue-t-elle avec tout son talent, pour une fois si mal employé! De même Robert Cummings, dans le rôle du protecteur

---

1. De son vrai nom, Triangle Production.

2. Selon IMDb, Charles « Buddy » Rogers est l'un des producteurs du film, qui a été réalisé par le grand cinéaste des mélodrames Douglas Sirk.

des dames… Mais il y a encore, dans cette affaire, Don Ameche (le mari) et Hazel Brooks (sa petite amie) – et du coup, le drame sombre dans une platitude toute collégiale. Mister Ameche n'aura, toute sa vie, que deux ressources qu'on hésite à qualifier de dramatiques : celles de rouler de gros yeux ahuris et d'avaler sa salive… Quant à Miss Brooks, elle possède le physique d'un mannequin de grand couturier, celui qu'on dresse dans la vitrine ; elle en a également toute la souplesse…

Pour assurer l'orthodoxie de leurs scènes d'hypnose, les *producers* de *Sleep, My Love* ont, paraît-il, consulté un grand psychiatre viennois. Que n'ont-ils en même temps retenu les services d'un bon scripteur et d'un directeur intelligent !

Shirley, ou l'âge ingrat

Il fut une époque où toutes nos petites sœurs recevaient des poupées Shirley Temple : fillettes blondes, bouclées, potelées, les yeux mutins, la bouche comme deux pétales de rose…

Aujourd'hui, Shirley est une grande fille. Elle est même « Mrs. », à la mode de Hollywood. Ça nous fait tous vieillir ; mais hélas, moins que la pauvre Shirley…

Non pas que son dernier film, *The Bachelor and the Bobby-Soxer,* soit dépourvu d'intérêt. C'est une agréable comédie burlesque, où la rigolade est facile et bruyante. L'intrigue est tirée par les cheveux ; les situations sont d'une cocasse invraisemblance ; et les interprètes eux-mêmes ont l'air de bien s'amuser…

Cary Grant est drôlement idiot. Myrna Loy, comme toujours, est mince et troublante. Rudy Vallée, une dynamo – qui commence à s'épuiser un peu beaucoup.

Et Shirley ? Pauvre petite ! c'est elle, la *bobby-soxer* qui doit être le ressort de tout le film. Mais elle est si gauche et son jeu est si terne qu'on se passerait volontiers du ressort…

Même sa chevelure qui ne boucle plus, où l'on voit la trace de la dernière *permanent wave…* Vanité des vanités…

(23 janvier 1948)

Histoires de crimes

Le crime : l'une des occupations, l'un des sujets d'inspiration les plus populaires de notre époque.

On vient de nous présenter une couple de films, tirés l'un et l'autre de ce que nos amis du Sud appellent des *murders,* et les Anglais, avec leur flegme anti-sensationnel, des *detective stories.*

Le premier – *Kiss of Death* (20th Century-Fox) – est sans contredit un chef-d'œuvre du genre. D'ordinaire, lorsque paraît cette chronique, les films dont nous y parlons quittent l'affiche ; et le plus souvent ça m'est bien égal. Mais pour une fois, j'espère qu'il n'est pas trop tard et que, si *Kiss of Death* passe une autre semaine à Montréal, vous ne le raterez pas !

Quant au second – *Whispering City* (Québec Productions) –, c'est un film que tout le monde a le droit absolu de rater. Une de ces fréquentes élucubrations qui font un tort immense à une branche, tout aussi respectable que les autres, du roman et du cinéma contemporains. Qu'en l'occurrence le navet soit du terroir, ça n'a rien à voir ici.

Kiss of Death

Monsieur Eleazar Lipsky est avocat au Barreau de New York. Licencié en droit de Columbia, il fut nommé procureur adjoint *(assistant district attorney)* après quelques années de pratique, et attaché à la section des homicides (Homicide Bureau) de la police new-yorkaise.

Pour écrire son premier roman, *Kiss of Death,* Me Lipsky n'eut donc qu'à faire appel à des souvenirs précis. Les enquêtes et les procès auxquels il a participé lui ont fourni la matière d'une sombre fresque, où l'atmosphère, les décors et les personnages sont d'une telle vérité qu'on se croirait en face non pas d'un roman, mais d'un document authentique. Ses avocats, ses policiers et, surtout, ses criminels sont des êtres vivants complexes et sinueux comme la vie.

Car le lieu, l'arme et l'objet du crime – tout l'appareil extérieur –, c'est l'ABC du roman criminel : et vous pigerez sans peine d'excellents canevas dans la chronique judiciaire de tous nos quotidiens. Ce qui rend intéressant le récit d'un crime et de toute action humaine, c'est l'homme ; c'est d'y trouver, au hasard de l'intrigue, une étude précise et détaillée des circonstances, des antécédents, des mobiles, du milieu, de tous ces facteurs dont la résultante est un individu fortement caractérisé : le criminel… non pas *un* criminel quelconque, mais le criminel capable de perpétrer tel ou tel mauvais coup particulier.

— Élémentaire, direz-vous. Un roman paysan, *Marie-Didace,* par exemple, nous fait connaître l'homme de la terre. Un roman ouvrier, comme *Bonheur d'occasion,* étudie l'homme du faubourg. N'est-il pas tout naturel qu'un « roman du crime » soit d'abord le portrait du criminel ?

Parfaitement. Alors, comment se fait-il que, neuf fois sur dix, les auteurs de *crime stories* escamotent sans vergogne cette partie essentielle de leur œuvre ? Earl S. Gardner inventera des épisodes abracadabrants ; Ellery Queen fera de l'ironie, et le Maigret de Georges Simenon de la logique en pagaye ; Conan Doyle lui-même n'était qu'un conteur de talent – ce qui n'est pas rien, mais comme psychologue il n'existait pas… Et tous, bien entendu, fouillent jusqu'en son tréfonds un personnage qui, sauf exception, ne devrait être que secondaire : le détective.

Et le criminel ?… Ah ! c'est que, voilà, il est facile et banal de rencontrer un agent de Pinkerton, de l'observer et même, quand on sait y faire, de l'interroger. Mais avec le hors-la-loi, les rendez-vous sont plus malaisés à prendre ! Et par ailleurs, à moins d'avoir le génie de Dostoïevski, on ne se met pas comme ça, sans trop le connaître, dans la peau de Raskolnikov… Au fait, parmi tous les professionnels du « roman du crime », je n'en sais qu'un seul dont les récits à la première personne négligent d'ordinaire la fiction insignifiante du policier, pour nous découvrir parfois la psychologie tourmentée du criminel : c'est James

M. Cain, qui est à sa manière un grand écrivain ; assez grand, du moins, pour que ses œuvres soient lues avec attention et profit dans les cercles existentialistes ou autres d'outre-Atlantique.

Désormais, il faudra peut-être compter aussi avec Me Eleazar Lipsky. Son premier livre est ce que devraient être tous les romans objectifs, policiers ou non : l'étude honnête et fouillée d'un homme et de son milieu.

Agréable surprise, déjà, que de trouver un bon romancier dans un genre où les maîtres ne foisonnent pas. Combien plus grande, toutefois, et plus rare, la surprise de voir l'œuvre de ce romancier si bien transcrite pour l'écran !

Un bon roman, ça ne court pas les rues. Mais un bon roman qui devient un bon film, voilà qui mérite la manchette. Et si vous ne m'en croyez pas, parlez-en à Hemingway, à Remarque ou à l'ombre du grand Balzac…

*   *   *

Nick Bianco est affligé d'un tragique handicap : son père est mort d'une balle tirée par un *policeman*. À ses yeux, la société sera donc l'ennemi numéro un. À dix-sept ans, il est à l'école de réforme. À trente ans, quelques autres mésaventures auront fait de lui un dur de dur : les traits impassibles, la parole brève et rauque, le geste à la fois brutal et calculé. Nick, à sa façon, n'en demeure pas moins un honnête homme. D'abord, il a sa conception à lui de l'Honneur : « Si l'on est pincé, on ne parle pas ; les copains peuvent dormir tranquilles. » Et puis Nick a une famille : deux fillettes qu'il adore.

Le jour arrive pourtant où Nick, à ses dépens, s'aperçoit que ses confrères et lui n'entendent pas l'Honneur d'une même oreille. La désillusion et la vengeance le jettent dans les bras de ses ennemis de toujours – les *policemen*. Mais pour un récidiviste de la pire espèce, il n'est qu'un moyen de se réhabiliter : c'est de parler. Le crime étant le seul métier qu'il connaisse, c'est par son expérience du crime qu'il se rachète.

Nick devient mouchard. Il contribue à la capture d'un ancien camarade, Tommy Udo, un de ces gentils garçons qui font dans l'assassinat comme d'autres dans l'épicerie. Mais Udo, faute de preuves, est acquitté.

Et Nick, froidement, met ses petites filles à l'abri, avant d'affronter le sort qu'il sait réservé à tous les mouchards : une balle dans le ventre.

Nous sommes loin du classique criminel de l'écran (du roman) : silhouette grimaçante et falote, la cigarette au coin du bec, et à la main le revolver toujours fumant !... Nick Bianco est un homme. Peut-être a-t-il vécu. De toute façon, il est *viable* : il a une âme et un milieu.

L'âme de Nick, dans le film, emprunte une enveloppe des plus flatteuses : les épaules massives et la ligne athlétique de Victor Mature. Et Mature, ô stupéfaction ! emprunte à Nick une allure, des gestes, tout un caractère fort bien dessiné. Jusqu'ici, Victor Mature a passé son temps à jouer, de piètre façon, de piètres rôles de bellâtres. Dans *Kiss of Death*, pour la première fois, on lui donne quelque chose à dire et à faire : il révèle aussitôt un talent sobre et d'une remarquable éloquence.

Brian Donlevy, pour sa part, est précis et, comme toujours, très naturel, dans la peau de l'*assistant district attorney* (le rôle même que jouait naguère à la ville le romancier Lipsky). Quant à Coleen Gray, c'est une jolie *starlet*. Dans le roman, Nick Bianco épouse une veuve pas très jeune et d'un charme mitigé ; le cinéma lui substitue Miss Gray, dont les appâts sont au contraire en pleine floraison, et qui joue bien. *Felix culpa...*

Mais c'est avec le personnage de Tommy Udo, l'assassin, que le film l'emporte, et de loin cette fois, sur le roman. À l'écran, Udo (l'acteur Richard Widmark) devient un petit homme frêle et maladif dont les discours enfantins et les rires de fillette ont quelque chose d'incroyablement sinistre. C'est l'une des plus curieuses figures de dégénérés qu'on ait jamais campées au cinéma.

Cette excellente distribution n'est pas forcée par ailleurs – comme c'est le cas trop souvent – de camoufler la faiblesse du scénario. Ben Hecht et Charles Lederer ont écrit un dialogue nerveux et bref, où les répliques jaillissent comme des rafales de mitrailleuse : pas une balle perdue...

Le travail du cameraman, enfin, est plus et mieux que brillant, il est juste. Chaque scène de *Kiss of Death* se déroule dans un vrai décor : dans les rues de New York, dans la prison de Sing Sing, et même dans un ascenseur de gratte-ciel. Loin du carton-pâte et des projecteurs fulgurants, la photographie retrouve sa noblesse, qui est le naturel des ombres et des nuances, qui est la fluidité du mouvement, qui est la vérité, plus suggestive que tous les trompe-l'œil.

Cette authenticité des décors, s'ajoutant à la simplicité poignante de l'intrigue et à la maîtrise des interprètes, donne au film une hallucinante précision de documentaire. Et point n'est besoin de prêchi-prêcha ni d'épilogue à la *crime doesn't pay… Kiss of Death* est la peinture, nette et brutale, d'une vie perdue.

Une peinture qui est un tableau de maître.

Whispering City

Autres peintres, autre tableau. Une toile, cette fois, qui est une méchante croûte. Barbouillés les décors, qui embaument la fabrication en série ! Barbouillé le scénario, qui nous amène pêle-mêle un compositeur à la manque, un avocat véreux et une petite journaliste candide, et s'acharne ensuite à les relier par des ficelles toutes grossières, toutes visibles à l'œil nu ! Barbouillés eux-mêmes, ces magnifiques extérieurs québécois qui se dérobent sans cesse derrière un écran de pluie ou de brouillard !

On note cependant que les acteurs américains sont plus à l'aise dans leurs rôles que leurs confrères canadiens-français[1]. Question de métier, sans doute. Il est probable que l'informe et infâme charabia de la version française – dialogue de mauvais roman-savon – y était aussi pour quelque chose.

À part ça, les deux films (*La Forteresse* et *Whispering City*) sont bien des jumeaux : identiques, identiquement insipides. Accompagnés d'une fanfare de grande première, d'un tralala de réclame et de massifs coups d'encensoir, ils deviennent tout à fait nauséabonds.

Un tel spectacle, ce n'est plus du cinéma – c'est de la vanité nationale…

(30 janvier 1948)

---

1. Comme c'était fréquent à partir du cinéma parlant, Québec Productions a tourné en même temps deux « versions », une française et une anglaise, dans les mêmes décors, avec la même équipe technique, mais avec des acteurs différents.

Grenouille, gare à toi !

Elle s'enfla, s'enfla, relate le bon La Fontaine, elle s'enfla si bien qu'elle en creva.

Cette ambitieuse variété de batraciens – dans plus d'un domaine – a toujours pullulé au Canada. La proximité physique des États-Unis, celle historique ou politique de l'Angleterre et de la France, les induisent en fréquente tentation de se faire aussi gros que le bœuf d'outre-mer ou d'outre-45e[1]… Et depuis quelques années, c'est ainsi que nous possédons nos remuantes grenouilles du cinéma.

Du train où nous allons, on ne verra plus bientôt un seul *artiste* ni un seul entrepreneur de publicité qui n'ait lancé son petit « Chose-Productions » ou son petit « Machin-Films ». J'exagère ? À peine : Montréal, par exemple, compte déjà deux ou trois entreprises cinématographiques, dont l'assurance-vie en ce moment commanderait une prime des plus élevées ! Et je ne parle pas de ces espoirs, de ces projets qu'on nourrit dans les milieux les plus divers et dont les journaux nous apprennent l'éclosion…

Tous ces gens – c'est du moins ce qu'ils disent ou laissent entendre – ont pour mission de remplacer les produits de Hollywood par des films canadiens ; et même de se tailler une place sur le marché mondial de l'écran.

---

1. Paraphrase pour signifier les États-Unis d'Amérique, le 45e parallèle nord étant à peu près la frontière sud entre le Québec et les États-Unis (au niveau des États de New York et du Vermont). Il est à égale distance du pôle Nord et de l'équateur.

Or – primo : on ne peut pas remplacer au Canada les films étrangers ni même les supplanter ; secundo : pour se tailler une place honorable sur l'écran international, il faut avant tout s'écarter des méthodes de Hollywood.

*   *   *

On aura beau déborder de patriotisme, ça ne fera jamais en terre canadienne que douze millions de patriotes ; dont quatre millions à peine de fleurdelisés. C'est bien trop peu. Une grande industrie du cinéma ne s'élève que sur la base d'un riche marché domestique. Demandez plutôt au magnat britannique J. Arthur Rank ce qu'il en pense...

Mr. Rank contrôle en Angleterre non seulement la production, mais aussi la distribution des films. L'on peut même dire qu'il en contrôle la projection, puisqu'une multitude de théâtres lui appartiennent ! Les entreprises Rank sont confortablement assises, si l'on peut dire, sur les quarante-cinq millions d'habitants du Royaume-Uni.

Pour faire la guerre à Hollywood, Rank a dépensé jusqu'ici des millions de *pounds*. Il a poussé au maximum la production de ses studios londoniens. Mais il y a quelques mois, lorsqu'une taxe astronomique fut imposée par le gouvernement Attlee sur tous les films importés, les *producers* américains répliquèrent en mettant eux-mêmes l'embargo sur leurs expéditions à l'Angleterre. Et c'est alors que les Anglais constatèrent l'insuffisance de l'effort strictement national. Aujourd'hui, pour satisfaire à la demande, Rank en est réduit déjà à ressusciter tous les films d'avant-guerre.

Il n'y a jamais eu dans le monde du cinéma que cinq grands producteurs : avec l'Angleterre et les États-Unis, l'URSS, la France et l'Allemagne d'Hitler. Aucun d'entre eux – pas même les USA qui fabriquent en série – n'est jamais parvenu à se passer d'œuvres importées. Et c'est tant mieux pour le public.

Mais alors, que peuvent réaliser les *producers,* dans un petit pays ? Huit ou dix films par année, tout au plus. C'est à peu près le rythme auquel on se maintient en Italie, en Suisse, au Mexique. Je ne vois pas qu'on puisse accomplir davantage au Canada.

Il y a plus : on n'arrivera jamais à ce total de huit ou dix – pas avec succès, en tout cas – si l'on singe Hollywood.

Au cinéma, les Américains ont deux grands principes : l'argent est ce qui manque le moins, et quantité d'abord. Principes qui ne valent qu'aux États-Unis. Partout ailleurs, l'argent s'épuise vite et, faute d'argent, qualité doit primer quantité.

Ici encore, les mésaventures de Mr. Rank sont instructives. Afin de se créer un marché aux États-Unis, il s'est lancé dans les superproductions : que le film soit bon ou mauvais, peu importe, pourvu qu'il coûte très cher et que ça paraisse !... Trois de ces films – *Henry V, Caesar and Cleopatra* et *My Heart Goes Crazy* – l'ont appauvri de la somme rondelette de 2 500 000 dollars...

Et les deux derniers, par-dessus le marché, valaient à peine le prix d'un billet d'admission ! Aussi Rank est-il en train de « se retrancher », comme disent les économistes d'après-guerre, et de jongler fiévreusement avec le capital anémié de ses multiples compagnies.

Bien sûr, de telles audaces, suivies de tels malheurs, sont impossibles au Canada. Je songe pourtant aux 600 000 dollars qu'auront coûté, si je ne m'abuse, les deux films de Québec Productions : *La Forteresse* et *Whispering City.* Cet argent aura permis à la QP d'aménager des studios, d'importer quelques acteurs américains, ainsi qu'un minable scénario, et de faire une réclame du tonnerre... et puis quoi encore ? d'expédier *La Forteresse* en France, où la critique accueille le film d'un seul mot : navet.

En termes californiens, un tel résultat pour 600 000 dollars, c'est un gros succès. Et voilà le danger des raisonnements à la Hollywood. Car en termes canadiens, c'est un désastre complet : le film aura une peine inouïe à rembourser ses commanditaires. Quelques beaux coups comme celui-là, et le capital canadien – qui n'est pas déjà si abondant, qui est surtout des plus durs à la détente – fuira le cinéma comme la peste !

Rappelons ici la carrière d'un film italien : *Rome, ville ouverte.* Tourné sur des plateaux de location, avec un minimum d'équipement et de pellicule, il a connu dans tous les pays un succès prodigieux. Coût total : 30 000 dollars !

Voilà… voilà ce qu'on peut faire sans être riche ! On peut louer des studios, des appareils, on peut employer les acteurs de son patelin, on peut… mais tout d'abord, il faut savoir choisir avec goût et intelligence le sujet et le scénario. Le goût, l'intelligence, c'est le talon d'Achille du colosse américain ; c'est donc la grande ressource de ses concurrents. Et comme par hasard, c'est ce qui se vend le moins cher. Même que ça ne s'achète pas ; ça se trouve…

Chose certaine, ça ne se trouve pas dans les milieux où l'on vient de dénicher *La Forteresse* et *Whispering City*… Il faudrait chercher ailleurs, sinon capout, le cinéma canadien !

Green Dolphin Street

Il était une fois un riche négociant qui avait deux filles, l'une forte et fière (Lana Turner), l'autre tendre et timide (Donna Reed), lesquelles s'amourachèrent d'un même jeune homme mélancolique et mou (Richard Hart). Comme ce dernier ne savait trop quoi fabriquer de ses dix doigts, Lana Turner – pour s'en débarrasser ? – le poussa dans la Royal Navy. Mais bientôt, après avoir perdu son navire dans un vague port de Chine, l'officier-malgré-lui vint échouer en Nouvelle-Zélande. Avec un compatriote, il s'y lança dans le commerce, et les affaires allèrent si bien qu'un soir, plein de rhum et d'optimisme, il écrivit à la tendre et timide Marguerite pour lui demander sa main. Mais le pauvre, ayant vidé un verre de trop, se trompa de nom, et c'est la forte et fière Marianne qu'il reçut par retour du courrier. Il ne l'aime pas du tout, mais plutôt que de lui payer un autre passage, il l'épouse ; et tous deux – après un tremblement de terre, une lutte sans merci contre de terribles Maoris, sans compter une foule de petites guerres de ménage – finissent par devenir, dix minutes avant la fin, follement épris l'un de l'autre. C'est idiot mais, au rebours de la chanson, ce n'est pas marrant du tout[2]… Ah ! j'oubliais : la pauvre Marguerite, qui s'ennuyait toute seule à la

---

2. L'auteur paraphrase la chanson « C'est idiot mais c'est marrant » (1933) de Ray Ventura.

maison, décide d'entrer au monastère… C'est la scène finale, bien entendu. Et vu la qualité des performances qu'ils achèvent de donner à ce moment-là, Mlle Turner et MM. Hart et Heflin seraient avisés de suivre cet édifiant exemple : une vie de bure et de pain sec expierait à peine les quatre-vingt-dix minutes qu'ils viennent de nous faire souf-frir…

Holà, les écrivains : c'est pour vous que j'ai raconté quelque peu en détail cette géniale histoire. Suivez la recette ci-dessus : invraisemblance, exotisme enfantin et psychologie inexistante, ajoutez une bonne dose de séisme et une grande cuillerée de tam-tams primitifs, et votre fortune est faite !… *Green Dolphin Street,* premier lauréat du Grand Prix du roman de Metro-Goldwyn-Mayer, a remporté ainsi 200 000 dollars à son auteur…

(6 février 1948)

Il était une fois…

Une petite fille qui s'appelait Cendrillon… un ogre qui avait des bottes de sept lieues… une Belle et une Bête… Il était une fois : formule magique qui seule ouvre la porte au palais des belles histoires. Jean Cocteau n'est pas si vieux qu'il ne s'en souvienne. Il sait aussi qu'on gâte la formule en l'améliorant, et qu'un adjectif de trop la peut rendre impuissante.

Or donc, il était une fois un prince qui fut changé en bête parce que ses parents n'avaient pas cru aux fées. Il vivait solitaire dans un grand château sombre au cœur de la forêt ; et il souffrait, car il ne pouvait recouvrer sa jeunesse et sa beauté que si une femme jetait sur sa face de monstre, une fois seulement, un regard d'amour. Et quoique Bête, il connaissait les femmes ; du moins croyait-il les connaître… Or, à quelques lieues de là vivait une famille : le père, un coquin de fils baptisé Ludovic, deux filles méchantes et coquettes, et une autre fille encore, mais celle-là douce et serviable, qui était Belle. Un jour, égaré en forêt, le père trouva refuge dans le château de la Bête. Mais une fois reposé, au moment de partir il eut le malheur de cueillir une rose d'un massif. Et la Bête, on ne peut plus jalouse de ses roses, le condamna à mort sur-le-champ – à moins qu'une de ses filles ne consentît à mourir à sa place. Belle, vous pensez bien, n'hésita pas une seconde. Elle se rendit au château où, la première horreur passée, elle s'accoutuma bientôt à la compagnie de la Bête, puisqu'il n'y en avait point d'autres. Elle se rendit compte, d'ailleurs, que la Bête était aussi bonne que laide. Et comme elle était pitoyable, Belle se prit même d'affection pour le monstre. Elle l'aimait *bien*, c'est-à-dire qu'elle ne l'aimait pas. Chaque fois que la Bête, d'une voix toute humble, demandait : Belle, voulez-vous être ma femme ? – cela lui rappelait la grâce d'Avenant, qui était un ami de son frère, et tristement, honnêtement, elle devait dire non. Et les choses durèrent ainsi jusqu'au soir tragique où la Bête, traquée par Avenant et Ludovic, vint expirer sous les yeux de la Belle. Juste à temps, elle eut enfin à l'adresse du monstre un vrai regard d'amour… Et le prince, dépouillant aussitôt son affreuse défroque, apparut. Comme il ressemblait à Avenant (qui avait eu la complaisance de disparaître entre-temps) et qu'une jeune fille en deuil est un non-sens, Belle cette fois dit oui tout de suite… Et le prince, la prenant dans ses bras, l'emporta dans son royaume, où elle fut une reine très heureuse.

Tout comme nos malicieuses grand-mères, Cocteau refuse de précipiter son récit. Il s'attarde ici et là, revient même sur ses pas pour voir si nous le suivons, alors qu'il sait très bien que nous sommes devant et prêts à mourir d'impatience ! Il faut accepter sans restriction, ainsi que font les tout-petits, d'arrondir les yeux et de ne rien découvrir qu'avec émerveillement.

Si nous le pouvons, alors nous sommes comblés. Nos rêves s'enrichissent d'images nonpareilles, découpées avec un flou et à la fois une précision, qui tiennent de la netteté du conte de Perrault et des clairs-obscurs troublants des légendes nordiques : images de perles et de diamants, de forêts mystérieuses où galope Le Magnifique (le cheval qui sait d'avance où l'on veut aller), de gants magiques et de statues qui voient tout ce qui arrive. Et pour nos cauchemars, des monstres pathétiques, des monstres qui font autant pitié que peur…

Sinon, qu'irions-nous faire dans cette galère ? En s'obstinant à n'être que raisonnable et sérieux, on notera peut-être le charme de Josette Day la Belle, et la supériorité – accidentelle, espérons-le – de Jean Marais la Bête sur Jean Marais Beau Prince… Et puis quoi encore ? Ah oui, on se dira que c'est bien long.

Quand les contes de fées n'ont au contraire qu'un seul défaut : d'avoir une fin.

Leur inquiétude…

Body and Soul est un film qui raconte l'histoire d'un jeune homme pauvre (John Garfield), si pauvre qu'il ne peut s'instruire et qu'il devient par conséquent riche et célèbre. Hélas ! Ni l'argent ni la gloire ne font le bonheur, et le malheureux – encombré de richesses et de petites amies – passe tout son temps à réfléchir sur ses fins dernières et à maudire ce destin qui l'a jeté dans le ring : la boxe est un emploi si fruste, ma chère, et si peu distingué !

Par chance, entre deux réflexions métaphysiques, Mr. Garfield participe à des scènes de pugilat qui sont d'un punch et d'une vérité peu ordinaires. Le « Body », à propos, n'est rien de moins que celui de Hazel Brooks, avec qui moult femmes en effet changeraient volontiers de chemise ; et la « Soul », Lilli Palmer, est une fort jolie petite conscience ambulante… Quant à la morale de cette histoire, il m'a semblé que c'était une vulgarisation de cette profonde pensée de l'homme des cavernes (lorsqu'il découvrit pour la première fois une peau d'ours sous laquelle se cachait… un ours) : l'habit ne fait pas le moine.

Menue monnaie

Sur le titre de la ciné-vie de Jeanne d'Arc, terminée récemment par RKO, les gens ne semblent pas d'accord : telle dépêche parle de *Joan of Arc,* telle autre (souvenir de Bernard Shaw ?) de *Saint Joan*. Le coût de cette production est par contre le sujet d'un communiqué – tout ce qu'il y a de plus officiel : 4 600 000 dollars ! Le dixième de cette somme dans l'escarcelle de Jehanne en 1431, et le bûcher de Rouen n'aurait pas flambé. Le plan Marshall arrive cinq siècles trop tard… – Frank Capra, metteur en scène de l'Américain moyen, réalise de son côté son premier film d'après-guerre : *State of the Union,* adapté du *hit* de Broadway. Capra n'y emploie pas son inséparable *partner* de jadis, James Stewart : espérons qu'il aura plus de veine avec ce film à-la-Stewart sans Stewart que ce dernier n'en eut avec *Magic Town,* son récent film à-la-Capra sans Capra… – Mark Hellinger, mort subitement il y a quelques semaines, avait fait la mise en scène de *The Killers,* d'après une célèbre nouvelle *tough* de Hemingway : l'un des meilleurs films du genre qu'on ait vus à Montréal, ou ailleurs… – La dernière pièce de John Van Druten (auteur de *The Voice of the Turtle*) a été un four noir sur Broadway à l'automne de 47. Pour filmer ledit four – *The Druid Circle* –, la compagnie Fox, dit-on, s'apprêterait à verser des droits d'auteur de 100 000 dollars à Mr. Van Druten. Tout est sauf, fors l'honneur…

(13 février 1948)

Génie de la grimace

(Danny Kaye dans *The Secret Life of Walter Mitty*)

Chaque fois qu'en lettres d'or apparaît sur l'écran le nom de madame Natalie Kalmus, j'ai aussitôt la certitude d'avoir fait une bonne affaire en achetant mon billet : on va m'en donner pour mon argent… À Hollywood, Mrs. Kalmus est *dictatrice* du Technicolor et la moindre de ses productions tarirait d'un coup le trésor du nizam de Hyderabad ! Sa phrase préférée, j'en suis sûr, doit être un petit refrain à la Gertrude Stein, quelque chose comme « *Colour is money is money is money* »…

The Secret Life of Walter Mitty est un film tout à fait kalmusiaque. Décors, figuration, prodiges techniques – tout y est riche et flamboyant, colossal, terriblement dispendieux. De plus, c'est un film de Goldwyn : on y trouve donc l'inévitable et affolant défilé des Goldwyn Girls, promues cette fois mannequins de haute couture. Et aussi, un scénario tout de guingois, plein de trouvailles, de platitudes et de parfaite confusion.

Tout cela n'a d'ailleurs aucune importance. Car en dépit de ce luxe criard, *Secret Life* n'est pas le moins du monde dans la veine habituelle de Kalmus-Goldwyn & Co. Pourquoi ? À cause de la seule présence d'un grand gaillard blond et mince, aux traits osseux d'une mobilité inouïe, dont les mains ont appris le secret du mouvement perpétuel, en qui sautille et gigote sans arrêt le djinn du caricatural, du burlesque, du cocasse, de toutes les rigolades imaginables : Danny Kaye !

En cinq ans, Kaye n'a tourné que trois films bien espacés : *Up in Arms, Wonder Man* et *The Kid from Brooklyn*. Il n'en fallait pas davantage : il a recueilli sans peine la succession de Chaplin – du grand Charlot des années silencieuses, celui qui ne se prenait pas au sérieux. Aujourd'hui, Danny Kaye domine de si haut tous ses confrères qu'auprès de lui l'Anglais Sid Field, le Français Fernandel ou l'Américain Bob Hope ne sont que sinistres éteignoirs.

Voici maintenant que ce roi des amuseurs nous revient dans la peau de Walter Mitty. Employé et souffre-douleur d'un *publisher* de magazines sensationnels, couvé par une brave mère poule de maman, affligé d'une fiancée pleurnicheuse et d'une formidable belle-mère en puissance, Walter n'a pourtant pas l'âme de son piteux emploi. Petit bourgeois rangé, chronométré, il s'évade constamment de ce cachot vers un monde irréel, peuplé de gigantesques personnages qui ont tous, comme par hasard, la figure de Walter Mitty : le loup de mer Mitty, le chirurgien Mitty, et Mitty le bandit, et Mitty l'as des as ! Un beau jour, le rêve tout à coup devient réalité : sous la forme irrésistible de Virginia Mayo, l'aventure, la vraie, sourit à Walter. Il se lance à sa poursuite et, chemin faisant, au milieu de périls sans nombre, il découvre la joie de vivre et, y compris, bien entendu, l'amour.

Il paraît que monsieur James Thurber n'est pas content, mais pas du tout, de ce film. Thurber est l'auteur de la nouvelle où naquit jadis la fantaisie Walter : c'est la très simple histoire d'un homme dont les deux existences, la réelle et l'imaginaire, ne se confondent pas, et pour qui le rêve n'est qu'un pauvre moyen d'échapper aux griffes d'une acariâtre moitié…

Eh bien, comme tous les auteurs « arrangés » par Hollywood, monsieur Thurber n'a sans doute pas tort. Quand même, grâce à Danny Kaye, Hollywood pour une fois a eu pleinement raison d'arranger, surtout d'allonger… Ça nous vaut de tordantes silhouettes, tel ce Walter Mitty, inoubliable héros de la RAF… Et des sketchs d'une indicible bouffonnerie : « Anatole of Paris », la virtuosité germano-yiddish de « Symphony for Unstrung Tongue »… Et toujours, quelle que soit la banalité ou la fréquente bêtise des répliques qu'on lui impose, le don comique sans égal d'un acteur, acrobate et grimaceur de génie.

On se demande un peu comment monsieur Thurber a eu la force de garder, jusqu'au bout d'une telle performance, l'entière acrimonie de son humeur. Si froissée qu'ait pu être sa conscience d'écrivain.

(20 février 1948)

Quasi-documentaire

(James Stewart dans *Call Northside 777*)

Chicago 1932 : l'Âge du crime… Al Capone est roi, le *bootleg* lui rapporte cent millions par année… Dans un tripot, un *policeman* (le huitième en moins d'un an) est abattu par des gangsters. Le public réclame un coupable ; on lui en offre deux, d'obscurs jeunes Polonais qu'un témoin bien stylé identifie, que personne ne défend et que le tribunal expédie au bagne pour quatre-vingt-dix-neuf ans… Justice est faite !

Onze ans plus tard… Une petite annonce paraît dans le *Chicago Times* : cinq mille dollars à qui fournira des renseignements sur ce meurtre oublié – signaler Northside 777… Intrigué, un reporter saute sur le téléphone, note l'adresse et, s'y rendant, découvre une vieille femme de journée en train de laver un parquet. C'est la mère d'un des condamnés ; ses cinq mille dollars représentent onze années de labeur, de privations et de farouche entêtement. De cette rencontre, le journaliste tire un *papier* touchant. Ses lecteurs, puis les autorités s'émeuvent. Une enquête s'amorce, que le *Times* pousse de tout son prestige : affaire de tirage sans doute, affaire aussi de *fair play*. Finalement, après des recherches et des déductions laborieuses, le reporter parvient à édifier une preuve qui invalide le verdict expéditif de 32. La victime recouvre sa liberté.

Histoire mélodramatique, invraisemblable – mais vraie. Histoire récente, dont l'épilogue a fait son tour de presse à Chicago il y a moins de deux ans. Aussi le film fera-t-il tout juste semblant de camoufler des détails que chacun connaît ; les noms, par exemple : le reporter McGuire devient McNeal, et le condamné Majczek se déguise à peine en Wiecek.

On aura un peu de mal à pardonner aux *producers* les quelques fictions dont ils *embellissent* la réalité ; ce sont, bien entendu, les scènes les plus faibles : une salle de rédaction à la Hollywood, une jeune épouse de journaliste qui mêle le sentiment et les *jigsaw puzzles*...

À part des vétilles, toutefois, *Call Northside 777* est d'un réalisme saisissant. La photo, en particulier, est nette et crue, et confère au film une authenticité de documentaire. Authentiques, la plupart des décors le sont justement : les *blind pigs* de la prohibition, la rotonde inhumaine du bagne, les taudis bruyants et les cafés borgnes qui longent les grands abattoirs de Windy City – toutes ces images conservent sur l'écran le relief et l'éclairage, brutal ou trouble, de leur vrai milieu.

Parmi les interprètes, deux femmes m'ont surtout frappé : Kasia Orzazewski et Joanne De Bergh. Avec une émotion toujours juste, une sincérité poignante et jusqu'à la dose requise d'accent polonais, elles incarnent magnifiquement les deux Mrs. Wiecek, la mère et la femme du condamné. Dans la peau de ce dernier, Richard Conte, sobre et digne, est convaincant. Quant au reporter-détective, c'est notre vieil ami James Stewart : sympathique, moitié figue moitié raisin et, pour une fois, très peu cabotin. L'un de ses meilleurs rôles.

Bref, cette formule du semi-documentaire, qui est une spécialité de la compagnie Fox, s'avère un plein succès. *The House on 92nd Street, 13 Rue Madeleine*[1], *Boomerang, Kiss of Death* tout récemment, et maintenant *Call Northside 777* : aucun des films de cette veine n'a croupi dans les traditionnelles ornières de Hollywood... Suprême hommage : les concurrents, entre autres Metro, se sont mis à calquer sans vergogne le procédé de Fox !

Pour mémoire : on donnait également ces jours-ci un film intitulé *Escape Me Never.* La belle actrice Ida Lupino y soutenait, tant bien que mal, un Errol Flynn promu compositeur. Mr. Flynn musicien et Mr. Flynn acteur, c'est kif-kif ; et c'est tout dire...

---

1. Avec James Cagney et dirigé par Henry Hathaway, ce film de 1947 sur la résistance française fut tourné en partie dans la région de Québec.

Les transatlantiques

Que les dieux censeurs nous soient cléments ! Trois autres grands films arrivent d'Europe, en passant d'abord par New York, qui frapperont bientôt à notre porte. Deux français, un italien – suspects a priori...

Furia est une œuvre qu'Anouilh, paraît-il, rangerait d'emblée parmi les « noires ». *Furia* se traduit par – non pas fureur – furie... À l'instar de certains *speakers,* je me bombarde derechef professeur d'italien !... Ce film est nanti d'une star qui s'appelle Isa Pola. Connais pas : c'est sûrement un tort.

Volpone n'est qu'un transfuge britannique. C'est une pièce de Ben Jonson (*Doctor* et pochard de génie) qui s'est laissé séduire et annexer par Jules Romains et feu Stefan Zweig. Vedettes : d'abord Louis et feu Harry Baur – ça suffit : d'autant que voilà l'occasion déjà de rendre hommage à deux grands disparus... *Variety* déborde d'enthousiasme : « On peut dire que c'est un chef-d'œuvre... » Ce que le *New York Times,* de sa voix la plus sensationnelle, confirme en tout point : « Ce film n'est pas dépourvu d'intérêt !... »

Le Corbeau, enfin, rougit sous ses plumes d'encre d'être cet oiseau rare, une pellicule collaborationniste ! Les Allemands s'en servirent pour fins de propagande : le corbeau figurant le grand Charles, peut-être ?... Toujours est-il qu'après la Libération le film se vit flanquer aux arrêts et fut frappé d'indignité nationale... Mais une fois l'épuration bâclée, comme on ne fusille guère les acteurs en effigie, et que le Français est économe, et que le celluloïde coûte cher, et que les dollars sont en demande – pour tous ces excellents motifs et quelques autres encore, messieurs Schuman et Cie viennent de gracier le malheureux *Corbeau.* Et ses interprètes : Ginette Leclerc ainsi que cet immense acteur qui a nom Pierre Fresnay. Tous ses papiers en règle, y compris le *nihil obstat, Le Corbeau* débarquait à Manhattan la semaine dernière.

(27 février 1948)

Saint Vincent brûle un lampion…

(Pierre Fresnay dans *Monsieur Vincent*)

C'est une fière chandelle, en effet, que M. de Paul doit à Pierre Fresnay, autrefois de la Comédie-Française, aujourd'hui suprême vedette (c'est-à-dire « personne qui devance les autres », dit *Larousse*) de cinéma.

Tout New York, s'il faut en croire les critiques, l'applaudit en ce moment – Fresnay, pas saint Vincent ! – dans *Le Corbeau*. Et les Montréalais en feront autant dès qu'on leur présentera le film qu'il a tourné pour le compte des souscripteurs catholiques de France : *Monsieur Vincent*.

Je n'ai jamais vu mise de fonds cinématographique dépendre si complètement d'un seul homme. Quelques scripteurs, parmi lesquels on est vaguement sidéré de découvrir Jean Anouilh, se sont fendus d'un quelconque scénario : le mieux qu'on en puisse dire, c'est que Hollywood ne fait pas si bien plus d'une fois par mois…

Les scènes initiales sont prometteuses, pourtant. Une diligence roule à travers une campagne bucolique. Puis un homme à soutane marche jusqu'aux rues mornes et désertes d'un village fantôme : l'église désaffectée est devenue poulailler, les cailloux pré-révolutionnaires pleuvent sur le crâne de l'abbé, le château (admirable, cette reconstitution de la société mi-barbare mi-galante d'un XVIᵉ siècle à l'agonie) est barricadé contre la peste : le jeune Vincent de Paul fait connaissance avec ses ouailles de Châtillon !…

Hélas, cette action s'engage à peine, nous sommes tout juste empoignés que la brave et vertueuse Madame de Gondi s'amène, laquais devant, laquais derrière, et kidnappe proprement le malheureux curé : c'est pour les bonnes œuvres, et le salut éternel des dames de la cour... Et c'est aussi pour la ruine quasi complète d'un film qui s'annonçait trop bien !

Un découpage para-documentaire nous précipite aussitôt à travers cinquante ans et plus d'histoire de France. Vincent de Paul chez Madame de Chevreuse, parmi les galériens, chez le chancelier du royaume, au milieu des « réfugiés » (tout un poème, cette anticipation !)... Et puis encore, Vincent de Paul chez les ministres, chez Anne d'Autriche, au service des enfants trouvés, etc., etc., etc., c'est une espèce de kaléidoscope ahurissant qui évoque assez exactement la méthode expéditive et « qui-trop-embrasse-mal-étreint » de la série *The March of Time*[1]. Songez qu'à certains moments saint Vincent de Paul n'est plus qu'un invisible narrateur dont la voix nous décrit la pénible besogne des sœurs de la Charité ! Il y a de plus un Richelieu à barbiche de burlesque, très soucieux de ses minets – caricature, ma foi, que Dumas père lui-même n'eût jamais osée !...

Il y a d'excellents acteurs qui se dépêtrent tant bien que mal, plutôt mal que bien, de ces falots emplois. Il y a de la musique... Il y a, grâce au Ciel, Pierre Fresnay ! Maigre, nerveux, l'*assent* méridional nous rappelant tout à coup *Marius,* inouï de simplicité et de puissance ramassée. M. Fresnay sauve un pauvre saint Vincent qui, pas d'erreur, s'en allait droit au diable !... Il faut voir comment les phrases les plus quotidiennes de l'apôtre prennent sur ses lèvres un sens riche et troublant, et se prolongent en fructueuses méditations. Il faut voir M. de Paul vieillir d'un demi-siècle en moins d'une heure : la démarche, le geste, les traits et jusqu'à la moindre intonation qui s'appesantissent lentement, par un miracle de composition, sous le faix des ans et des œuvres. Il faut, surtout, voir cette face que M. Fresnay prête au vieillard mourant – cette fatigue au creux de chaque ride, cette bonté toujours jeune du sourire, et la luminosité prodigieuse,

---

1. *The March of Time* est le titre d'une série d'actualités mensuelles que l'on pouvait voir avant le film principal dans les cinémas nord-américains, de 1931 à 1951. Orson Welles, qui a travaillé pour la série, en fait un pastiche au début de *Citizen Kane* (1941).

l'éclat angélique de ces yeux qui vont s'éteindre un instant, pour se rouvrir dans l'Au-delà…

Saint Vincent de Paul vivra dorénavant, dans nos mémoires, sous cette forme incomparable que lui a donnée un gigantesque interprète. Image qui écrase à jamais tous les piètres chromos traditionnels. Encore une fois, les catholiques français qui ont risqué leurs sous dans cette production, et le saint petit gars de Dax lui-même, doivent à Pierre Fresnay – et à ce dernier seul – une fervente dizaine de chapelets !

De même aussi que tous les spectateurs qui se rendront bientôt voir *Monsieur Vincent.*

L'histoire « remmanchée »
(avec 1 001 excuses à Jean Narrache)

Et de nouveau, c'est le nom d'Alexandre Dumas qui me vient tout de suite à l'esprit… Au fait, c'est l'un des propres personnages de l'immortel amuseur (*cf. Le Vicomte de Bragelonne,* volume 4 ou 5 : on a ses lectures !) que Douglas Fairbanks Jr. réincarnait pour nous cette semaine, sur l'écran du Capitol.

L'Histoire nous apprend que Charles II, fils du décapité, vécut d'abord en exil hollandais assez bien nourri, pour être ensuite installé sur le trône par le général Monk, lieutenant et successeur de Cromwell. Après quoi les meilleures encyclopédies se contentent d'ajouter discrètement qu'il fut un trousseur de marquises sans rival dans la vieille Angleterre…

L'histoire que nous raconte par ailleurs Mr. Fairbanks n'a rien à voir avec cette prudente sobriété de l'historien. Fondée sans doute sur d'antiques parchemins *made in Hollywood,* elle nous révèle tout un réseau d'espionnage cromwellien, une comtesse très flirt et non moins affolante (María Montez), une candide et non moins aguichante petite Hollandaise (Paule Croset) – sans compter un Charles II acrobate et pourfendeur qui n'est, bien entendu, nul autre que Douglas Fairbanks fils en personne.

Tout cela ne manque ni d'un certain grand air aventureux, ni d'un certain charme romanesque, ni d'une certaine atmosphère d'époque (dont nous sommes redevables, surtout, au travail presque rembrand-tesque du cameraman).

Tout cela s'intitule : *The Exile.*

Menue monnaie

D'après un *columnist* de Hollywood, Maurice Chevalier demande-rait 250 000 dollars pour tourner un film aux côtés de Bing Crosby : à Paris, 63 500 000 francs – Ma Pomme !… – Laura Hobson et Darryl Zanuck, auteurs respectivement du roman et du film *Gentleman's Agreement* (plaidoyer anti-anti-sémite), viennent de remporter le prix Thomas-Jefferson : « pour l'avancement de la démocratie ». Démocra-tie dorée… – Maurice de Canonge, cinéaste français, arrive au Canada où il se propose de tourner les extérieurs de *Marion des Neiges* : faites vite, cher monsieur, sinon il faudra repasser l'hiver prochain… – À New York, un troisième triomphe du cinéma français s'ajoute à *Volpone* et au *Corbeau* : *Farrebique*, scènes de la vie paysanne… – À Hollywood, Ava Gardner (l'ex-madame Mickey Rooney) modèle assidûment pour un sculpteur dénommé Nicolosi ; retenez ce patronyme. Le brave homme prépare une version aérodynamique (avec Ava, va sans dire) et *up-to-date* de la Vénus de Milo : inutile de préciser que la néo-divine aura ses deux bras bien comptés !…

(5 mars 1948)

Un nain au pays des géants

(Tyrone Power dans *Captain from Castile*)

¡ Ay ay ay ! ¡ Pobre México ! ¡ Espana pobretona !

Ce qui se traduit (du moins, je l'espère) par : Pauvre Mexique ! Espagne plus mal foutue encore !...

Mister Samuel Shellabarger – de même que Mr. Thomas Costain et Miss Kathleen Winsor – est un grand entrepreneur de romans historiques. Il a déjà commis, il y a quelques années, un premier *best-seller* qui s'intitule *Prince of Foxes.* Son deuxième crime, *Captain from Castile,* est une fiction falote qui s'insinue drolatiquement dans le cadre gigantesque de l'une des épopées les plus renversantes de l'Histoire : la conquête du Mexique par Cortés.

Les créatures du romancier sont les membres de la famille de Vargas, nobles espagnols persécutés par la Sainte Inquisition. Tandis que les parents se réfugient en Italie (après une chevauchée de pur style Far-West), leur hardi rejeton s'en va rejoindre à Cuba l'armée des conquistadors. En compagnie d'un fidèle compagnon et d'une jeune roturière d'amoureuse – qu'il épousera bientôt par un soir de fièvre : paludisme ? –, il s'embarque pour les rives aztèques. L'Inquisition, qui a le bras d'une longueur transatlantique, l'y rejoint pourtant, lui cause mille embarras et le met en péril de sa vie... Jusqu'à l'instant final où, bien entendu, la vertu triomphe, les méchants sont confondus – et tout le monde entreprend d'un pas allègre l'ultime étape de la marche légendaire sur Mexico... *¡ Muy bien !* Ou comme dirait Maurice Chevalier : *¡ Olle !*

Pauvres petits personnages ! Dans un brave roman-feuilleton de

N'importe-où-dans-le-monde, ils s'arrangeraient peut-être pour survivre tant bien que mal. Mais en face des colosses historiques, ils s'affalent, se disloquent, s'effacent sous nos yeux… Il y a dans le film une scène révélatrice à ce propos. À un moment donné, *señor* Vargas junior (messire Tyrone Power) est debout aux côtés de Cortés (magistralement joué par Cesar Romero). Celui-ci, massif et musculeux, la tête puissante et bien à l'aise dans le casque de fer, a vraiment une allure héroïque. Auprès de lui, l'ami Tyrone, avec sa face étriquée, écrasée par ce couvre-chef de surhomme, n'est qu'un très minable figurant… Et chaque fois que les inventions de Mr. Shellabarger se heurtent au marbre de l'Histoire, elles subissent ainsi le sort du pot de terre !

C'est encore heureux, tout de même, que le romancier (et le cinéaste) n'aient pu se passer tout à fait de l'Histoire. Autrement, nous aurions perdu les quelques scènes mémorables qui tranchent sur la puérilité de cette superproduction. Entre autres, la saisissante rencontre de Cortés et de l'ambassadeur aztèque : cette reconstitution des *téocallis* sanglants et de la pompe primitive d'un empire disparu, cette résurrection des guerriers emplumés de Montezuma, impassibles devant la rudesse joviale des soudards européens – tout ce tableau, exact dans les moindres détails, semble tiré d'une fresque de grand maître… et pour une fois, l'espace de cinq minutes, les millions de Hollywood servent à quelque chose.

Parmi les interprètes, il en est quatre, surtout, qui émergent de la foule. D'abord, un couple de comparses : l'excellent acteur Lee J. Cobb qui se fait, en Juan Garcia, une gueule fort réussie d'aventurier sympathique ; et Jean Peters qui se tire avec honneur, malgré sa complexion *peach-and-cream* de beauté *yankee,* d'un invraisemblable emploi de jeune première ; car les *señoritas* n'étaient pas, que je sache, des plus nombreuses à la conquête de Mexico !… Mais en fait de couple, dans cette affaire, c'est à coup sûr – et de loin – celui de Cortés et de Malinche qui se débrouille le mieux. Cesar Romero donne à son conquérant une stature et une vitalité, un mélange de dignité et de fougue qui tiennent de l'épopée authentique. Quant à Malinche (la petite Indienne dont Cortés fit sa maîtresse après l'avoir baptisée Dona Marina), elle nous apparaît sous les traits énigmatiques, avec le sourire hésitant, la grâce subtile, la voix rauque et chantante, d'une magnifique actrice mexicaine : et l'on oublie, si je ne m'abuse, de nous apprendre son nom[1] !

Voilà – cet amour de Marina et de Cortés – le grand, l'unique roman de la Conquête ; le choc et la jonction de deux mondes trouvent en ces êtres de feu leur parfait symbole. Hélas ! Mr. Shellabarger a préféré faire inédit. Tant pis pour Cortés et Marina, et pour le Mexique, et pour Tyrone Power ; et tant pis pour nous…

Mais avec un tel sujet, sur le fond haut en couleur d'une telle époque, on imagine un peu ce qu'un budget hollywoodien aurait inspiré à Feyder, par exemple, au Feyder de *La Kermesse héroïque*. ¡ *Ay ay ay !*…

Un Jouvet bien « fait » !

Le camembert et – sauf tout le respect… – Louis Jouvet : voilà deux goûts qui se peuvent acquérir, mais ne sont jamais innés. Les vrais amateurs en raffolent ; les autres ne sauraient, littéralement, les blair… pardon, les sentir !…

Un film comme *Un revenant,* c'est un régal pour les premiers, et pour les seconds – pouah !

Type même du film-à-vedettes. Gaby Morlay y est nantie d'un beau rôle de femme sur le retour, qu'une vieille passion réchauffée allume une dernière fois comme un amadou. Marguerite Moreno incarne avec une ironie superbe la tante à héritage qui, sous ses airs de folle, ne perd pas un mot de la farce. Et Jouvet ! Jouvet endosse ici la peau faite sur mesure du globe-trotter sarcastique et blasé, sympathiquement exécrable, qui laisse tomber de sa gueule de bois une glaciale cascade de répliques atroces ou désopilantes – bref, du Jouvet à l'état pur, Jouvet *(as usual)* jouant Jouvet !

Scénario d'Henri Jeanson… Jean-Jacques Sauvage (Jouvet), célèbre animateur des Ballets de l'Étoile, revient à Lyon après vingt ans d'absence. Il y retrouve la famille bourgeoise qu'il a connue jadis, du temps qu'il était obscur et pauvre : la femme qu'il a aimée et qui l'a trahi (Mor-

---

1. Il s'agit d'Estela Inda (1914-1995).

UN NAIN AU PAYS DES GÉANTS

lay), pour épouser ensuite l'un des deux amis qui ont failli l'assassiner…
Il joue avec ces « échantillons d'humanité » comme le chat avec des
souris : les griffe d'allusions limpides et de menaces, décide de cocufier
le mari de Morlay et de dévoyer l'héritier du nom (François Périer). Ce
dernier, par malheur, s'amourache si bien d'une infidèle danseuse (Ludmilla Tcherina) que, sitôt plaqué, il se suicide plus qu'à demi. Du coup,
le vengeur se dégoûte d'un jeu trop dangereux et, abandonnant ses
victimes à leur sort, prend le train pour Paris…

Au hasard de cette invraisemblable et très logique histoire, messieurs Jeanson et Christian-Jaque (auteur du récent et miteux *Assassinat
du père Noël*), qui ont un talent fou, sont parvenus à brosser plusieurs
scènes impressionnantes : en particulier un aperçu très vivant des coulisses du théâtre, et une satire assez terrible des méfaits de la bourgeoisie
bien-pensante…

Christian-Jaque, Jeanson, Jouvet, Morlay, Arthur Honegger, et la
troublante Tcherina : comment voulez-vous, avec une telle équipe, rater
un film – même un film qui promettait au départ de n'être qu'un vulgaire mélo…

(12 mars 1948)

Sic transit...

(Eisenstein est mort ; Chaplin a fait *Monsieur Verdoux*)

À la mi-février s'éteignait en URSS un cinquantenaire qui fut l'un de ces phénomènes encore si rares : un authentique génie du cinéma.

Serge Eisenstein... Ce nom évoque une demi-douzaine de titres mémorables : *Le Potemkine* (1925), *Octobre* (ou *Ten Days that Shook the World*, 1928), *La Ligne générale* (1929) ; et, après l'avènement du son, *Tonnerre sur le Mexique*[1] (1932), *Alexandre Nevski* (1938) et *Ivan le Terrible* (1944).

Né en 1898, Eisenstein fut d'abord ingénieur, architecte et soldat. Autour de 1920, il entreprenait sa vraie carrière en montant de gigantesques spectacles populaires. Et en 24, il apportait à l'écran ce même goût pour les réglages compliqués, ce même souci du colossal et du surhumain. Dès son deuxième film, *Le Potemkine*, Eisenstein tournait une scène inoubliable qu'on a souvent appelée : les six minutes suprêmes du cinéma muet...

*　　*　　*

Le port d'Odessa, en 1905. En rade, le cuirassé *Potemkine,* dont l'équipage s'est mutiné. Les citoyens ravitaillent le navire. Et voici la scène fameuse...

---

1. Ce film, sorti en 1933, a été monté à partir des *rushes* que Serguei Eisenstein a tournés pour ¡ *Que Viva México !* Ce dernier film n'a pas été terminé du vivant du cinéaste soviétique ; remonté après sa mort, il est sorti sous ce titre en 1979.

SIC TRANSIT...

Sur un grand escalier de pierre dont les degrés descendent jusqu'au ras de l'eau, une foule se presse ; tous les yeux sont rivés sur le navire, au loin, qui reprend la mer. Et derrière ces gens, tout à coup, les gardes blancs surgissent : ils vont *rétablir l'ordre...*

Quelques images rapides montrent d'abord une jeune fille qui s'abat, un infirme qui saute et s'affale comme un pantin, des corps piétinés. En gros plan une couple de faces tuméfiées et, pitoyable, le parasol d'une vieille dame qui tombe vers l'objectif... La mère et son enfant, l'une après l'autre, s'écroulent. Puis, c'est une nurse atteinte d'une balle, lâchant la petite voiture qui dégringole l'escalier ; le bébé tombe et roule par terre... Les soldats avancent d'un pas précis, enjambant les cadavres, précédés toujours de leur ombre inexorable qui s'appesantit sur les victimes comme un suaire. Enfin le rythme se déchaîne ; dans un vertige, la foule, la troupe, les morts se succèdent, se bousculent puis se confondent, jusqu'au geste brutal du soldat qui brandit un sabre ; et c'est l'horrible surprise de la vieille bourgeoise dont la face se couvre de sang derrière ses lunettes fracassées...

Voilà – tous les cinéastes sont d'accord – le type du parfait montage. Ces six minutes de massacre demeurent aujourd'hui, après un quart de siècle, un exemple classique de composition : toute la tension terrifiante que dégage cette scène est obtenue par des moyens purement *cinéma* – la magie de la caméra et du découpage.

*   *   *

« Eisenstein, écrit Jean Cocteau, racontait une foule d'anecdotes étonnantes et son grand corps était secoué de rires. Il voyait tout. Il entendait tout. Il enregistrait tout... »

C'est ainsi qu'Eisenstein avait enregistré le souvenir de ces paysans russes qui, en 29, les menaçaient avec des fourches, lui et son cameraman : car avec cet appareil diabolique, disait-on dans les campagnes, ils photographiaient les femmes nues à travers leurs robes !

Par contre, quelques années plus tard – grâce à l'effort tenace d'un régime qui ne saurait se passer de propagande –, le grand metteur en scène pouvait écrire :

Le cinéma est devenu l'indispensable auxiliaire de la culture soviétique. Les meilleurs films sont distribués partout : non seulement dans les cinémas modernes des villes et des villages, mais aussi dans les clubs, les fermes collectives et sur les navires en haute mer. Nos cinémas ambulants vont porter ces films jusqu'aux confins des régions les plus reculées : dans les forêts de Sibérie, sur les pentes alpestres du Caucase, jusqu'aux derniers groupements turkmènes et aux *auls* [bourgades[2]] du Kazakhstan... L'importance culturelle du cinéma fut discutée lors du dix-huitième Congrès du parti... Il fut décidé qu'au cours du troisième plan quinquennal, etc., etc.

Pauvre grand homme ! Trop souvent – dans ses films, hélas ! comme dans ses articles –, il lui fallut s'empêtrer ainsi dans les chinoiseries et les pompeux décrets de l'autorité bolchevik. De même que tout récemment Prokofiev et Chostakovitch, de même que les peintres et les écrivains, il dut à l'occasion s'aplatir devant la toute-puissante bureaucratie et faire de son génie un engin de propagande. C'est-à-dire que lui aussi, pour l'amour de l'orthodoxie militante et primaire, il dut souventes fois faire son deuil de l'Art.

Eisenstein est l'auteur d'un livre qui fut publié en 43, sous le titre *The Film Sense,* par l'éditeur anglais Faber. (Comme la Russie était belle à Londres, sous les bombes !)

Monsieur Verdoux

C'est, paraît-il, l'histoire d'un Barbe-Bleue britannique. À cause du cadre pseudo-français, on songera plutôt à Landru, ou tout près de nous au docteur Petiot... Jeté sur le pavé par la crise, un caissier de banque décide de tuer pour faire vivre sa famille. Il séduit et épouse tout un bataillon de vieilles folles, qu'il assassine sitôt qu'il a mis la main sur leurs sous. Un seul échec, cependant, suffit à le ruiner. Sa femme et son fils meurent. Abandonnant le combat, monsieur Verdoux se remet de

---

2. Tous les crochets signalent des interventions de l'auteur.

lui-même entre les mains de la justice. Et c'est avec un sourire de parfait honnête homme qu'il marche à la guillotine.

Pour tout autre que Chaplin, un tel film serait peut-être un succès. Le scénario, avec une assez cruelle ironie, dépeint la barbarie d'un système qui étouffe les humbles, et cette honnêteté foncière, cette dignité dont Verdoux, à l'instant même de zigouiller ses victimes, n'abdique pas une parcelle !… Certains passages constituent du Chaplin de bonne qualité : les conquérantes apparitions du mari-capitaine, par exemple, ainsi que les préparatifs méphisto-chimiques de l'empoisonneur, et surtout les deux scènes de séduction qui débordent d'une superbe cocasserie. Quelques gestes ahurissants, quelques entrechats stylisés viendront soudain nous rappeler l'immortel petit gentleman révolutionnaire de nos saisons en allées ; et encore, quelques sourires parfaitement féroces, qui découvrent les dents blanches sous le diabolique brin de moustache…

Mais autour de ces perles, d'une finesse d'ailleurs trop relative, quelle gangue de banalité (la foule inquiète des fauchés de 29, les photos-documentaires, les manchettes de journaux) et de lenteur (entre autres, ce détestable prologue au cimetière) !… Martha Raye, comme toujours, souffre d'un excès de vigueur burlesque ; Marilyn Nash (une « découverte ») est jolie mais souffre, elle, d'une certaine anémie dramatique… Et Chaplin, imaginez ! s'exécute dans l'ensemble avec une mesure, une retenue dignes d'un père noble !

Adieu, donc, clown lamentable et insolent, acrobate et mime sans rival, génial inventeur de la *machine à manger (Modern Times)* et du ballet géopolitique *(The Great Dictator)* – adieu, Charlot ! Le Chaplin de *Monsieur Verdoux* est un homme vieillissant, qui s'ankylose et qui semble, ma foi, se prendre très au sérieux ; un homme, croyez-le ou non, qui est parfois un peu assommant…

(Il faut dire ici que la scène du procès, où Chaplin exposait, dit-on, des idées assez antisociales et subversives, nous a paru fort étriquée. La censure aurait réduit ce passage à sa plus simple expression – et du coup émasculé le film… Que voulez-vous ? Nos convictions démocratiques et chrétiennes sont si fragiles, on nous défend contre nous-mêmes !…)

(19 mars 1948)

Prison sans soupirail

On accuse fréquemment la province de Québec d'isolationnisme. Vrai ou faux ? Contentons-nous d'avouer qu'en dépit du tourisme et de nos boursiers Rhodes nous ne sommes pas de bien grands cosmopolites – ce qui est certes le plus euphémique des aveux... Il serait trop long d'énumérer (comme on les expose avec tant d'éloquence aux cours d'histoire du Canada) toutes les circonstances historiques, politiques, économiques, etc., etc., qui nous ont conduits, nos pères et nous – et nos enfants sans doute, après nous –, à nous barricader derrière les frontières provinciales.

Quoi qu'il en soit, le fait est que nous avons souvent l'impression d'habiter une vaste *réserve*.

Laissons aux critiques littéraires et musicaux, aux juristes, aux sociologues le soin de retracer dans nos livres et nos (futures) symphonies, dans nos lois, dans notre mentalité même, les effets de cette vision étriquée. Que les savants – tel l'auteur d'un récent article – nous démontrent que la recherche ne saurait croître et fleurir sous la grisaille d'un ciel nationaliste...

Cordonnier nous sommes, tenons-nous-en à la chaussure... Parlons un peu de cette grande Internationale que constitue le cinéma. Ainsi d'ailleurs que tous les autres arts.

Paris et New York possèdent tous deux une foule de théâtres où l'on projette sans cesse les plus récents films étrangers. À Londres, au cœur de cette Angleterre que l'on taxe volontiers de miteuse insularité, les écrans du Studio One et de l'Academy sont réservés aux meilleures œuvres des cinéastes continentaux.

PRISON SANS SOUPIRAIL

Montréal est, paraît-il, une métropole. C'est même, à ce qu'on raconte, la deuxième ville française du monde. Qui plus est, on s'agite en divers milieux pour faire de notre brave cité le Hollywood-on-the-Saint-Lawrence du cinéma canadien.

Or, combien d'entre vous – scénaristes, metteurs en scène et acteurs de demain, ou simplement spectateurs cultivés et quelque peu exigeants – ont pu applaudir ici, à Montréal, les œuvres marquantes du cinéma mondial ? Suivre les expériences, les innovations des pionniers ? Combien d'entre vous ont eu l'occasion de « visionner » autre chose que la *mass production* américaine, et une parcimonieuse sélection de films français ?

Voici par exemple quelques titres : en est-il plus de deux (en est-il vraiment deux ?) que vous reconnaissiez, pour les avoir déjà vus sur un écran montréalais ?

Les grands films allemands : *L'Étudiant de Prague, M, 1918*[1], *Le Golem, Le Cabinet du docteur Caligari*.

Les grands films russes : *Le Potemkine, Déserteur, Maxime Gorki, The Rainbow, Alexandre Nevski, Pierre le Grand*[2].

Même les grands films français : la *Thérèse Raquin* de Feyder, *Le Sang d'un poète* de Cocteau, *À nous la liberté* de René Clair.

Et ceux-là que d'aventure vous avez vus – pour les revoir, où irez-vous ? Où reverrez-vous, à moins de vous offrir un voyage outre-frontière, *La Kermesse héroïque* ou *La Grande Illusion, The Informer* ou *The Grapes of Wrath* ?

Oui, je sais, il y a toujours les *film societies* : il suffit de connaître quelqu'un qui connaît le cousin de quelqu'un, et l'on obtient une *passe* : et l'on assiste aux séances avec un vague frisson de grande aventure, comme si l'on entrait dans un univers mystérieux, tabou pour le commun des mortels...

Un jour, Montréal aura sans doute, lui aussi comme toutes les vraies grandes villes, son ou ses « cinémas de répertoire ». Mais en attendant,

---

1. Il s'agit sans doute de *Westfront 1918* (1930) de Georg Wilhelm Pabst.

2. Si son directeur est d'origine russe, *Pierre le Grand* (1922) de Dimitri Buchowetzki est un film allemand.

les amateurs de bons films devront continuer à vivre dans le maquis des *passes* et des petits cénacles, ou bien à se serrer la ceinture…

Family compact
(The Upturned Glass)

Une production de James Mason, avec un scénario de Mrs. James Mason (Pamela Kellino) interprété par Mr. et Mrs. James Mason.

Bien sûr, le résultat de cette harmonie conjugale n'est pas au-dessous de la moyenne, peut-être même légèrement au-dessus. Quand même, on se prend à regretter le James Mason qui se contentait d'interpréter les trouvailles d'autrui…

Une jeune femme, affligée d'une insupportable belle-sœur, meurt dans des circonstances que le coroner juge accidentelles. Mais un chirurgien célèbre, qui s'était épris de la victime, découvre qu'il s'agit d'un meurtre commis par la triste belle-sœur. Il se bombarde aussitôt juge et bourreau, exécute la coupable – puis se jette lui-même à l'eau en s'apercevant qu'à force de tension il souffre d'un début de fêlure…

Toute la première moitié du film est gâtée par un truc idiot dont les auteurs, j'en suis convaincu, doivent être très fiers. C'est ingénieux : le crime et les recherches qui mènent à la découverte de l'assassin nous sont racontés par le chirurgien-détective-justicier au cours d'une conférence qu'il prononce sur la *criminology*. C'est ingénieux, et c'est long, traînant, et souvent c'est atrocement faux : la voix de Mason-narrateur, par exemple, nous décrivant les gestes et les pensées de Mason-acteur, lequel est muet comme une carpe !…

Heureusement qu'après cette interminable conférence, l'intrigue trouve enfin l'occasion de démarrer, et les interprètes celle d'abandonner la pantomime. Quelques-unes des dernières scènes – alors que le justicier emporte dans son auto le cadavre de la criminelle qu'il vient d'exécuter – ont l'heur de faire dresser le plus agréablement du monde les cheveux sur la tête…

James Mason est toujours, excellemment, la terreur des dames : sombre, tourmenté, un peu me semble-t-il comme un Charles Boyer sadique et mystérieux (et rajeuni)… Pamela Kellino, avec une froide précision, donne toute une vie mesquine et crispante à son personnage de garce-à-l'état-pur.

Notons enfin, pour les collectionneurs de Morceaux choisis : une scène où quelques femmes se griffent et s'entredéchirent en potinages banalo-féroces – quintessence réussie de cette jungle terrifiante du *five-o'clock* et du *cocktail party*…

(26 mars 1948)

L'épiderme du problème

(L'antisémitisme dans *Gentleman's Agreement*)

— Moi, je ne veux pas de Juifs dans mes logements : ça gâte un voisinage…

Très simplement, un propriétaire de Montréal me faisait un jour cette confidence. De tels sentiments sont assez répandus ; assez pour qu'à Toronto comme à Québec il soit des quartiers où l'érection d'une synagogue « gâte » irrémédiablement le voisinage…

C'est là un aspect bourgeois – une forme civilisée, si l'on peut dire – de ce chancre hideux remis à la mode et cultivé avec soin par le défunt Hitler : l'antisémitisme.

Ça ne vous dérange pas ? Moi non plus. Hélas ! nous sommes de parfaits Gentils, c'est-à-dire des gens bien en place, héritiers d'une suprématie sociale aussi ancienne qu'injustifiable et, partant, les moins tourmentés des hommes.

Mais si nous étions Juifs nous-mêmes ?… Mettons-nous un instant dans la peau du type à qui, pour le punir de sa naissance, on claque les portes au nez…

Voilà justement ce que tente d'accomplir le dernier film du *producer* Darryl Zanuck et du metteur en scène Elia Kazan : *Gentleman's Agreement*.

*   *   *

Le reporter Skyler Green (Gregory Peck) entreprend, pour un grand magazine, une série d'articles sur l'antisémitisme. Afin d'aborder ce sujet rabâché sous un angle nouveau, pendant quelques semaines il se fait passer pour un Juif. Les allusions méchantes qu'il doit aussitôt encaisser, de même que les brimades et l'ostracisme, le rendent furieux, tandis que l'exaspère – jusqu'à la minute ultime… exclusivement – l'indifférence aimable et bien élevée de son élégante fiancée (Jennifer Jones). Soutenu par son meilleur ami, le Juif Dave Goldman (John Garfield), il n'en complète pas moins sa tâche, et si bien, avec une telle vigueur, que son reportage est acclamé partout comme le *last word* – et toc, capout l'antisémitisme !…

Tout est bien qui finit bien après de multiples angoisses : c'est la classique formule de Hollywood. Au hasard de cette banale intrigue, on retrouve aussi trop de personnages stéréotypés (la maman héroïque et sans reproche, le grand *editor* brusque et jovial) ; trop de palaces en carton-pâte (entre autres, une salle de rédaction sise dans un *roof garden* d'un exotisme inouï !) ; et trop de scènes prolixes et larmoyantes (par exemple, cette interminable pluie de vérités premières sous laquelle Jennifer Jones, larme à l'œil, décide de pourfendre les anti-sémites)…

Et surtout, le film se contente de gratter d'un ongle assez anodin la surface du problème. Les quolibets anti-juifs, le snobisme des bien-pensants, les hôtels *restricted* (réservés aux Gentils) – ce ne sont là que les symptômes les plus externes d'une horrible maladie. Mais le mal lui-même, son origine, sa nature, ses ravages profonds ? Là-dessus, *Gentleman's Agreement* garde un silence de bonne compagnie. (Il y a dans *Crossfire,* film hollywoodien lui aussi, quelques explosions de brutalité et quelques analyses cliniques autrement incisives.)

Tel quel, *Gentleman's Agreement* est quand même un honorable demi-succès. Messieurs Zanuck, Kazan et Hart (ce dernier est l'auteur du scénario) y manifestent un quasi-courage qui tranche sur l'habituelle veulerie de Cinema City. On nous dira qu'avec un tel sujet, c'était le moins qu'on pût faire… N'empêche qu'on a déjà vu ailleurs castrer d'autres puissants sujets de bien plus indécente façon…

Il faut avouer cependant que l'intrigue sentimentale est ici beaucoup plus poignante que la thèse sociale. Mlle Jones et M. Peck se lancent dans le bon combat avec moins de conviction que dans les querelles et les étreintes d'amoureux. Ajoutons que vous raffolerez de toutes les scènes où pétille (dans un rôle en or de *career girl*) cette délicieuse comédienne qui a nom Celeste Holm…

Et que John Garfield enfin, avec sa gueule de rue et sa démarche de fauve à la fois lourd et souple, nous campe un Juif éminemment *croyable* et sympathique : c'est là, n'en doutons point, la seule contribution sérieuse de ce film à la lutte contre l'antisémitisme.

* * *

Ces jours derniers, au cours du carnaval annuel des Academy Awards, ce même *Gentleman's Agreement* était proclamé : le film de l'année… Tandis que *Great Expectations* (anglais) recevait un accessit, et qu'il n'était pas du tout question d'évoquer les grands films italiens ou français de 47 !

Bref, le film de l'année hollywoodienne… d'une année comme les autres : *aurea mediocritas.*

(2 avril 1948)

Maigre chère

Tristes semaines... Les nouvelles ne sont pas réjouissantes. Les Russes, par exemple, sont moins que jamais d'accord avec *les autres* ; les Italiens auront peut-être le mauvais goût de ne pas voter *comme il faut* ; le coût de la vie a dépassé de 0,2 le niveau record de 1920 ; jusqu'aux érables, paraît-il, qui ne font leur devoir qu'en rechignant...

Plus que jamais les gens sentent le besoin d'oublier tout ça durant quelques heures, de s'évader... L'autre week-end – comme tous les week-ends –, des queues interminables bravaient le froid à la porte de nos grands cinémas. Des rumeurs de voix frileuses qui se promettent une merveilleuse aventure, des batteries d'yeux brillants, une houle d'épaules grelottantes. Et une jeune fille, comme je sors moi-même de la salle, qui s'écrie :

— J'espère au moins que c'est intéressant !...

Elle vient d'atteindre le guichet après avoir fait le pied de grue pendant une bonne demi-heure. Comment aurait-on la cruauté de lui répondre ? De lui dire ce qu'elle ne veut pour rien au monde entendre ?

— Hélas ! non, mademoiselle, ça n'est pas intéressant. Vous allez voir ce brave Raymond Rouleau, pasteur au petit pied, découvrir au milieu de souffrances indicibles le sérum anticancéreux ! Vous allez constater que les Français sont capables de faire sans vergogne d'aussi méchants films que les Américains. D'ailleurs, mademoiselle, si vous avez vu *Ramuntcho* (la première production en couleurs des cinéastes français), vous le saviez déjà, et de reste !...

« Vous me demandez s'il ne vaudrait pas mieux, dans ce cas, aller au Loew's, au Capitol, au Palace ? Eh bien, ma foi, vous y seriez mieux

72 LUMIÈRES VIVES

assise, peut-être, ou plus loin de l'écran ; mais à part ça, c'est kif-kif...
Gary Cooper, ici, joue (façon de parler) avec Paulette Goddard dans
Unconquered : un grand film en Technicolor signé Cecil B. DeMille
– très "colossal", très long, très dispendieux ; un impressionnant gaspillage... Là, c'est Dennis Morgan qui se dépense pour *My Wild Irish Rose* :
une autre de ces mélo-biographies, pareille sans doute à celles qui nous
ont valu d'inoubliables portraits de Cole Porter et de Schumann, sans
oublier Al Jolson et Chopin !... Et puis il y a *Gentleman's Agreement* : "le
film de l'année"*... Disons, plus exactement, que c'est le film de la
semaine, d'une piètre semaine. Et brisons là. Alors, mademoiselle... »

Ça y est, la conviction m'emporte ; je me suis retourné et vais parler
pour de bon... Mais déjà, brandissant son billet, la jeune fille disparaît
à l'intérieur. Tant pis. Il y fait, à tout le moins, plus chaud que sur le
trottoir !

Hollywood à Saint-Henri
(ou : L'émigration du dollar américain)

Le film *The Tin Flute* – c'est-à-dire *Bonheur d'occasion* – sera peut-être
tourné à Montréal.

Grâce (si l'on peut dire) à la pénurie de *yankee dollars* dont souffre
le Canada, la métropole aurait bientôt l'occasion de revoir, en chair et
en os, les célèbres personnages de Gabrielle Roy. En effet, notre ministre
fédéral du Commerce, M. Howe[1], a demandé aux *producers* de Hollywood de faire plus de films en territoire canadien – et de rapatrier ainsi
quelques-uns des millions annuels qu'ils récoltent chez nous.

La compagnie Universal oserait donc, par la faute de M. Howe, filmer un roman montréalais à... Montréal : rompre en d'autres termes
avec l'une des plus vénérables traditions du cinéma américain ! La distribution des rôles, heureusement, nous démontre qu'une telle conces-
sion à la vraisemblance n'aurait rien que d'accidentel : car les rues du
Faubourg à la Fumée verraient alors se promener le couple étrange

---

1. Il s'agit de C. D. Howe (1886-1960).

MAIGRE CHÈRE

d'une Florentine Lacasse suédoise (Marta Toren) et d'un Jean Lévesque parigot (Jacques François)…

— Ah non, ma cocotte, la paternité, très peu pour moi ! J'ai une gueule conjugale peut-être ? Tu ne m'as pas regardé… Mais voyons, t'en fais pas : y a toujours Emmanuel, c'te bonne poire, qu'est un type à la coule !…

*   *   *

À Montréal aussi, Samuel Goldwyn effectuerait les prises de vues de *Earth and High Heaven,* d'après le roman de la jeune Montréalaise Gwethalyn Graham…

Et Québec ? Ah, Québec ! Québec et sa falaise *(so steep!),* et ses vieilles rues *(so quaint!),* et sa citadelle *(so grim!),* Québec hériterait comme toujours de la pseudo-vieille France. En l'espèce, rien de moins que *The Count of Monte-Cristo…* Ce qu'on peut être à sec à Hollywood !

Vous voyez ça d'ici… Le pauvre Dantès s'arrachant les ongles jusqu'aux coudes afin de s'évader des entrailles du cap Diamant – tout ce boulot pour rouler ensuite, ignominieusement, sur le pavé rugueux de la rue Sous-le-Fort… ou pis encore, pour aller faire plouf ! au fond d'un sac, dans l'escorte de pelures d'oranges du bateau de la traverse !… Après quoi le vengeur part en calèche à la découverte de l'indispensable trésor : « Et maintenant, cher monsieur, voici devant vous le Musée provincial… Dans la cave, toute une collection d'objets d'art polonais… » La caméra nous montre ensuite, ténébreuse et furtive, une scène d'effraction. Puis, brusque départ du désormais riche et puissant Monte-Cristo sous une pluie de balles, derrière vingt-cinq motos pétaradantes, battant drapeaux fleurdelisés, garnies de *polices* ayant chacune (en croupe) un député « *anticommunisse*[2] »…

Pour finir, en très gros plan, une modeste bécane actionnée avec furie par M. le conservateur du musée, lequel est champion cycliste :

---

2. L'auteur se moque du gouvernement de Maurice Duplessis. Ironie du sort, les drapeaux fleurdelisés sur les véhicules deviendront également une façon de moquer le gouvernement « *péquisse* » de René Lévesque.

« *Mes* trésors, on a volé *mes* trésors ! Au voleur, au voleur !... » Pédalant comme un as des Six Jours, il s'éloigne et n'est plus qu'un point noir – parmi tant d'autres – quelque part entre Québec et Varsovie... *What a climax!*

* ... dont cette chronique attribuait, vendredi dernier, l'une des vedettes à Jennifer Jones. Ceux qui ont vu le film auront tout de suite rectifié : Dorothy McGuire.

(9 avril 1948)

Du sable, de la volupté, des remords

(Marlene et R. P. Boyer dans *Garden of Allah*)

Si le père de Foucauld avait été un tantinet plus photogénique et qu'il avait dû prêter deux fois l'oreille pour bien entendre « l'appel du silence », il n'y aurait plus entre lui et le Charles Boyer de *Garden of Allah* qu'un simple petit fossé chronologique !

Édifiante histoire…

Un trappiste en rupture de monastère (Charles Boyer) devient follement amoureux d'une blonde (Marlene Dietrich) – capiteuse, c'est le cas ou jamais de le dire, à faire damner un saint – qu'il a rencontrée un soir de fièvre dans une quelconque casbah d'Afrique du Nord. Quelques chevauchées au botte à botte jusqu'à l'oasis voisine et les voilà, nouveaux mariés, qui s'en vont en palanquin, à dos de chameau, couler en plein Sahara une lune de miel indiciblement affolante. Mais hélas, ni les appâts troublants de Marlene ni l'envoûtement du sirocco ne peuvent empêcher le pauvre moine-et-mari, rongé, grugé, dévoré par le remords, de s'effondrer au bout de quelques jours et d'avouer sa faute. Grâce au Ciel, sous la cape flottante et la culotte moulante, Marlene est une de ces chrétiennes comme on n'en trouve guère depuis la dixième persécution (voyez tout de même qu'il ne faut pas se fier aux apparences) : malgré qu'elle en ait, elle persuade son malheureux époux de retourner au cloître… Et c'est ainsi, à propos, que la Trappe d'Afrique a recouvré le secret de sa fameuse liqueur – enfoncée, la bénédictine ! –, que le père Boyer avait emporté en prenant la poudre d'escampette. Merci, Marlene ! *Ego vos absolvo…*

Oui, c'est vrai, j'ai l'air comme ça de rigoler. N'empêche que ce film, à sa façon – qui est à la fois, si vous voulez, celles de *Mayerling* et de *Gone with the Wind* –, est l'une des plus belles « romances » que Hollywood nous ait montées. Qu'importe que l'Afrique y soit toute carte postale, qu'on y chante « auprès de ma blonde » avec un épais relent de *slang*, que la Légion étrangère s'y conforme à l'étiquette du Beau Geste et de la galanterie dure de dure !… On a rarement vu carte postale plus réussie, mieux enluminée par le pinceau Technicolor de madame Natalie Kalmus, le vrai Sahara ne saurait être plus illimité, ni plus romanesque au clair de lune, que celui qu'a découvert Mr. Selznick quelque part en Californie.

Quant à Marlene, elle porte le voile diaphane et vole-au-vent, ou le costume ajusté et serre-tout, avec une même aisance, avec une grâce un peu anguleuse qu'aucune de ses rivales depuis n'a retrouvée. Et Boyer ! Quelle joie – quelles douces larmes, mesdames – de redécouvrir le Boyer de légende, le Boyer vigoureux et brûlant, pathétique, chevelu, le Boyer d'un très lointain avant-guerre – celui qui n'est plus !

Au diable la géographie, et tant pis pour la Légion ! Tel quel, avec son Afrique à la noix, avec son grand âge, *Garden of Allah* est encore un spectacle fascinant. Même que c'est un film qui finit mal… c'est-à-dire, entendons-nous, que Charles retourne au monastère, bien sûr, mais il faut voir avec quelle mine d'enterrement, tandis que Marlene sanglote, sanglote… Enfin, bref, ça ne finit pas bien : par cette seule audace, *Garden of Allah* l'emporte, à mon sens, sur tous les *all's well that ends well* de la production courante.

Il a vécu, le jeune Andy Hardy
(Mickey Rooney dans *Killer McCoy*)

Voici, justement, le classique tout-est-bien-qui-finit-bien… Mais d'abord ça ira très mal, on ne peut vraiment plus mal. Tommy McCoy (Mickey) doit voir sa sainte femme de mère tuée à petit feu par son vaurien de père. Puis il devient boxeur et amoureux : dans le ring il abat son meilleur ami, en amour il est refoulé par les circonstances. Et le bouquet : son soûlographe de paternel livre sa dulcinée à des gangsters

DU SABLE, DE LA VOLUPTÉ, DES REMORDS

qui ont parié la forte somme sur le combat de ce soir (« Tu la veux vivante ? Alors fais le mort au huitième round – sinon… »). Brr ! comme la vie est sans pitié, que les hommes sont méchants ! Le petit Mickey encaisse les coups, titube, s'accroche : un round, deux rounds, trois, quatre – ça va mal, mal… Mais attention, voici qu'arrive à la rescousse le père dénaturé ! Pan, pan, pan, les bandits sont refroidis, le père s'écroule, un sourire aux lèvres, et la jeune fille s'envole vers son bien-aimé sanguinolent… Vite, chauffeur, plus vite ! Encore deux minutes, une seule… Enfin ! Mickey l'aperçoit – aïe ! quelle résurrection, mes frères, quelle revitamination ! En deux temps, l'adversaire est knock-out et Mickey fiancé… Voyons, épongez-vous ; je vous le disais bien : *All's well that ends well.*

Mickey Rooney est un bout d'homme furieusement dynamique. Sans compter qu'à la ville il engage déjà son second divorce, il parvient ici à nous camper un boxeur quasi croyable (sauf quand il boxe[1] !) et un jeune matamore qui, dans tout film, serait très acceptable. Depuis l'amusant âge ingrat de la série *Andy Hardy,* Mickey a fait la guerre – ou du moins, comme tout le monde, l'a vécue. Il en sort aussi fanfaron, aussi curieusement sympathique qu'avant, moins ébouriffant peut-être, et moins cabotin. Il ne lui reste plus qu'à trouver un rôle à sa taille : ce n'est pas une mince affaire, car sa taille, elle, n'a pas changé !…

Dans un emploi de manager pince-sans-rire et blasé, Brian Donlevy est excellent. Et la jolie Ann Blyth est certes l'une des ingénues les plus intéressantes, les moins stéréotypées que possèdent en ce moment les fabriques californiennes.

Killer McCoy n'en est pas moins une banale petite machine, bien jouée, bien montée.

---

1. René Lévesque fit de la boxe en amateur.

Le beau risque[2]

La compagnie Québec Productions vient d'annoncer qu'elle tournera cet été son deuxième film : rien de moins qu'*Un homme et son péché* !

Claude-Henri Grignon écrira le scénario, et les vedettes du film seraient les acteurs mêmes qui ont fait de ce roman un tel succès à la radio.

Trois fois bravo !

L'on voudrait, dit-on, engager Marcel Pagnol comme metteur en scène. Qu'on y parvienne, et je vois mal comment *Un homme et son péché* pourrait être autre chose que le premier film canadien de vraie classe internationale.

Et si monsieur Pagnol – car il viendra, bonne mère, puisqu'il faut qu'il vienne ! – avait besoin d'un bras droit montréalais, on se rappellera, j'espère, que cet original de Guy Mauffette fut le premier metteur en ondes et pour ainsi dire l'inventeur du *Séraphin* radiophonique…

Un beau sujet, universel et à la fois d'un pittoresque typiquement québécois ; un groupe de solides interprètes ; un scénario presque tout cuit… Vivement que l'on kidnappe Pagnol, et le tour est joué !

(16 avril 1948)

---

2. Cette expression sera reprise en 1984 par René Lévesque pour définir son projet d'entente avec le gouvernement canadien de Brian Mulroney. En fait, elle vient d'un roman de François Hertel : *Le Beau Risque*, Montréal, Bernard Valiquette et Action canadienne-française, 1939.

Götterdämmerung-45

(*Les Maudits* de René Clément)

Un régime croule, dans un apocalyptique nuage de poussière sanglante, tout un continent se disloque ; un peuple de proie agonise, sa capitale en flammes, ses armées anéanties, ses chefs morts ou terrés au fond des décombres… La fin d'un monde.

C'est un cataclysme lointain, si lointain déjà qu'il prend figure de légende. Une légende qui n'a rien de féérique, certes, ni de prestigieux, qui tient plutôt du cauchemar d'un horrible petit matin. Un peu comme si la disparition d'Atlantis eût été un bon débarras…

Dans *Les Maudits,* René Clément, l'auteur de l'historique *Bataille du rail,* nous présente quelques naufragés typiques de cette Atlantide nazie.

Printemps 45… Quelque part aux environs d'Oslo, un U-Boot appareille pour l'Amérique du Sud. Une demi-douzaine de passagers : un général de la Wehrmacht et sa maîtresse ; le mari de cette dernière, grand industriel italien ; un *Obergruppenführer* de la Gestapo, tendre et sinistre pédéraste, flanqué de son petit ami – « pâle voyou berlinois » ; un traître français, un savant scandinave… Raccourci haineux, et quand même d'une impitoyable exactitude, de toute l'Europe hitlérienne.

Dans la Manche, traqué par des vedettes anglaises, le sous-marin est fortement secoué, mais s'en tire avec des avaries et un blessé. Escale nocturne au large de Royan, juste le temps de kidnapper un jeune médecin français. Et c'est ce dernier qui nous racontera les derniers jours des « maudits », d'une voix brève et sans passion, tel un clinicien instruisant les internes. Nous verrons ces gens qui se méprisent profondément et se haïssent à mort, exaspérés par le coude-à-coude auquel les contraint l'exiguïté de leur cage. Bande de fauves aux abois, le poil hérissé, les griffes sorties, prêts à la curée... Coup sur coup, le *deus ex machina* de la TSF leur apprend la chute de Berlin, la fin de la guerre : les faibles s'effondrent. Les autres leur sautent dessus et les achèvent. Puis les survivants s'entredévorent. Explosion, rideau. Les derniers Atlantes sont disparus.

*   *   *

La distribution est parfaite. Inutile d'indiquer que Florence Marly, sans grands frais d'ailleurs, nous campe une jolie femelle infiniment vicieuse ; que Dalio nous montre en détail comment le froussard se désintègre avant de mourir. Tous les interprètes sont également à la hauteur : depuis les officiers de la Kriegsmarine jusqu'au petit inverti berlinois, aucun d'eux qui ne soient saisissants de naturel, bien à l'aise dans sa peau, sa défroque et son caractère d'emprunt.

Dialogue d'Henri Jeanson. Texte sobre et nerveux, rendu tout à fait logique par de multiples répliques allemandes et quelques bribes d'italien. Les commentaires cliniques du médecin-narrateur, surtout, remplissent à merveille l'office d'un chœur à la fois sarcastique et drôlement objectif. Pourtant ce n'est pas ici – comme il y a quelques semaines *Un revenant* – un autre film-Jeanson. Le dialogue est excellent, c'est entendu, mais cette fois il n'écrase pas le reste ; il n'est qu'un rouage, parmi d'autres tout aussi forts et délicats, d'une harmonieuse machine. Ici, le metteur en scène est roi.

Les images, là nettes et crues, ailleurs d'un flou de brume et d'irréel : face brûlée de soleil d'une rive tropicale, formes froides et fuyantes d'une côte nordique. Glauques visions de plongées ou d'émersions sur un écran qui tremble, balayé par des paquets de mer. Décharges nerveuses que la caméra saisit dans un battement de cils, un tic de la mâchoire, une ombre de sourire. Jeu savant des silhouettes, emploi magistral des bruits – du vacarme et des mille bruissements de la mer, de la machine... de la machine en particulier, avec sa vie sourde et trépidante, dont la poésie sournoise ou brutale hurle dans le fracas des pistons et le crachat sec des mitrailleuses, gémit dans une sonorité de tôle, dans un miaulement des câbles sous la brise… La locomotive de *La Bataille du rail* vivait et parlait ; dans *Les Maudits*, René Clément nous présente un nouveau personnage épique : le sous-marin.

Le montage sciemment heurté accumule les scènes courtes, orageuses, dont quelques-unes sont d'une indicible cruauté. Lente agonie de bêtes sauvages, coupée de clameurs rauques et de soubresauts, où la tension devient vite intolérable. Baignant dans une hallucinante atmosphère de vérité, ce drame nous apparaît comme un reportage effarant mais plus croyable, peut-être même plus véridique que toutes les honnêtes dépêches des correspondants de guerre.

Ces monstres que M. Clément a tirés de son cauchemar sont au moins aussi vivants que les héros quotidiens de nos veilles.

La photo respectueuse
(*Mourning Becomes Electra,* l'*Orestie* de Mr. O'Neill)

Les monstres – sacrés, ceux-là, pour leur grand malheur – d'Eugene O'Neill vivotent par contre misérablement. Ils sont là, tout raides et empruntés, dans les plis sévères d'un mythe antique qui se drapent très mal sur leurs improbables personnes. Monsieur O'Neill a voulu transposer l'*Orestie* d'Eschyle de la vieille Hellade dans une tribu *yankee* de 1865. Il lui a fallu déverser sur son Mannon-Agamemnon et sa famille tout le déluge d'honneurs (adultère, meurtres, inceste) que l'*ananké* des Grecs rendait vraiment tragique, mais qu'avec leur mesure et leur bon sens notoires nos contemporains trouvent simplement mélo, sinon ridicule.

Le grand tort de M. O'Neill, à mon humble avis de spectateur plus qu'à moitié endormi, c'est d'avoir cru que deux douzaines de siècles se pouvaient sauter d'aussi cavalière façon. Heureusement pour lui, O'Neill a écrit d'autres pièces.

Le grand tort de Dudley Nichols (*producer,* scénariste et metteur en scène), c'est d'avoir respecté avec une telle platitude ces élucubrations néo-eschyliennes du dramaturge. Le film de M. Nichols n'est pas tant du cinéma qu'un simple documentaire, qu'on dirait tourné dans un théâtre au cours d'une représentation. C'est consciencieux, gauche, lent et long, mais c'est respectueux – et sans doute est-ce tout ce qui importait : car, n'est-ce pas, pour adapter O'Neill, « classique » de la scène américaine, on doit prendre des gants... (Et Laurence Olivier, qui se permet du sans-gêne avec Shakespeare, n'est qu'un malappris ! Mais vivent, quant à nous, de tels accrocs à l'étiquette !)

Il m'a semblé – car j'ai passé le plus clair du film très loin de l'écran, probablement en compagnie du pauvre Eschyle –, il m'a semblé, dis-je, que Katina Paxinou était une Clytemnestre à peu près convaincante. Je n'en suis pas sûr mais elle, au moins, elle est grecque ! La très belle et parfois très éloquente Rosalind Russell faisait une Électre qui reposait un peu, grâce au Ciel, de l'Oreste de Michael Redgrave. Quant à Raymond Massey, son Agamemnon s'endormait, j'en suis convaincu, autant que votre serviteur. Ce qui n'est pas peu dire...

(23 avril 1948)

Murder Story, by Shakespeare

(Ronald Colman dans *A Double Life*)

C'est un plat curieux que ce film du *producer* Kanin. Des ingrédients les plus hétéroclites, dosés et fondus avec beaucoup d'habileté, on a fait un mets hybride d'une surprenante mais indiscutable saveur.

Imaginez un drame policier qui se déroule dans le coloris fauve, au milieu des résonances profondes, d'une tragédie shakespearienne ! Normalement, ça devrait être un film bâtard ; et ridicule, ajouteront ceux qui n'espèrent plus rien de Hollywood. De toute façon, diront les gens respectueux, c'est un crime de lèse-majesté…

Eh bien, pas du tout. Ce n'est pas le moins du monde ridicule, mais au contraire fort impressionnant. Et Shakespeare, croyez-le ou non, s'en tire sans aucune avarie. D'ailleurs, nombre d'œuvres de Shakespeare ne sont-elles pas essentiellement de grandioses *murder stories* !

J'en ai toutefois contre le titre : *A Double Life,* c'est à mon sens une expression pour désigner un phénomène à la Dr. Jekyll et Mr. Hyde. Mais ici, *Borrowed Life* ou quelque chose du genre eût été plus exact. Car il s'agit précisément d'un homme dont la personnalité se désagrège peu à peu et sombre, comme l'écrivait ce pauvre Nelligan, « dans l'abîme du rêve »…

Un acteur célèbre (Ronald Colman) travaille ses rôles avec tant de conscience et de passion qu'il en arrive à s'identifier parfaitement avec chacun de ses personnages. C'est ainsi qu'entreprenant un jour *Othello* il cultive si bien sa tendance naturelle à la jalousie qu'il se détraque et devient un fou tout aussi dangereux à la ville qu'à la scène. Après avoir au théâtre étranglé plus qu'à demi sa Desdémone – qui est dans la vie

84 LUMIÈRES VIVES

réelle la femme qu'il aime et dont il est jaloux –, il perd tout à fait la raison. Il assassine une petite serveuse de restaurant qui a le malheur de le trouver *cute*! Traqué par la police, il se poignarde au cours d'une représentation et meurt – comme chaque soir, mais cette fois pour de bon – dans l'alcôve de Desdémone (Signe Hasso)…

Je m'aperçois que ce résumé est idiot. Sort trop fréquent des « condensations »… Ce récit squelettique ne fait que mettre en relief l'invraisemblance de l'intrigue. Effectivement, c'est un scénario assez abracadabrant, qui tient un peu du tour de virtuose – mais un tour où l'on ne décèle aucun effort. Et c'est de plus un film très réussi, d'une atmosphère étouffante de morbidité, monté de main de maître et joué par des interprètes de grande classe.

Ronald Colman est superbe. Cet acteur déjà quinquagénaire ne paraissait pas destiné à sortir jamais des emplois étriqués qu'on lui impose d'ordinaire : le père noble bien conservé ou le jeune premier d'un certain âge, tous deux maniérés, précieux et *British* jusqu'à la moelle. *A Double Life* nous présente un Colman plein d'éloquence et de vigueur et qui, à certaines minutes poignantes de l'aventure, révèle soudain une stature renversante et une sauvage puissance. Sa dernière scène d'*Othello,* en particulier, est d'une force et d'une noblesse dont les meilleurs shakespeariens se pourraient contenter. (Ce rôle a valu un Oscar à Mr. Colman : on a déjà vu des Academy Awards infiniment moins mérités.)

Signe Hasso, beauté scandinave plus substantielle que la Garbo, est une harmonieuse actrice, agréable à voir et à entendre. Il est malheureux, justement, que les *producers* (dont les desseins sont si souvent insondables) ne lui permettent que de rares apparitions sur l'écran. Les comparses sont à peu près tous excellents : il y a surtout un couple de silhouettes métropolitaines magnifiquement croquées – la jeune *waitress,* pitoyable victime, et la gueule cynique d'un reporter « qui en a vu bien d'autres ».

Le dialogue (Mr. Kanin et Ruth Gordon) crépite ferme et dru, et sert avec bonheur de repoussoir XXe siècle à la majesté élisabéthaine de Shakespeare.

La mise en scène de George Cukor (auteur de *Camille* et de *The Women*) est tout d'abord une magistrale peinture d'atmosphère. Le ciel orageux d'*Othello* et la nuit glauque de l'East River, l'intolérable tension qui se dégage des coulisses lorsqu'une représentation déraille, l'éclairage mesquin du pauvre garni qu'ébranle le tonnerre incessant du train suspendu... Toutes ces images, sous le pinceau de Cukor, prennent si l'on peut dire l'allure de tableaux impressionnistes, empreints l'espace d'un instant du degré de lumière et des zones d'ombre, et de l'exacte intensité d'émotion qu'il faut.

Après *Les Maudits* de René Clément, voilà donc *A Double Life* de George Cukor (et les amateurs de « cinéma comparé » auraient ici l'occasion d'étudier deux manières qui ne sont pas sans parenté : enchevêtrement scientifique de l'action, par exemple, et brutalité affreuse de certains gros plans)... Deux films passionnants en autant de semaines : y a d'l'abus !

(30 avril 1948)

Vingt siècles avant J.-C.

(*The Fugitive* de John Ford)

The Fugitive est l'histoire d'un prêtre. C'est un poignant épisode fictif de la révolution furieusement anticléricale des années 20, d'où le Mexique moderne devait émerger.

À mon sens, ce beau film n'est pourtant pas essentiellement une œuvre du XXe siècle, ni même de l'ère chrétienne. On s'y croirait plutôt transporté fort loin dans la quatrième dimension, à l'époque du plus pur, du plus immuable paganisme aztèque. Dolores del Río n'évoque-t-elle pas la hautaine maîtresse d'un très lointain Guatimozín ?

C'est que, sous le vernis à peine sec du christianisme, l'âme indienne est un bloc dur, infrangible, de traditions et de superstitions, d'instincts brutaux et d'authentique noblesse – qui sont tous païens. Bien avant l'arrivée des conquistadors, avec leurs indulgences et leurs madones et (il faut bien le dire) leurs excès de toutes sortes, l'Amérique appartenait aux *téocallis* pyramidoïdes, aux fanions de cuir et de psaumes multicolores, aux rites sanglants et aux mœurs, à peine plus primitives que d'autres, d'une race très ancienne. D'une race qui, du Mexique jusqu'à la Terre de Feu, a refusé de s'adapter tout à fait, et partant de s'éteindre. Lisez n'importe quel ouvrage sérieux sur le Mexique, étudiez-en surtout les illustrations (la photo est plus franche que l'écriture) : le costume aussi bien que le faciès des gens, la vie lente et la sourde violence des villages, l'âpreté même de la terre et les teintes fauves du roc et des fleurs, tout y est d'une forme et d'une couleur qui sont indiscutablement pré-chrétiennes. L'on songe avec trouble, comme devant les images d'Égypte ou de l'Inde, à ces couches épaisses de mondes disparus sur lesquels notre mince univers est édifié.

M. John Ford a traité avec grand respect le vernis de l'âme indienne. Mais avec cette honnêteté de l'artiste – dont l'essentiel est de voir, d'oser voir par-delà l'épiderme –, il a découvert sous le coloris et les carillons de surface une foule de nuances et de résonances profondes. On les voit dans la fresque brûlée de soleil que son cameraman a tirée des extérieurs mexicains ; on les peut détailler sur le visage aux traits si purs, si merveilleusement typiques de la *señora* del Río. On les entend dans les voix rauques des *peóns,* dans la clameur de leur piété tout instinctive, de leur soif irraisonnée de divin et d'Au-delà. Toute cette partie, ce fond pictural et sonore du film tient du chef-d'œuvre… Aussi le reste est-il, par contraste, plutôt décevant.

Il est bien un peu comique d'admirer les photos, d'en souhaiter davantage, et un instant plus tard de trouver le film trop lent. C'est quand même ce que je fais, sans rire… Un expert indiquerait sans doute les endroits où le montage n'est pas assez nerveux, où le metteur en scène aurait dû condenser, couper… Je me contente de noter que *The Fugitive* paraît souffrir d'une surabondance de richesses. Trop de beauté, trop de dures et saisissantes évocations, trop de superbes figurants pour une intrigue qui n'est pas du tout remarquable et un protagoniste falot.

Le reproche s'adresse d'abord au romancier Greene, dont le roman *The Labyrinthine Ways* a, dit-on, inspiré le film. Cette tragédie d'un prêtre traqué par les meutes parallèles des remords et des gendarmes devrait nous émouvoir ; il n'en est rien. Je ne parle que pour moi peut-être, ou peut-être encore n'ai-je pas le sens mystique assez développé, mais je trouve le personnage assez primaire, mal et gauchement étudié et, pour tout dire, pas le moins du monde convaincant. Je n'en veux donc point à Henry Fonda d'avoir joué ce rôle avec une certaine gêne, avec une allure pontifiante qui trahit moins l'onction sacerdotale qu'un très profane empêtrement…

Bref, quand M. Ford sert M. Greene, ça n'a rien d'emballant. Par contre, il faut voir *The Fugitive* pour tous ces passages – nombreux, par bonheur – où M. Ford n'est que M. Ford. C'est-à-dire l'auteur de ces « classiques » du cinéma que sont *The Informer, The Long Home* et *The Grapes of Wrath.*

Far-West *a fiocchi*[1]

Je ne sais trop où, en quel patelin l'on a transporté ce pauvre Michel Simon pour les prises de vues de *La Dame de l'Ouest*. C'est un décor et toute une atmosphère de Nulle-part-dans-le-monde-et-surtout-pas-là, fruit sans doute de l'imagination surchauffée de quelque Tartarin d'Italie…

Autant les extérieurs, les décors et les foules de John Ford sont vrais, autant ceux du *producer* italien sont rigolos. Je leur préfère vraiment les cowboys et les Apaches de Léon Ville ou de Gustave Aimard.

Si l'on ajoute que, derrière cette façade en méchant carton, il n'y a rien que le désert d'un pitoyable mélo… Pôvre, pôvre Michel !…

Les Italiens, qui ont fait *Rome, ville ouverte* et *Païsa*, n'ont pas l'art (car ce peut être un art, tout est dans la manière) du western. Pas plus que les Français, qui tournent par ailleurs *Les Maudits* et *Le silence est d'or*… Chacun son pays, chacun son accent, et les navets du coup seront moins nombreux d'une bonne moitié.

Il n'y a que l'opérette qui puisse se permettre de sortir ainsi de chez soi. N'empêche pourtant que les Japonais ont bien ri en voyant le *Mikado* de messieurs Gilbert et Sullivan.

(21 mai 1948)

---

1. Variante de *in fiocchi* : « en houppes ». Cette expression italienne désigne la garniture des chapeaux des cardinaux en costume d'apparat. L'auteur se moque ainsi de l'incongruité des westerns italiens. Ce film de 1942 est généralement considéré comme un précurseur – avant la lettre – du western spaghetti.

MGM : Grands Maîtres du Médiocre

(High Wall)

Léo le lion rugit. Metro présente Robert Taylor dans *High Wall*...

Dès la première scène, nous voici – comme le promettait la réclame – en haute tension. Une auto, poursuivie par les beuglantes sirènes de la police, roule à une allure folle : l'ancien combattant Taylor s'en va jeter à la rivière le cadavre de son infidèle moitié. Crac ! chute verticale de cinquante pieds, fracas de ferraille torturée – mais puisque le film ne fait que commencer, notre héros en sort évidemment indemne.

Nous apprendrons dans un instant qu'en rentrant du Pacifique il a surpris son épouse chez un amant. Il s'apprêtait, à bon droit, à étrangler un peu la vilaine lorsqu'une douleur lancinante au cerveau (suite d'une vieille blessure) lui a soudain fait perdre connaissance et oublier toute l'affaire. Mais au réveil, il trouve sa femme morte à ses pieds. L'a-t-il tuée ? Bien sûr que non, seulement... seulement, voilà, il faut que ça dure quatre-vingt et quelques minutes... Il faut que l'innocent aille en prison, que le vrai coupable (l'amant, joué par le suave Herbert Marshall) ait une seconde l'illusion de l'impunité, que l'amour enfin, sous les traits d'une jolie psychiatre (Audrey Totter) – encore une ! – ait le loisir de naître, de croître, de souffrir, de triompher...

Quand *The End* viendra effacer le baiser final, nous aurons constaté que Taylor, le simple et fade beau gosse de naguère, est aujourd'hui un acteur passable ; de même que son attrayante partenaire, Miss Totter. Ce qui n'empêche que le meilleur rôle du film soit la silhouette à la fois comique et touchante, esquissée par H. B. Warner, d'un vieux mélomane détraqué.

En moins de deux heures, Sydney Boehm (scénariste) et Curtis Bernhardt (metteur en scène) ont accumulé la plupart des trucs éprouvés du « tragique » hollywoodien. Pas un interprète qui n'ait l'air d'assister à son propre enterrement. Pas une scène, même en plein jour, dont l'éclairage n'évoque de quelque façon l'horreur d'une profonde nuit… Et puis, clameurs de fous furieux dans la coulisse, ombres menaçantes sur tous les pans de mur ; et pour le *climax,* cet inestimable auxiliaire du *producer* de mélos : la pluie, drue et crépitante, la pluie-terreur, la pluie-suaire – la pluie sans laquelle tant de dénouements ne seraient que ce qu'ils sont…

Tout cela habilement découpé, gradué avec cette maîtrise du rythme-express qui est le talent suprême de Hollywood. C'est distrayant, dispendieux, techniquement réussi et tout à fait vide.

Pardonnez-leur, Seigneur…

… car ils ne savaient certes pas ce qu'ils faisaient, ceux qui ont fourvoyé le superbe acteur de *Crossfire,* Robert Young, dans ce piteux western qui s'intitule *Relentless.*

C'est comme le manifeste d'une section-pour-rire de la Société protectrice des animaux : qu'il suffise de noter qu'il s'agit d'un talion assez renversant – la vie d'un homme contre celle d'un cheval, équivalence parfaite !

La classique série de paysages en « *glorious* Technicolor », la classique (et si génialement complexe) galerie des bons et des méchants, la fusillade à la Jesse James, la galopade à la Buffalo Bill… Et pour corser ce menu graisseux de cafétéria cinématographique, quelques scènes toutes gluantes de sensiblerie, peuplées d'adorables poulains et de juments-martyres. Enfin, la bouchée romanesque est servie par la gentille Marguerite Chapman.

De beaux chevaux et d'excellents interprètes employés avec une transcendante bêtise.

Lana pulchra es

Aux États-Unis tout est possible, et tout arrive effectivement.

Récemment, la belle et populaire et trois fois divorcée (ou peut-être est-ce quatre fois) Lana Turner épousait son numéro quatre (ou cinq), le riche héritier et *sportsman* Bob Topping.

Or, le ministre baptiste (ou méthodiste) qui unit les deux volages tourtereaux s'est vu blâmer violemment par tous ses révérends confrères. Que fait-il ? Amende honorable ? Pénitence publique ? Ou bien garde-t-il un modeste silence ? Jamais de la vie, il réagit comme un bon *American citizen* et offre au magazine *Liberty* un article exclusif intitulé : « Pourquoi j'ai marié Lana Turner ! »

God Save Sir Laurence

À Londres, le *Daily Mirror* écrit : « Partout dans l'univers, ce film nous rapportera gloire et profit. »

Tous les critiques de Fleet Street ont sorti l'autre jour leur style le moins flegmatique, leurs superlatifs les plus absolus pour accueillir la dernière œuvre d'Olivier : *Hamlet*.

Pour sa part, le *Daily Telegraph* va même jusqu'à proclamer : « Voici l'un des deux plus grands films shakespeariens jamais réalisés. » L'autre ? *Henry V* – de Laurence Olivier !

(28 mai 1948)

L'affaire du petit rideau de fer

(*Tovarisch* Andrews-Gouzenko
dans *The Iron Curtain*)

Ce film a déjà fait couler beaucoup d'encre. À New York, récemment, il a même été la cause de rixes et d'une bonne douzaine de gueules cassées. Voilà ce qui s'appelle un film « engagé »…

Que je sache, l'Amérique n'a pas déclaré la guerre à l'URSS. Et pourtant, *The Iron Curtain* n'est rien de moins, ou plutôt, rien de plus qu'une couple d'heures de propagande de guerre. Il y aurait un parallèle instructif à établir entre ce quasi-documentaire et tous ceux qui nous ont dépeint à leur façon, jusqu'en 45, les turpitudes du Troisième Reich. Même formule adaptée du roman policier, même idiote psychologie en blanc et noir[1], même confiance absolue dans la naïveté gobe-tout du public.

L'ambassade soviétique à Ottawa nous apparaît ici toute grouillante de sinistres individus, qui rendraient des points à Boris Karloff et à Bela Lugosi. J'ai rarement admiré sur l'écran collection aussi complète de brutes consommées. Le glacial Ranov de la police secrète, l'inquiétant Bushkin avec sa face de dégénéré, le mécanique colonel Trigorin, jusqu'à cette petite vipère de Karanova, et surtout le personnage de Grubb (nul autre que Sam Carr, je suppose ?) avec sa graisse sadique et repoussante – tous ces gens ont pour unique fonction de nous inspirer la plus pro-

---

1. Expression fréquente à l'époque, qui sera à terme remplacée par « le noir et blanc ».

fonde antipathie. Non pas de nous exposer une situation, de nous faire réfléchir, mais tout simplement, tout bêtement, de nous faire haïr.

Par contre, il nous est clairement enjoint d'admirer a priori, sans restriction, tout ce qui est anti-Soviet, et même non-Soviet : depuis le *policeman* fourvoyé dans les intrigues d'espionnage jusqu'au pitoyable commandant Kulin (communiste désabusé), en passant par la bavarde et serviable voisine de Gouzenko. Même la façade austère du parlement et la paisible surface du canal Rideau nous sont en quelque sorte présentées comme des témoignages, comme de pieux instantanés du paradis démocratique.

Ce qui n'empêche nullement que ce film soit le fruit d'une longue et patiente recherche. Dès le début, les *producers* nous avisent de l'authenticité de chaque document, du souci d'exactitude qui a présidé au choix et à la mise en scène de chaque épisode. Car il s'agit, disent-ils en substance, d'une affaire qui concerne tous les hommes libres.

D'accord. Louables sentiments. Mais dans ce cas, et puisqu'il était – aux yeux de Hollywood – opportun de répandre les *faits,* pourquoi cette intrigue en grande partie fictive ? pourquoi surtout la volonté patente d'*interprétation* qui s'affirme à chaque instant, d'un ton parfois dogmatique, parfois insinuant, presque toujours insupportable tant il est primaire et suffisant ?

Je veux bien lire ou écouter le récit de Gouzenko lui-même, celui de la police montée, celui des enquêteurs du gouvernement. Je veux bien qu'on me presse d'y penser et de m'en soucier. Il s'agit là de mes droits les plus sacrés, et j'admets que ça m'intéresse vivement.

Mais, justement parce que l'enjeu est vital, je refuse tout de go d'entendre les versions quasi documentaires, et semi-véridiques, et plus qu'à moitié truquées, que ces bons apôtres de Californie viennent me soumettre de l'affaire. Il me paraît plus dangereux en l'occurrence d'en savoir trop peu, surtout un trop peu mastiqué par les jobards notoires de Hollywood, que rien du tout.

Et soit dit en passant, je tremble en voyant ce même Hollywood, où l'on ne s'inquiète des idées et du sort des hommes qu'en autant qu'ils peuvent grossir la recette, proclamer la croisade et partir en guerre de son propre chef. La guerre, c'est plus dur à vivre en *battle dress* qu'en *sport jacket* de *producer.* C'est pourquoi, sans doute, les millions de sans-

94   LUMIÈRES VIVES

grade de la prochaine, de l'éventuelle, sont tout de même un peu moins pressés que ces messieurs de Fox qui ont commis *The Iron Curtain*…

*   *   *

Mais à part cela, tout va très bien ! Si vous ne cherchez qu'un mélo habilement monté, découpé d'une main nerveuse, convenablement truffé de *suspense* et de *gripping moments,* ce film est l'article tout indiqué. La photo est remarquable dans le genre (bien entendu) morbide, et certains extérieurs d'Ottawa sont des plus réussis. Dana Andrews (Igor Gouzenko), Gene Tierney (Mme Gouzenko), Berry Kroeger (Grubb) et Eduard Franz (commandant Kulin) sont, les deux derniers surtout, excellents.

(4 juin 1948)

Les bons films : pftt !

Pourquoi les films les plus moches s'éternisent-ils sur nos écrans tandis que les bons, à peine arrivés, aussitôt disparaissent ?

Fréquente question. Qu'on pose d'ordinaire pour faire de la rhétorique, pour répondre tout de suite, avec un imperturbable aplomb : c'est la faute à Hollywood… ou encore : c'est la faute aux distributeurs et aux propriétaires de salles, cette engeance qui ne possède évidemment pas la queue du moindre soupçon de culture ou de goût.

Si l'on veut. Mais l'on oublie que les proprios et les distributeurs, comme Hollywood, ne font jamais qu'obéir aux diktats de la caisse. C'est-à-dire au propre manque de goût et de culture du public. Bref, les vrais et seuls coupables de cette bêtise qui s'étale et triomphe neuf jours sur dix au cinéma, c'est vous et vous et vous, et moi… Sans doute, s'ils étaient des artistes au lieu d'être le plus souvent de simples *businessmen,* les *producers* et distributeurs se moqueraient de la caisse. Il n'en demeure pas moins que, sans notre aimable concours, les navets ne rapporteraient pas. Et malheur, dans tout studio et toute salle qui se respecte, au film qui ne rapporte pas !

L'autre jour, avant cinq heures, je voyais une queue avide se former déjà devant le Loew's, où l'on présentait *The Iron Curtain.* À mon humble avis (pour résumer mes propos de la semaine dernière), ce film est un mélo d'espionnage tout juste passable, en même temps qu'un geste malhabile et une détestable propagande. Mais qu'importe ? les billets s'enlèvent, la salle est pleine, le comptable se frotte les mains – et *Iron Curtain* tient l'affiche une deuxième semaine ; une troisième, peut-être ?

Le même jour, à l'autre bout de la ville, j'allais voir *Sciuscià,* au Champlain. L'un des grands films italiens d'après-guerre. Je n'ai pas eu de peine à trouver un bon fauteuil : non seulement n'y avait-il pas de queue au-dehors, mais à peine deux ou trois cents personnes à l'intérieur... Aussi, après sept maigres journées, adieu, *Sciuscià* !

Eh bien, tant pis, et parlons-en quand même. Un tel film vaut mieux que trois lignes, si nostalgiques soient-elles.

La vraie génération perdue

Après la guerre de 14, l'expression *Lost Generation* a fait fortune une première fois. Cette génération-là, elle fut pourtant assez bien nourrie, elle grandit au milieu d'un boom universel, et ses porte-parole n'eurent à supporter que la misère fort relative de la rive gauche ou de Greenwich Village ou de Chelsea. Si ces gens, les Dos Passos et les Hemingway, les Remarque, les Malraux et les Aragon, se sont effectivement « perdus », du moins leur drame s'est-il déroulé dans un confortable décor...

Les Remarque et les Malraux d'aujourd'hui, et ceux de demain, ont besoin d'avoir l'âme mieux chevillée au corps. Ou plutôt les futurs Malaparte et Silone, puisqu'il s'agit d'un film italien. Mais ces ruines et cette déchéance de Rome ou de Naples pourraient être aussi bien celles de toute l'Europe, de tout l'Extrême-Orient, d'une bonne partie de l'Afrique et de l'Asie Mineure.

Dans la poussière étouffante qui monte jusqu'aux ruines antiques des décombres nouveaux, vit, grouille, se débat, souffre tout un peuple de jeunes affamés. J'imagine qu'en France on les appellerait des BOF (beurre-œufs-fromage) précoces ; en Angleterre, des *spivs* ; ils auraient également un nom, j'en suis sûr, en Allemagne, en Russie, en Chine, partout où la guerre a commis ce crime sans nom de perdre les enfants.

En Italie, on les nomme *Sciuscià,* déformation de *shoe shine* – officiellement tous ces gosses sont les cireurs de bottes du libérateur américain ; ce qui, en soi, est déjà bien assez triste... Mais tous, les bambins de six ans comme leurs grands frères de quatorze et dix-huit ans, sont encore aux prises, sans répit, avec la faim et le vice, avec le bagne et, partant, avec la mort. Tout seuls, il leur faut *apprendre à vivre,* c'est-à-dire la débrouille et la combine, la loyauté du gangster et le mépris de la loi.

Cette tragédie de l'enfance italienne, de toutes les enfances marquées directement par le conflit, elle nous est traduite en images simples et fortes. Au moyen d'une intrigue toute simple, elle aussi, et bien enfantine : l'attachement farouche et poignant de deux bambins pour un cheval, attachement qui les mène, par les chemins tortueux d'une loi barbare, jusqu'à la prison et jusqu'au meurtre. Ce malheureux cheval – le poney ou le *teddy-bear* sans histoire des enfants fortunés – figure admirablement toute la banqueroute de notre époque. Quoi de plus fini, de plus foutu qu'une société où les jouets peuvent être mobiles de crimes ? Simple fiction, sans doute. Quoi de plus terrible, alors, qu'une société où une telle fiction s'impose, est parfaitement vraisemblable ?

Justement *Sciuscià* est, avant tout, vraisemblable. L'absence totale de chaleur et de cœur qui fait une atmosphère frigide à la prison des enfants ; l'indifférence absolue des grandes personnes, le naturel effarant avec lequel les mioches ne remarquent même plus ce manque d'intérêt ; la misère sombre et pouilleuse des intérieurs, et sur chacun des extérieurs l'ironie flambante du grand soleil méditerranéen – tout cela est vraisemblable ; pis encore, tout cela est probablement *vrai*.

On remarquera (aura remarqué, plutôt, puisque le film n'a tenu qu'une semaine) le talent inouï des jeunes *sciuscià* ; les gueules pittoresques de quelques interprètes adultes : contrebandiers, avocats ; et l'excellence – en autant que cette inévitable trahison peut être supportable – du doublage sonore.

Le montage, par contre, est loin d'être satisfaisant. Il est embrouillé et saccadé par plaisir, dirait-on, si rempli d'à-coups qu'on manque souvent d'en perdre le fil. Ce n'est plus la limpidité magistrale et sauvage de *Rome, ville ouverte*. Sans compter que les enfants, si prodigieux soient-ils, ne sauraient faire oublier les géniales interprétations de Fabrizi et d'Anna Magnani...

Quand même, *Sciuscià* ne valait-il pas mieux qu'une pauvre semaine ?

(11 juin 1948)

Oh ! le chaste week-end !

(*The Voice of the Turtle* à l'usage du dauphin)

Les messieurs Warner nous faisaient parvenir cette semaine une « édition pour tous » de la célèbre comédie de John Van Druten, *The Voice of the Turtle**.

Sur Broadway, cette pièce a tenu l'affiche et fait salle comble pendant quatre ou cinq ans. Comme *Life with Father* et *Oklahoma,* c'était le *talk of the town.* Une petite machine vivante, sans prétention et, surtout, très habilement construite.

C'est l'aventure d'un sergent américain qui, un printemps de guerre, passe dans un appartement de New York, en compagnie d'une jeune fille qu'il connaît à peine, tout un week-end de permission… Au théâtre, l'aventure était, comme on dit, complète ! Dès le premier soir, les deux jeunes gens causaient en tête à tête, puis se regardaient dans les yeux, puis tout à coup s'embrassaient ; l'une après l'autre les lumières s'éteignaient et, dans la pénombre complice, l'inévitable arrivait… Ce premier *climax* situait franchement les personnages et donnait une qualité poignante à leur réveil orageux, en même temps qu'une sorte de santé charnelle à toute la pièce. Bref, Mr. Van Druten avait centré son œuvre, si l'on peut dire (et il faut bien le dire), sur l'acte de chair !

Voilà ce qu'évidemment Hollywood doit fuir avant toute chose ! Les *producers* doivent ménager la pudeur fragile d'une innombrable et informe « clientèle de famille » ; sans compter les yeux et les oreilles de vestales d'une bonne douzaine de censures. Alors que Broadway s'adresse aux touristes, qui sont ou veulent paraître *sophisticated,* Hollywood doit tourner ses films pour l'Américain moyen, ce dénomina-

OH ! LE CHASTE WEEK-END !

teur commun de petite ville qui, chaque samedi soir, emmène au cinéma de Main Street sa femme, ses enfants et tous ses préjugés. Hollywood, c'est donc le roi – à condition d'en être aussi l'esclave – du grand public.

Esclaves mais rois, rois parce que esclaves, les Warner le sont comme tous leurs confrères. Souverains d'autant plus à la coule, en l'occurrence, que *The Voice of the Turtle* leur a coûté des droits d'auteur astronomiques. Qu'on ne peut recouvrer, naturellement, et faire fructifier qu'en atteignant un auditoire de même calibre…

C'est dire que le film est le type même de la version *nihil obstat,* à mettre entre toutes les mains. C'est toujours le romanesque week-end à huis clos ; mais cette fois, quand vient l'heure du baiser et des abat-jour discrets, l'inévitable – eh bien, l'inévitable est évité ! Peut-être est-ce plus moral ainsi, mais je n'en suis pas très sûr : l'intimité suggestive des chambres contiguës et des pyjamas qu'on s'échange et des petits déjeuners qu'on partage semble toujours réclamer, comme au théâtre, le péché franc et net… Enfin, tant pis, on ne doit sur l'écran hollywoodien pécher – que par omission ! C'est tout de même dommage, car le film perd du coup son seul vrai ressort. Il n'y reste plus, du *hit* de Broadway, qu'une intrigue anémique, d'où le sang s'est retiré. D'une scène de la vie métropolitaine qui avait quelque chose de dramatique, l'on a fait une aimable et chaste petite comédie sentimentale.

Bel exemple des « principes » et des procédés de cette florissante, vertueuse et plate industrie : l'adaptation cinématographique.

Une fois *The Voice of the Turtle* soigneusement purifiée, les *producers* n'ont cependant rien épargné pour en faire un excellent spectacle. Au décor essentiel d'un appartement de grande ville, ils ont ajouté un restaurant français des plus convenables, une boîte de nuit, un *lunch counter* et des scènes de coulisses théâtrales tout à fait dans la note, et quelques sobres extérieurs new-yorkais. M. Van Druten a bâti un scénario où l'on retrouve le rythme sautillant, les sourires et les soupirs également faciles et les jolies trouvailles de la pièce. L'allègre et souple direction d'Irving Rapper semble laisser les interprètes se débrouiller tout seuls, la bride sur le cou. Eve Arden, comédienne de grande classe, en profite pour camper une mémorable *vamp*, petite femme très chic, très blasée, cocassement fatale et lancée, jour et nuit, dans une farouche et fiévreuse chasse à l'homme. Avec des moyens plus discrets, l'ingénue d'Eleanor

Parker n'est pas moins remarquable : Miss Parker donne beaucoup de naturel et de gaminerie coquette à ce portrait de jeune fille mi-candide mi-avertie, à la fois crédule et méfiante – la classique citadine qui, à la ville comme ici à la scène, rêve d'être un jour une autre Garbo ! En paysan du Danube amoureux et empoté, Wayne Morris est convaincant. Quant à Ronald Reagan, dans la défroque étriquée (par les ciseaux de la censure préventive) du sergent permissionnaire, il s'est taillé un personnage qui ne manque pas d'allure : le brave garçon pas bête, qui parle peu et bien, qui embrasse beaucoup et bien, mais « toujours très honnête et toujours comme il faut » (Ray Ventura *dixit*)…

Un film, donc, qui est très gentil. Qui aurait pu, ailleurs qu'à Hollywood, être plus et mieux que cela.

Un jardin de bêtes sauvages

The Treasure of the Sierra Madre – l'un des meilleurs films américains des dernières semaines, et même des dernières lunes – a passé récemment sept jours bien tranquilles sur un écran de la rue Sainte-Catherine, et puis s'est éclipsé. Tant mieux pour vous s'il réapparaît dans votre ciné du coin.

C'est un âpre roman d'aventures de B. Traven (le *mystery man* des lettres américaines – un homme qui s'est évanoui il y a des années dans les solitudes montagneuses du Mexique et n'est plus jamais revenu aux États-Unis, pas même pour toucher ses droits d'auteur…). Un roman dont les personnages ont la brutalité primitive des grands fauves : trois chercheurs d'or, en découvrant un filon au cœur du désert, se métamorphosent en animaux sournois et grondants, rongés de méfiance, prêts au moindre prétexte à bondir et à s'entredéchirer. Ils illustrent admirablement toute une série de vieux dictons fatigués (*homo homini lupus*, par exemple, sans oublier *auri sacra fames* !) et cette inextricable jungle qu'est le fond de l'âme humaine.

John Huston, scénariste et metteur en scène, a suivi le roman de très près. Il y a découpé des scènes d'une crudité implacable, qu'il situe dans une nature mexicaine si sauvage, si vierge que tout paraît s'y dérouler en dehors du temps. Huston a eu cet autre talent peu commun de choisir trois merveilleux interprètes : son propre père d'abord, Walter Huston, qui joue avec la souplesse et la férocité d'un vieux tigre un rôle en or de sexagénaire ingambe et bavard. Humphrey Bogart trouve également l'un des meilleurs emplois de sa carrière : le lâche que la peur et l'avidité transforment en brute enragée. Dans la peau du troisième prospecteur, le bon garçon serviable et un peu mou, Tim Holt est forcément moins sensationnel, mais tout aussi juste.

Les acteurs à qui nous devons la scène la plus saisissante du film sont toutefois un trio de Mexicains anonymes qui se sont fait d'effroyables gueules de *peóns* abrutis. Les cinq minutes pendant lesquelles ces bandits s'amusent, au détour de la route, à jauger leur victime, à choisir d'avance les parties de son costume dont chacun d'eux va hériter, la servilité menaçante avec laquelle ils s'approchent de cet homme (Bogart) pour le tuer – toute cette page du roman, transcrite mot pour mot et trait pour trait, vaut à elle seule une foule d'œuvres complètes.

Comme le bon vin

Ces jours-ci, un groupe de vieux films (de la lointaine époque 35-40) est venu faire ressortir toute la pauvreté de la plupart des productions nouvelles. Il y a d'abord l'immortel *Marius* de Pagnol, que Mlle Dorion chantait éloquemment la semaine dernière. Il y a *Marked Woman,* où Bette Davis, à ses débuts, évoluait avec aisance dans un milieu crapuleux. Enfin, *Le Septième Voile* est la « post-synchronisation » d'un fameux succès britannique, le premier (et le meilleur) de cette vague de films qui, depuis la fin de la guerre, s'acharnent à nous enfoncer dans le crâne de brumeuses notions de psychiatrie.

* Ce titre est, paraît-il (c'est Van Druten qui nous l'apprend), le début d'une phrase de la Bible : « *The voice of the turtle is heard in our land.* » Le mot *turtle* signifiant ici non pas « tortue » comme j'ai pu lire quelque part, mais « tourterelle » *(turtle-dove)*… La tourterelle est la concurrente biblique de notre hirondelle, messagère du printemps.

(18 juin 1948)

Jean-Jacques Rousseau en images

(*State of the Union* avec Tracy, Hepburn…
et Camillien !)

State of the Union, le dernier film de Spencer Tracy, ne ressemble heureusement pas du tout à l'avant-dernier.

Celui-ci était un horrible petit *soap opera* tiré d'un piètre ouvrage de Sinclair Lewis, *Cass Timberlane* – car les meilleurs romanciers ont aussi leurs mauvais jours.

Au contraire, *State of the Union* provient d'un des succès les plus brillants et certes les plus mérités de Broadway : une mordante satire de l'*homo politicus* américain, par la fameuse équipe de Howard Lindsay et Russel Crouse. Certains critiques new-yorkais disent que le film se permet d'adoucir un peu le tableau, d'émousser quelques pointes parmi les plus acérées ; mais nous, qui n'avons pas vu la pièce, sommes heureux d'y trouver des coups de griffes et toute une joyeuse malice dont Hollywood d'ordinaire n'est rien moins que prodigue.

C'est la brève et pitoyable aventure de Grant Matthews (Spencer Tracy), le *self-made man* dynamique, généreux, naïf et d'une vigueur un peu simpliste – assez conforme au type classique de l'Américain moyen – qui veut devenir président des États-Unis. La décision du pauvre homme n'est pas sitôt connue, sa campagne n'est pas même déclenchée que, déjà, une ambitieuse petite madame Hearst (Angela Lansbury), un professionnel du tripotage d'élections (Adolphe Menjou) et toute une bande de requins assortis se sont précipités sur lui, l'ont bâillonné, ligoté, et qu'il n'est plus rien qu'une marionnette au bout de vingt-cinq ficelles. Débitant des inepties comme un pantin de ventriloques et perdant chaque jour davantage l'oreille du peuple, Matthews vivra quelques semaines dans cette jungle, en se leurrant d'un espoir commun à tous les hommes sincères qui se fourvoient dans la politique de « machine » : la victoire d'abord, à tout prix, mais après, au travail et finis les compromis ! Par bonheur, il s'aperçoit à temps, grâce à sa femme (Katharine Hepburn), que les compromis électoraux sont autant de boulets qu'on traîne après soi jusqu'à la Maison-Blanche (ou jusqu'aux collines parlementaires du monde) ; et que la politique professionnelle est à coup sûr la méthode la plus perfectionnée qu'on ait jamais mise au point pour fausser et dégrader l'esprit humain. Dégoûté, furieux, Matthews retire sa candidature et se proclame le porte-parole de ces millions de braves gens, ailleurs aussi bien qu'aux USA, que les partis servent le moins possible mais dont ils se servent eux-mêmes sans vergogne.

Il n'est pas de thème plus actuel que celui-là. Aux États-Unis, l'on a vécu ces jours-ci, pendant la convention républicaine de Philadelphie, le commencement de la fin de trois fiévreuses années post-rooseveltiennes. Le film comme la pièce s'agriffent merveilleusement à l'actualité : sous de transparents pseudonymes, quelques carnassiers de grande taille y sont parfaitement reconnaissables, tels Hearst (Thorndyke) et John L. Lewis (Bill Hardy). Sur Broadway, les acteurs allaient même, dit-on, jusqu'à lire chaque soir les dernières manchettes. L'écran adopte une variante du même procédé : pour chaque zone de distribution, les *producers* ont inscrit dans le scénario quelques répliques d'intérêt local… C'est ainsi qu'à Montréal nous voyons Tracy-Matthews, après un discours particulièrement applaudi, parcourant des messages de félicitations. Soudain, d'un air intrigué, il se tourne vers sa femme et lui demande : « *Say, who's Camillienng'Houde?* » Et Katharine Hepburn de lui chuchoter à l'oreille, tout bas, tout bas, le sinistre secret !

Ici je m'empresse d'ajouter que *State of the Union* est bien plus et bien mieux qu'un simple sketch d'actualité. La pièce, tout le monde est d'accord sur ce point, était déjà une brillante comédie satirique. Le film élargit, élève fréquemment le ton jusqu'au palier de la grande éloquence dramatique. À la comédie de mœurs, à la satire politique, viennent s'adjoindre quelques scènes poignantes, pas très réalistes peut-être ni assez cyniques pour l'auditeur-48, mais dont la chaleur est indiscutablement contagieuse. Cela, c'est la *Capra Touch*.

104 LUMIÈRES VIVES

Car nous voici devant la première œuvre d'après-guerre du légendaire metteur en scène de *You Can't Take It with You*. Nous y constatons que Frank Capra n'a rien perdu de sa science du rythme, de sa verve endiablée, ni de cet attachement farouche qu'il a toujours montré à la cause de Mr. Average American (Mr. Smith ou John Doe). Capra nous revient, tout brûlant comme autrefois d'une conviction à la Jean-Jacques : que l'homme naît bon, honnête, sensé, et que la société (les bateleurs ou les bureaucrates, les agitateurs ou les technocrates, et en l'occurrence les politiciens) est seule responsable de son éventuel dévoiement.

À ce point de vue, la longue scène finale, savamment graduée, dont la tension est marquée çà et là d'à-coups pittoresques ou cocasses, est du Capra le plus pur et le plus caractéristique, digne des Morceaux choisis. D'un salon transformé en cirque électoral, tout grouillant de cameramen, d'opérateurs radiophoniques, de musiciens, de bonzes solennels et de badauds, le candidat Matthews est sur le point de parler à la nation. Dans la pièce voisine, les écumeurs de la politique jubilent et se partagent déjà les dépouilles du peuple. Mais, devant le désespoir de sa femme, Matthews retrouve soudain sa lucidité et son bon sens. Au lieu des platitudes préparées par son nègre, c'est une confession et un exposé qu'il prononce, suivis d'un vibrant appel à la conscience des braves gens. Au milieu des rires et des sanglots, dans un délire d'une orchestration toute capraesque, c'est le plus beau et le plus convaincant, le plus simple, le plus rare et, surtout, le plus impossible des discours politiques !

Dans un monde où les « amateurs » auraient encore droit de cité, où l'éloquence publique ne serait pas forcément sibylline, toute faite de restrictions et de « portes de sortie », dans un monde candide en un mot, le candidat de M. Capra serait sûrement élu par acclamation. Mais, le monde étant ce qu'il est, le pauvre homme nous touche et nous enflamme – et nous lui faisons perdre son dépôt !

Spencer Tracy défend avec un naturel plein de force et de dignité l'un des meilleurs rôles de sa carrière. Le charme indéfinissable de Katharine Hepburn – grâce anguleuse, contralto de *torch singer*, brusquerie attachante du geste et des mots, et le « je ne sais quoi » – donne un relief saisissant au personnage de Mary Matthews. Adolphe Menjou en politicien véreux, et ce qui est autrement inattendu, le *glamour boy* Van Johnson en journaliste blasé, sont tous deux excellents. Angela Lansbury n'a qu'un seul défaut : elle est bien trop jeune et vulnérable pour entrer à l'aise dans la peau d'une ambitieuse effrénée. Quelques remarquables silhouettes (le barbier intarissable, le réformateur maniaque, la douairière pocharde) émergent aussi, un instant chacune, de la foule, dessinées d'un crayon à la fois incisif et pitoyable.

Un film passionnant. Naïf et, partant, assez dangereux. Surtout, ne pas le faire voir aux enfants : ils ne sont d'avance que trop portés à croire, avec M. Capra, que les bonnes gens sont uniquement bonnes, et les méchantes, simplement méchantes. Alors qu'en réalité, à tout le moins depuis le péché d'Ève, le monde n'a jamais été d'une telle logique blanc-et-noir, mais bien affreusement, pâteusement, désespérément gris…

(25 juin 1948)

Après le scalpel, le tomahawk

(William Powell dans *The Senator Was Indiscreet*)

Qu'on le veuille ou non, il faut, ces jours-ci, parler de politique. Comme s'il ne faisait pas d'avance assez chaud ! À la ville, dans les journaux comme les conversations, les élections succèdent aux campagnes et les campagnes aux élections : l'Ontario, la Saskatchewan, le Nouveau-Brunswick, le Québec – tout le monde se rend, comme disent si joliment les dépêches, aux urnes… Par-dessus le marché, les États-Unis ont cette année leur accès de fièvre électorale en même temps que les provinces canadiennes. Hollywood s'est naturellement emparé du sujet et s'empresse de battre à tour de bras, pendant qu'il brûle, le fer, ou plutôt l'or, des « auditoires potentiels ».

Ce qui fait qu'au cinéma, c'est le même refrain que partout ailleurs : élections-élections-élections… Aimez-vous la politique ? On en a mis partout !

La semaine dernière, c'était le *State of the Union* de Frank Capra, tiré de la pièce à succès de Lindsay et Crouse. Cette fois-ci, un autre auteur de Broadway, George Kaufman, nous présente sur le même thème une comédie burlesque : *The Senator Was Indiscreet*. Autant les premiers s'efforçaient à nous émouvoir, autant le second tâche à nous faire rigoler. Ceux-là cherchaient avant tout le sourire crispé de l'homme qui voit à l'écran son propre drame, celui-ci est en quête de gros rires, de cette vaste hilarité que les Américains appellent si justement « le rire du ventre », et qu'il ne faut pas dédaigner, car elle a sur notre organisme moral d'excellents effets de calmant et de purgatif. Bref, M. Capra s'essayait avec tout son art, qui est de taille, au maniement du bistouri, tandis que M. Kaufman brandit sur la tête du même patient un vrai tomahawk d'Iroquois !

Ce malade, c'est bien entendu l'homme politique, ou plus exactement le politicien, *yankee generis*. Comme tous les politiciens du monde, celui des États-Unis nous apparaît, dans ces deux films, comme une victime incurable de la pire déformation professionnelle, autosuggestionnable à l'extrême et, surtout, source inépuisable et tapageuse de vérités premières. Il nous est montré, encore, comme l'inventeur de machines partisanes qui, plus qu'en tout autre pays, étouffent et broient l'homme dans leur mécanisme.

Ce tableau peu flatteur prenait dans *State of the Union* la forme d'une mordante satire dont certains passages étaient très émouvants. Avec *The Senator Was Indiscreet,* la satire n'est plus qu'une massive caricature qui entasse en vrac l'un sur l'autre les *jokes,* les *gags* et les coups de massue de la bouffonnerie débridée.

Un tel mélange, une telle *catalogne* de scènes et de mots disparates ne saurait évidemment séduire tous les spectateurs. Même ceux qui la trouvent « bien bonne » ne seront jamais d'accord sur les passages qui les ont surtout fait rire. Affaire de tempérament, de rate et de digestion…

Pour moi – sans vouloir préciser davantage ; à quoi bon, puisque personne ne serait tout à fait de mon avis ? –, je l'ai effectivement trouvée « assez bonne ». En dépit d'instants trop nombreux où le comique est tiré par les cheveux ou d'une inspiration qui passe mal la frontière, ce film n'en demeure pas moins une agréable cure de bonne humeur et de pressons-nous-d'en-rire-de-peur-d'être-obligés-d'en-pleurer !

Grâce au superbe acteur qu'est William Powell, la caricature y garde aussi une bonne part de son efficace, de son joyeux venin. Powell a fait de son aspirant président une tordante quintessence du politicien fat, primaire, bavard, cyniquement candide et candidement cynique, compromis jusqu'à la gauche et quand même très honnête – bref, de ce candidat X que nous avons tous entendu déblatérer, à qui nous avons même un jour eu la rarissime occasion de serrer la main et… Mais chut ! jusqu'après le 28 juillet[1]…

---

1. Cette date est celle des élections générales québécoises où un raz de marée fit

Quand ce ne serait que pour William Powell, *The Senator Was Indiscreet* vaut bien le prix d'un fauteuil. Sans compter qu'on y trouve encore les demoiselles Arleen Whelan et Ella Raines, qui sont loin d'être, dans le genre glamour, ce que Hollywood a fait de pire.

Tout de même, deux films para-politiques en autant de semaines, ça suffit et de reste. Qu'il en vienne un troisième, je refuse mordicus d'y mettre le nez, et encore plus la plume !

Jouvet et la digestion
(Mauvaise *Copie conforme*)

Nous le disions il y a moins d'une colonne : un film est souvent « visionné » à travers le prisme peu favorable d'un estomac détraqué ou d'une crise d'humeur noire.

J'espère que tel était mon cas quand je vis le « dernier Jouvet ». *Copie conforme* est un autre produit de la société Jeanson (scénariste) – Jouvet (vedette), qui nous donnait il y a quelques mois *Un revenant*. Cette fois encore, les deux artistes sont aux prises avec un sujet de mélo : sosies, quiproquos qui risquent d'être tragiques, tension que l'on qualifie instinctivement (comme la réclame) d'intolérable, etc., toute la gamme. Mais cette fois, Jeanson et Jouvet se sont fourvoyés. Le mélo reste mélo, et piteux, et tout cousu de fil blanc. Le dialogue a beau pétiller de la verve la plus jeansonnienne, le « méchant » a beau emprunter les effets les plus jouvettiens, l'ensemble est quand même de la camelote.

Digestion ? N'empêche qu'à mon humble avis, c'est un navet qui mérite au plus deux paragraphes. Voilà qui est fait.

(2 juillet 1948)

---

réélire l'Union nationale du Québec de Maurice Duplessis aux dépens des libéraux d'Adélard Godbout.

Le sentimental melting-pot

(Irene Dunne, Oscar Homolka, dans *I Remember Mama*)

Ce qui nous frappe dès l'abord : voilà un film qui passe, et magnifiquement, à un cheveu du ridicule le plus complet.

San Francisco, petite ville provinciale du siècle naissant ; les chevaux qui perçoivent dans le tapage infernal des premières autos la trompette du Jugement dernier ; l'accent scandinave des immigrants et la chaleur toute simple, émouvante, fréquemment caricaturale d'une humble vie de famille... Autant de scènes qui demandent du tact avant toute chose, et une absence de prétention, soit des qualités proprement a- et même anti-hollywoodiennes.

Il ne faudrait ici qu'un grain de mauvais goût, là qu'un pan de décor trop luxueux, et cette Chronique du Citoyen nouveau serait du coup classable dans la foule dense et grise des films américains « moyens ».

Or, les décors sont tous convenablement modestes, exigus, poussiéreux. Même les pentes essoufflées de Frisco et le fjord grandiose de Golden Gate renoncent à l'effet trop facile et se voilent le plus souvent de brume discrète. Les mobiliers n'ont aucun style et les costumes, sans insister, se contentent d'avoir celui de l'époque.

Dans ce milieu de pauvres gens pauvrement éclairé *by gaslight* vit une remarquable tribu : deux générations bruyantes et pittoresques de *Yankees* norvégiens. Ces personnages ont déjà une histoire mouvementée. Ils virent le jour dans le roman autobiographique de Kathryn Forbes, *Mama's Bank Account*, qui fut un grand *best-seller*. Ils se réincarnèrent bientôt dans une pièce de John Van Druten (auteur du récent

The Voice of the Turtle), laquelle devint à son tour un *best-seller* de Broadway – un *hit*. Une troisième métamorphose boucle maintenant cette boucle classique de la fortune littéraire à la mode américaine : les voici à l'écran… Les voici, avec leur mine de braves gens, le rythme aux à-coups toujours prévisibles de leur petite vie uniforme, avec l'espoir et l'inquiétude, les rires et les sanglots, et les menus travers de tout le monde. Créatures sans imprévu ; aimables, sans exception. Et quand même intéressantes…

Générations-contraste… Les jeunes pour qui l'Amérique est déjà l'héritage naturel, et les anciens dont l'émerveillement après les années est encore tout neuf ; les jeunes qui ne connaissent que le *slang* et les anciens qui, aux heures de grande émotion, retrouvent instinctivement la langue du vieux pays ; et surtout, les jeunes, délurés, *go-getters,* graine trépidante de « *biggest in the world* », considérant avec une affection un peu ahurie, avec un respect vaguement narquois ces parents gauches et satisfaits d'un sort modeste, qui enseignent une sagesse d'un autre âge et d'un autre climat… Bel exemple de ce légendaire processus d'assimilation : le melting-pot américain.

I Remember Mama est tout de même plus qu'une expérience de laboratoire. C'est également l'histoire d'une attrayante famille ; une histoire vécue et racontée avec l'entrain et le naturel des histoires vraies, d'un ton familier qui trouve sans effort l'accent cocasse ou pathétique… L'histoire de Katrin la narratrice (Barbara Bel Geddes), la petite fille intense qui rêve dans son grenier d'être un jour un écrivain célèbre et qui effectivement le sera… L'histoire du volcanique oncle Chris (Oscar Homolka), le mouton noir à la voix d'ogre et au cœur d'ange, qui déteste les conventions bourgeoises au point de faire passer pour sa maîtresse la femme qu'il a épousée !… L'histoire comique des trois tantes inséparables et chicanières, trio de vraies dames aux chapeaux verts[1] : la rude tante à poigne, la tante grognon et la vieille fille de tante refoulée ; et le burlesque prétendant de celle-ci, Mister Thorkelson (amusante com-

---

1. L'expression péjorative *les dames aux chapeaux verts* désignait à l'époque les vieilles filles.

position d'Edgar Bergen), timide entrepreneur de pompes funèbres… Mais tout d'abord, c'est l'histoire de Mama…

Mama, comptable et garde-malade, confidente, protectrice et avocate, est comme il se doit le cœur de la tribu. C'est elle qui en est le caractère et la force, elle seule qui en assure l'unité. Sous la taille alourdie et la coiffure toute simple, sous le rauque accent scandinave, Mama n'est nulle autre que la très belle Irene Dunne. Ses traits mobiles empreints d'une étonnante dignité, Miss Dunne démontre ici, mieux encore que dans *Life with Father,* l'art de vieillir en beauté.

Une distribution de grande classe, un scénario où l'on retrouve le rythme paisible et la chaude atmosphère de l'œuvre originale, une mise en scène à la fois sobre et colorée de George Stevens ; et voilà un film à voir. Le meilleur certes que Hollywood nous ait donné depuis le début de 48.

Barres de fer et poudre noyée
(Alan et Veronica à *Saigon*)

La publicité de Paramount nous dépeignait ce film : « Dynamite au bout d'une mèche très courte !… Haine corrosive, explosive étreinte !… Quand Alan Ladd et Veronica Lake se rencontrent, la "romance" rugit [*sic*], etc., etc. ! »

Or, la dynamite est en réalité un laissé pour compte de Clark Gable, et la mèche n'en finit plus de grésiller. Derrière un méchant camouflage d'exotisme, la haine est puérile et les étreintes ne sont qu'athlétiques. Quant à la « romance », elle râle : Veronica est rauque, Alan est raide. Sans plus.

Saigon a tenu l'affiche pendant deux semaines.

Bouquets d'immortelles

Dans les campagnes et les catacombes romaines, Michèle Morgan a tourné ces mois derniers la vie, chère aux couventines, de *Fabiola,* romanesque et martyre.

Une autre Michelle[2] (deux *l* cette fois), fille de Pierre Blanchar, doit bientôt refaire aux côtés de Jean Marais ce « classique » du cinéma larmoyant : *Mayerling*.

À Hollywood, Cecil B. DeMille – qui n'est jamais à l'aise que dans le colossal – serait en train d'améliorer la Bible au chapitre de *Samson et Dalila*... Dalila : Hedy Lamarr !

Greta Garbo et Lana Turner se disputent, paraît-il, l'emploi de la pauvre Emma de *Madame Bovary*.

Et à Londres, un *producer* songe à filmer la vie de saint Paul. Aucune vedette féminine – pour l'instant...

(9 juillet 1948)

---

2. En réalité, la fille de Pierre Blanchar se prénomme Dominique. C'est elle qui jouera au côté de Jean Marais dans *Le Secret de Mayerling* (1949), film réalisé par Jean Delannoy à partir d'un scénario de Jacques Rémy.

Les désenchantés

(Hollywood contre la vie)

Il y a quatre ans, l'auteur dramatique Clifford Odets partait pour Hollywood. L'appel du grand vacarme, bien sûr, et des salaires astronomiques ; mais aussi la voix de sirène d'un art tout neuf, d'un art encore informe, aux horizons lointains et prestigieux… Un art dont les pionniers – une poignée de grands artistes : Griffith, Fritz Lang, Eisenstein, Marcel Carné, Jean Renoir, Feyder, Chaplin, John Ford, René Clair, Walt Disney, Rossellini *(Rome, ville ouverte)* – ont à peine entrepris de reculer les frontières…

Clifford Odets, à dix-sept ans reconnu comme l'un des meilleurs dramaturges de son pays, espérait sans doute ajouter son nom à cette pléiade des créateurs du cinéma.

Son nom, hélas, pendant ces quatre ans, il a traîné sur les feuilles de paye de Metro *(MGM: Biggest & Best! Terrific Technicolor! Colossal Cast! Marvelous Musicomedy!)*, soit l'un des milieux de Hollywood les plus dorés, les plus vides, les plus incurablement atteints de cette sclérose précoce dont souffrent neuf sur dix des films américains. Quatre années durant, il a donc vécu au grand soleil californien, touché des chèques énormes et pondu quelques douzaines de scénarios (dont il avait honte au point de faire rayer sa « mention » de la pellicule)…

Prospère, bronzé et parfaitement dégoûté, Clifford Odets, à quarante et un ans, rentrait l'autre jour à New York.

*   *   *

Hollywood, dit-il à Jean Evans du *New York Star*, n'a jamais, sauf exception rarissime, qu'une seule inquiétude primordiale : est-ce vendable ? Tout n'est que marchandise, que perspective de profit ou de perte : acteurs, auteurs, sujets. Adoptez ce critère, vous mettez fin du coup à votre carrière d'artiste ou d'artisan honnête...

Commerce, donc, et son corollaire, l'*accessibilité*. Et voilà tout. Accessibilité, c'est-à-dire qu'un film doit être aussi terriblement à la portée de Tout-le-Monde qu'un paquet de chewing-gum. Il n'est personne, de la première à la seconde enfance, qui ne sache mastiquer du chewing-gum ; quels que soient la courbe de sa mâchoire et l'état de sa cervelle...

Et Odets donne l'exemple suivant : il écrivit un jour le scénario d'un film de Hitchcock (*Notorious*, si j'ai bonne souvenance[1]), un film qui obtint dans la suite un succès de grand public. Comme le metteur en scène, à la lecture, faisait la moue, Odets lui demanda :

— Qu'est-ce qui cloche ?

— Eh bien, d'avouer Hitchcock, les personnages ne me semblent guère *réels*...

— Ça dépend, répliqua Odets, de ce que vous entendez par réel : réel comme la vie, ou bien *ciné-réel* ?

Hitchcock n'en substitua pas moins son réel relatif à la vérité de l'écrivain. Le résultat fut, entre autres, cette scène spectaculaire : empoisonnée à petites doses par une bande de nazis, Ingrid Bergman s'effondre, mourante, aux pieds de Cary Grant. Et tandis qu'elle râle presque, Mr. Grant fait le don Juan !... « Spectaculaire et abracadabrant, s'écrie Clifford Odets. À la ville, un homme qui essayerait de séduire une femme plus morte que vive passerait tout simplement pour un anormal... Mais une telle scène, à Hollywood ça s'appelle du Réel ! »

* * *

---

1. Odets a écrit certains dialogues de *Notorious* (1946), même s'il n'est pas crédité au générique.

Ce réel de Nulle-part-dans-le-monde, à propos, nous en pouvions ces jours-ci admirer un chef-d'œuvre plus récent : *Homecoming,* avec Clark Gable et Lana Turner.

Comme par hasard ce film nous arrivait, lui aussi, des vastes usines (« est-ce vendable ? est-ce accessible ? ») de MGM.

Ulysses Johnson, médecin-colonel *yankee* (Gable), retrouve au foyer, après l'*Iliade*-45, sa Pénélope (Anne Baxter) fidèle et perspicace. Celle-ci aperçoit bien vite, dans l'humeur et les propos de son mari, certaines nouveautés qui ne peuvent être que la marque d'une autre femme. C'est ainsi que nous apprenons l'histoire de la lieutenante-*nurse* Jane – pourquoi pas Circé, Cécé pour les intimes ? – McCall (Lana Turner).

Homecoming renferme des tableaux de guerre, en particulier le travail des esculapes en première ligne, qui sont de superbes reconstitutions. Anne Baxter est une belle et harmonieuse actrice. Lana Turner elle-même est, de plus en plus, bien mieux qu'une *glamour girl.*

Oui, mais voilà : du réel avant toute chose ! Clark Gable doit, une fois au moins toutes les cinq minutes, oublier son personnage pour songer aux exigences des « fans ». Il lui faut, aussi souvent que possible, se montrer plus Gable que médecin. De même Lana doit à ces moments-là emboîter le pas et redevenir Turner plutôt que *nurse.* Après quelques scènes-pour-vedettes, adieu Vérité… La moustache de Gable dispute la vedette au bistouri de son pauvre médecin, sous le kaki de la *nurse* voici Lana la *pin-up* – et l'on barbotte, comme un poisson aveugle dans les contre-courants, au cœur d'un *Docteur Jekyll et M. Hyde* multiplié par deux !

Mais à Hollywood, nous rappelle Clifford Odets, tout cela s'appelle du Réel…

Jusqu'au bout !
(Hollywood contre la mort)

« Glendale, Californie (Associated Press) – Les restes ravissants – *beautiful body* – de Carole Landis ont été déposés hier dans une tombe du Forest Lawn Cemetery, sous les yeux voilés de larmes d'une foule de notables et d'aspirants-notables hollywoodiens… »

Ce légendaire cimetière de Forest Lawn est l'une des principales « attractions touristiques » de Hollywood. C'est un parc immense, coupé de ruisseaux jaseurs, parsemé de miroirs d'eau, peuplé d'une innombrable statuaire néo-antique et, incidemment, discrètement, au fond de cryptes et de mausolées déguisés en pavillons et en kiosques, peuplé aussi de morts.

Là, le client (éventuel) est roi. Des allées bien ratissées sollicitent le promeneur ; une musique langoureuse que diffusent des haut-parleurs et des bancs dans les points d'ombre font aux amoureux un nid douillet ; quelques chapelles, néo-gothiques, dûment desservies par des pasteurs de toutes les sectes, sont réservées aux mariages, aux baptêmes, et incidemment, discrètement, aux funérailles...

Et la dépêche de l'Associated Press (le *beautiful body*) évoque aussi une incroyable publicité de cette entreprise modèle, que j'ai vue naguère dans un magazine américain. Ce placard consistait, en tout et pour tout, en une femme nue. Vénus souriante et abandonnée, surmontée d'un slogan en très gros caractères : « *Forest Lawn, Where Death Can Be Beautiful.* » Avec, au bas, en lettres minuscules, ce complément pratique : « *Funerals, $ 75 up.* »

(16 juillet 1948)

Testament de Broadway

(*Naked City* de Mark Hellinger)

Il était une fois, vers les années 20, un *columnist* américain, un homère (ou un louis-fréchette) de Broadway, du nom de Mark Hellinger.

Lui aussi, comme le grand maître Damon Runyon, comme le petit maître Walter Winchell, parlait – et créait – cette langue barbare et imagée, elliptique, rocailleuse, sentimentale et ridicule qu'est le *slang* de « Noo-Yawk ». Lui aussi adorait porter des chemises et des cravates de clown, distribuer des pourboires de vingt dollars, fréquenter le grand, le petit et le demi-monde, sans compter l'Underworld, et, surtout, laver son linge sale au grand soleil… Il y a quelques années, dans ses articles, il avait si longuement commenté son propre divorce, et poussé des plaintes si touchantes et si publiques, que son ex-femme, une Ziegfeld *girl*, l'avait aussitôt *r-épousé* !…

Devenu producteur hollywoodien, Hellinger fit parler de lui en 1946. D'après une nouvelle d'Ernest Hemingway, il tourna le film *The Killers,* dont la brutalité avait un peu l'impact net et sinistre d'un coup de revolver dans la nuit.

Au début de 48, il terminait un autre film, conçu tout entier par lui cette fois, un film polyphone où éclatent, comme les cuivres d'un jazz-band, tous les bruits de sa métropole joyeuse et inhumaine… Une sorte de chanson de l'adieu : quelques semaines plus tard, à quarante-trois ans, Mark Hellinger mourait subitement à Hollywood.

Ce dernier film du déraciné de Broadway, c'est *Naked City.*

118   LUMIÈRES VIVES

*   *   *

Chanson d'adieu et chant d'amour. Sur un air strident, une voix rauque, souvent fausse, qui méprise les nuances et ignore les pauses, projetant des paroles gauches et des images violentes, clame sa tendresse pour la ville fauve et son peuple sans nombre…

Tandis que la ville dort, veillent et besognent ceux pour qui la nuit est le jour, le machiniste et la femme de peine, le *policeman*, le narrateur (Hellinger) et le bandit… Une jeune femme est assassinée à l'aube. La ville se réveille. Le lieutenant Muldoon (Barry Fitzgerald) et son bras droit Jimmy Halloran (Don Taylor) se lèvent tout guillerets, ignorant que dans une heure ils devront partir à la recherche du meurtrier (Ted de Corsia) : l'aiguille dans la botte de foin, un huit-millionième de la ville… Une semaine y passera, faite de nuits blanches et de mille courses vaines, jusqu'au *climax* empoignant : la curée – la fuite éperdue du criminel, un homme devant la meute ; quelques secondes de fièvre, quelques détonations, un long hurlement de bête, un cadavre qui s'abat comme un déchet dans l'East River… Justice est faite.

Banale histoire. C'est à peu près le thème de toutes les *murder stories*, qu'elles soient parlées, imprimées ou filmées.

C'est la façon – le style, si l'on veut – qui est ici remarquable. Une science consommée du rythme trépidant de la ville : harmonisation de beuglements humains et de sirènes d'autos, des fracas du *subway* et du train suspendu… Au milieu du vacarme, devant la gigantesque toile de fond, le choix souvent heureux du détail : tel néon qui flamboie, une chaussée grouillante d'enfants, le brouillard du petit matin… Et ces gueules typiques : le marchand ambulant, les deux lutteurs qui glapissent (tordant), la vieille refoulée (« Je vais vous dire qui a tué »), le jeune refoulé (« C'est moi le coupable »), la douairière épaisse et rutilante…

Le meilleur et le pire. Des scènes hautes en couleur, puis des cartes postales. Des répliques nerveuses, des commentaires verbeux. Un montage habile, bandé comme un arc, qui entraîne furieusement les trouvailles et les platitudes.

D'excellents acteurs. Barry Fitzgerald, adorable vieux cabotin. Don Taylor, jeune et sobre, extrêmement sympathique. Et la belle tête de forban que s'est composée Ted de Corsia.

Il y a de la chaleur dans tout cela, et de la musique. Feu d'artifice et cacophonie, peut-être ; mais une espèce de poésie quand même, poésie superficielle et heurtée, baroque, un drôle de chant, à la fois enfantin et blasé, *sophisticated* et inculte – la chanson de Broadway.

Flegme et fantômes
(A Place of One's Own)

Rien de plus menteur que les phrases embrasse-tout. On ne saurait en quelques mots définir, cerner un seul être, encore moins tout un peuple. Et pourtant...

Pourtant, s'il est un contraste révélateur (et plaisant), c'est bien celui que nous permettent d'établir ces deux films, sinon entre deux peuples, à tout le moins entre deux cinémas ; et par conséquent entre deux façons de voir les choses et de s'en divertir... Et alors, au fait, pourquoi pas entre deux peuples ?

Points de départ assez voisins : l'Américain Hellinger parle de meurtre, les Anglais Minney et Knowles (sur un thème de l'élégant et subtil Sir Osbert Sitwell) s'occupent de fantômes. Relation de cause à effet !

Mais autant le crime *yankee* est brutal, autant la hantise britannique est civile. Les assassins de Hellinger, de même que ses *policemen,* ses victimes, et jusqu'à ses badauds, vivent, meurent, flânent au galop, en clameurs, à grands coups de pied et de poing quelque part... Les revenants de Sir Osbert, par contre, non plus que ses vivants, ne sont jamais pressés ; ils tremblent ou voltigent au ralenti, à mi-voix, d'un pas mesuré et d'une aile paisible.

A Place of One's Own (ce titre, par exemple, quelle quiétude grammaticale !) est un récit hautement civilisé, une histoire où l'Au-delà et l'En-deçà se côtoient poliment, sans hâte et sans esclandre, au milieu de réflexions nuancées et de sous-entendus de bonne compagnie. Une histoire racontée avec un aimable scepticisme, une mise en garde comme un sourire au coin des lèvres : Ce n'est pas vrai, mais enfin, s'il y avait vraiment des fantômes...

Ce film en demi-teintes et en clairs-obscurs nous ramène un beau couple d'interprètes : Margaret Lockwood (celle qui est hantée) et James Mason (un vieux monsieur)… Oui ! un vieux monsieur ! Le beau ténébreux, le sadique et séduisant James Mason est ici, mesdames, et fort honnêtement s'il vous plaît, un vieux bonhomme usé, pas dangereux pour un sou…

Rien que pour ça, c'est presque un film à voir !

In medio…
(Entre *Marius* et *César, Fanny*)

C'est moins neuf et moins excitant, bien sûr, et un peu moins pétillant que la première fois. Surtout, la pellicule a terriblement vieilli ; et la bande sonore donc !

On note maintenant certaines facilités, certains effets plutôt gros que naguère on n'eût pas même osé voir. Le duel des menteurs, par exemple : la cervelle liquéfiée *(flic-floc)*, contre la cervelle pétrifiée *(clic-et-clac)*… Tout petit rire, hésitant.

Peu importe. Puisque nous retrouvons la première lettre de Marius (« La peste, bonn' Dieu ! »), le désespoir de Fanny, la quasi-paternité de Panisse, le bateau de M. Brun (« Adieu, M. Brun ! ») et, surtout, la déchirante rencontre de Marius et Fanny. Toute cette verve, ces sourires et ces larmes. Et la simple éloquence d'Orane Demazis, la sobriété de Fresnay, la bonhomie de Charpin, la stature colossale de Raimu.

Fanny, c'est le moment suprême de la trilogie de Pagnol. C'est le cœur, intense, du drame.

Dans *César,* il y aura encore la belle scène de la mort de Panisse, mais également la sirupeuse enfance de Césariot et le tout-est-bien-qui-finit-bien… Tandis que *Fanny* nous laisse rêver, imaginer nous-mêmes nos propres dénouements.

(23 juillet 1948)

Cette fois, « rien de nouveau » !

(Arch of Triumph)

La pluie et les terrasses de café, la pluie et les ponts de la Seine, la pluie et des réfugiés d'opérette, la pluie et des horreurs de Gestapo stéréotypées, la pluie et Boyer, la pluie et Bergman – il pleut des larmes et du sang, il pleut des accents baroques et des drames obscurs et des personnages sans consistance, il pleut de la pluie et des vérités premières... *Arch of Triumph.*

Chaque fois qu'un film tâche ainsi à fabriquer une atmosphère à grands coups de chutes barométriques, je ne puis me défendre d'une certaine méfiance. Non pas que je sois, systématiquement et a priori, contre le rideau de pluie et la tenture de brouillard ; non pas que je désire voir toutes les tragédies, même les plus sombres crimes, se dérouler au grand soleil du Bon Dieu... Mais il n'empêche que le temps qu'il fait ne doit jamais avoir que sa place, très modeste et rôle de soutien s'il en est ! Et n'empêche qu'ici, nous ne trouvons rien qu'une mosaïque de contingences et d'accessoires, qu'un tableau de température bien plus que de mœurs ou de caractères.

Le Paris veille-de-39. Dans un petit hôtel pour « personnes déplacées » vit le médecin Ravic (Charles Boyer), démocrate autrichien, ancien combattant des Brigades internationales d'Espagne et victime de la Gestapo. Amas d'épaves rejetées par le maelström hitlérien, sur lequel règnent par « droit de séniorité », flegmatiques et résignés comme le tronc d'arbre de la fable, un groupe de Russes blancs de l'espèce Cosaques du Don. Dans ce milieu de catastrophés, par un soir (de pluie), arrive l'indéfinissable (pourquoi ?) Joan Madou (Ingrid Bergman), une jolie Roumaine en rupture d'amant. Entre une intervention chirurgicale et une intrigue politique – aussi inexpliquées l'une que l'autre –, Boyer, comme il se doit, s'amourache de Bergman. Seront-ils heureux ? Mais non, voici que surgit à son tour, du fond d'un passé non moins inexpliqué, la gueule repoussante de Haake (Charles Laughton), sadique tortionnaire de la Gestapo : quelques minutes d'angoisse (à condition d'avoir l'angoisse facile), poursuite, rencontre… Et tandis que Haake s'écroule sous les coups vengeurs de Ravic, oyez, oyez, le sourd grondement du conflit comme un orage qui s'approche à l'horizon ; plus de bonheur pour personne, puisque c'est la guerre pour tout le monde (on s'en doute un peu… en 48 !)… Boyer quitte Bergman, ô soupirs ! ô supplice ! Et voici tout, tel un symbole (de quoi ?), l'Arc de triomphe (sous la pluie)… *The End.*

Piètre sort d'un immense sujet. Galerie de fantoches qui auraient pu, et dû, être de mémorables créations. J'ai inscrit au hasard de ce résumé quelques points d'interrogation, quelques parenthèses. Car voilà bien le type du pseudo-document, des questions posées pour l'unique plaisir de n'y pas répondre. Où est là-dedans le Paris fiévreux et désaxé de l'immédiat avant-guerre ? Où, le vrai visage de ces Européens tragiques, les premiers réfugiés ? Ailleurs, chez Malraux peut-être ou chez Malaparte, ou dans la jungle de Koestler, ou dans les œuvres qui sont en train de s'écrire… mais pas ici.

Ici, nous sommes dans la cité en carton-pâte, au milieu des silhouettes à peine dessinées, parmi les problèmes à demi exposés et jamais résolus, du parfait *best-seller.* D'un médiocre roman on a tiré un assez détestable film. Pour une fois que l'écran rend ainsi justice au livre, applaudissons des deux mains !

J'ai dévoré naguère les récits allemands et 14-18 d'Erich Maria Remarque : *À l'Ouest rien de nouveau, Les Camarades.* Je n'ai même pas fini ce roman pour Book of the Month, ce faux parisien et ce faux 33-39, qu'il a coiffé du titre-Baedeker d'*Arch of Triumph.* Comme tant d'autres, Remarque, hors de son pays – et de sa génération –, ne dit plus que des bêtises. Des bêtises qui rapportent sans doute beaucoup d'argent ; il faut bien vivre des bêtises que Hollywood happe au passage : c'est du « tout cuit »…

CETTE FOIS, « RIEN DE NOUVEAU » !

Roman-ersatz, fait de personnages et de situations sans allure et sans résonance, *Arch of Triumph* est devenu tout naturellement un film synthétique. Une bonne petite mise en scène, pleine de trucs et de chiqué, de Lewis Milestone (qui tournait jadis *All Quiet on the Western Front*). Quelques duos sans imprévu, coupés d'étreintes assez *effective*, de Bergman et Boyer. Les grimaces et les contorsions de ce cabotin de plus en plus insupportable qu'est Charles Laughton. Et un beau rôle, un seul : celui de Louis Calhern, qui s'amuse ferme sous la barbe superbe de l'intrépide colonel Morosov…

Adieu, Remarque ! Paix à tes cendres littéraires…

*   *   *

Un autre drame en simili-parisien nous était offert cette semaine. *To the Victor* est le roman d'une jeune collaborationniste et d'un soldat américain passé au marché noir. C'est irréel, fabriqué de toutes pièces, à peu près aussi convaincant que le Far-West revu et corrigé par un cinéaste français. Tant il est vrai que chacun son métier… Viveca Lindfors, compatriote de la Garbo, ne manque toutefois ni de charme ni de tangibles attraits.

Tout compte fait, le meilleur film de ces derniers jours, c'est encore le brave vieux *César* de Pagnol. Qui n'est pourtant que le *happy ending*, la queue assez flasque de la fameuse trilogie.

Dans l'Ouest, rien à faire ?

Depuis deux ans, nous avions dans l'ouest de la métropole deux cinémas français. L'un, le Paris, consacré aux longues, très longues premières (ou re-premières), et l'autre, l'Orpheum, s'adonnant plutôt aux doublages français de productions américaines.

À compter d'aujourd'hui, l'Orpheum ne passe plus que des films anglophones. C'est mieux comme ça. En deux ans, je n'ai vu sur cet écran qu'une couple d'œuvres remarquables : *La Belle et la Bête* de Cocteau, et surtout *Les Maudits* de René Clément. Quant aux « post-synchronisations », c'est un genre gauche et bâtard qui a peut-être sa raison d'être en pays unilingues, à New York ou à Paris, mais certes pas dans une ville bilingue comme Montréal. Le public s'est apparemment trouvé de cet avis…

Ce n'est pas à dire qu'il n'y ait place à Montréal pour trois (comptez-les) cinémas français de premières. Si les distributeurs se donnaient la peine d'importer le plus possible de films récents et potables… L'écran français a beau patauger dans la mouise, on ne nous fera pas croire que cette pagaye de bandes insignifiantes et bébêtes qu'on nous présente en ce moment puissent constituer la crème de la production courante. Tant qu'on lui sert les navets et les fonds de tiroir, qui blâmerait le public, quel que soit par ailleurs son attachement à nos chères traditions, de s'adresser à d'autres guichets ? On se rend au cinéma pour se distraire, non pour assurer la survivance des descendants des soixante mille de 1760 !…

Quoi qu'il en soit, l'Orpheum inaugure aujourd'hui sa nouvelle « programmation » en nous offrant une bouffonnerie d'Abbott et Costello… Et je ne le dis pas pour faire le petit méchant ou le petit cynique, je l'écris au contraire avec un soupir : ce soir, la caisse pour une fois sera bien remplie ! Il en est du cinéma comme des gouvernements : on a celui qu'on mérite…

Menue monnaie

Les grands ancêtres. À Hollywood vient de mourir David Wark Griffith, le premier des rares grands hommes du cinéma. C'est à lui qu'on doit la découverte du « rythme cinéma » : il inventa, entre autres choses, le *fading* et le gros plan. Son film le plus célèbre, *The Birth of a Nation,* avait coûté cent mille dollars et rapporté plus de trois millions.

Sic transit… Le général Pershing, commandant en chef des Yanks de 14-18, n'était pas sitôt enterré que son fils recevait la visite des agents hollywoodiens : Pour faire un film sur la vie de votre père, *how much* ?

Inflation. Quelque part dans la mer des Antilles, un incendie détruisit récemment la *Santa Maria,* le navire amiral de *Christophe Colomb* (celui de Mr. Arthur Rank, le grand producteur britannique). Dommages évalués à 100 000 *pounds*, 450 000 dollars et plus. À ce prix-là,

Ferdinand et Isabelle n'auraient jamais commandité la découverte du Nouveau Monde…

Fontaine de Jouvence. Je me suis laissé dire par quelqu'un qui a lu le scénario qu'au cinéma, la Donalda et l'Alexis d'*Un homme et son péché* seront bien différents. Alexis serait imberbe, Donalda ingénue et Séraphin (il ne l'a pas volé, ma foi) cocu…

(30 juillet 1948)

Nous sommes venus il y a 300 ans…

(Etc., etc.)

Ce soir, au cœur de Montréal, « deuxième ville française du monde », je me rappelle que la bataille des plaines d'Abraham a eu lieu…

Le crayon avec lequel je griffonne en ce moment s'appelle Eagle-Veriblack, et la machine à écrire sur ma table est une Remington Rand. Il y a aussi la petite horloge électrique en plastique blanc (qui marche d'ailleurs quand ça lui chante), fournie par la Pennwood Numechron Co., de Pittsburgh, PA… Et puis quoi encore ? Une bouteille pansue de Waterman's Ink. Une boîte de papier à lettres *by Warwick*. La lampe elle-même m'éclaire tout cela de son ampoule Westinghouse (vingt-cinq watts)…

Il fait chaud, une de ces étouffantes soirées qui traînent interminablement des velléités d'orage. Me voici à la fenêtre. Huit, dix, douze énormes quadrilatères de brique rouge, avec chacun la même façade et un nombre identique de fenêtres, longent le trottoir : conciergeries tout ce qu'il y a de plus *mass-produced*. Le voisin d'en face, en *short* et chemise de sport, gueule un refrain-jazz. Tandis que grondent, comme des saxos enroués, les moteurs des Chevrolet, des Ford et des Buick.

La TSF ? Ici roucoule une *torch singer,* et là c'est un roman-savon qui s'escrime à traduire en français l'original américain. Un lecteur, à CBF, nous sert bien quelques poèmes de Jovette : mais il galope à travers les dernières strophes, talonné par l'aiguille d'un chronomètre et la manie du *timing*… Et voici mon journal : mise en page, manchettes, construction même des phrases – tout y est traduction littérale du *newspaper* anglo-saxon.

NOUS SOMMES VENUS IL Y A 300 ANS…

Mon milieu français : cadre où s'effectue le miracle de ma « survivance » !…

Je songe à la question qu'on me posait l'autre jour :

— Comment se fait-il que les films français soient si peu courus à Montréal [et même à Québec] ? Règle générale, pourquoi les Canadiens français préfèrent-ils un navet de Hollywood à la plus belle production française ?

Eh bien, c'est à cause de mon crayon Eagle et de mon horloge Numechron, de mon ampoule Westinghouse et de mon encre Waterman's. C'est la faute au voisin qui fausse sur l'ultime trémolo de « Nature Boy », et au journal qui traduit en charabia la dépêche de l'Associated Press.

C'est qu'entre Paris et Montréal il y a trois mille milles (non pas quatre mille huit cents kilomètres) d'océan, et que l'avion d'Air France ou d'Air Canada n'est pas encore à la portée de toutes les bourses… Entre Paris et Montréal, il y a le traité de 1763 et un fossé d'une couple de siècles : là-bas, la Révolution, les deux empires et les quatre républiques, ici l'Acte de Québec, 1837 et la Confédération. Là-bas la guerre de 70 et *La Dernière Classe* de Daudet, ici l'affaire Riel et le règlement 17. Là-bas les collaborationnistes (et l'accusé qui doit établir son innocence), ici monsieur Arcand (et la Couronne qui doit prouver sa culpabilité). Là-bas vingt hectares pour une belle ferme, et ici de belles terres qui en ont cent…

Là-bas, c'est l'Europe avec ses ruines et ses trésors spirituels, son exiguïté, ses haillons et sa vieille morgue un peu fatiguée ; l'Europe, et son antique humanisme au coude-à-coude avec le dirigisme d'un nouvel âge de fer… Ici, l'Amérique, flambant neuve, infinie, avec ses cathédrales coiffées de « tôle galvanisée » et son complexe d'infériorité ; l'Amérique, et deux cents millions d'individus-rois fabriqués en série, prêchant (comme l'enfant peureux qui siffle dans les ténèbres) l'Évangile de la *free enterprise*…

Deux mondes. Le film français est donc une échappée sur un univers étrange, inquiétant. Ces autos aux lignes curieuses et ces petits trains endiablés, ces paysans du Moyen Âge, ces tables où l'on ne mange que du fromage et ne boit que du vin, ces paysages mêmes tout apprivoisés, tout à la mesure de l'homme… Le spectateur moyen ne se veut pas découvreur, encore moins élève ; il refuse et l'étude et la surprise. Il demande la distraction facile et sans effort, le décor familier, le menu et le langage de chaque jour : la Ford dans la rue au lieu de la Renault, et sur la table la *can* de *beans* et la tasse de café ; il reconnaît la petite vendeuse du 5-10-15, pas celle du Prisunic ; il comprend la distinction démocrate-républicaine comme sa propre tradition libérale-conservatrice, mais patauge au milieu des MRP, RPF, PC et SFIO d'outre-Atlantique ; il calcule en *dollars* et en *cents* et ignore les billets de mille, admet la vie chère en termes de reconversion et non de reconstruction, et voit la grand'ville non pas en surface, mais toute en hauteur. Bref, notre spectateur est à Hollywood chez lui. Et de même la spectatrice, fière on ne peut plus de sa mèche à la Veronica Lake ou de son tailleur à la Irene, qui adore le Charles Boyer d'aujourd'hui alors que celui de jadis lui était inconnu.

En dépit des traditions et des discours, malgré les fleurs de lis et la nostalgie (toute scolaire) de l'Ancien Régime, nous sommes des Américains. Nous pensons, nous sentons, nous vivons en Américains. Cette langue même que nous défendons contre vents et marées, c'est un outil importé qu'il nous faut américaniser constamment, adapter au climat et aux circonstances : cherchez en France notre « poudrerie » et nos « carrioles », nos « provinces » et nos « comtés », nos « majors » et nos « brigadiers »…

Et par ailleurs, trouvez-moi, dans ce Québec où français égale catholique, le pasteur huguenot de *La Symphonie pastorale* !…

Voilà pourquoi les beaux films français (et que dire alors de cette foule incolore et sans saveur des films moches ?) n'ont chez nous que des succès d'élite, des succès « distingués ». Neuf sur dix des Canadiens français n'ont plus de français que leurs souvenirs d'écoliers, les quelques pauvres mots d'un vocabulaire qu'on trouve insuffisant « pour gagner sa vie » et un vague concept (qui dure parce qu'il avoisine dans notre Logique nationale ceux d'héroïsme et de fierté) qu'on nomme Survivance et qu'on refourbit tant bien que mal le 24 juin de chaque année.

*   *   *

NOUS SOMMES VENUS IL Y A 300 ANS... 129

Le voisin a fini sa chanson. Il pleut maintenant, les autos grésillent comme une friture sur la chaussée luisante. Au centre de la ville les gens sortent, hébétés, les yeux encore fixés sur le monde utopique, des cinémas de première – deux salles françaises, six ou sept américaines.

Montréal, seconde ville française de l'univers, va bientôt s'endormir. Sur un matelas Simmons, tout près de la salle de bain, après avoir disposé pour le petit déjeuner le Toastmaster, le Peanut Butter et le Pineapple (Pasteurized) Cheese... Et dans ce million de rêves ne passeront que de paisibles images, que des angoisses modérées et des espoirs réalisables. Que des cauchemars sans hier, et sauf erreur, sans lendemain.

Eugene, Oscar et Natalie
(Eugene O'Neill, Oscar Wilde et madame Natalie Kalmus)

O'Neill, grand maître du théâtre américain, est l'auteur de *The Long Voyage Home*, *The Hairy Ape*, *The Emperor Jones* et autres sombres drames, et aussi d'une comédie, *Ah, Wilderness!*, dont MGM et Mrs. Kalmus ont tiré le film *Summer Holiday*.

Wilde, scandale de l'Angleterre victorienne, prisonnier de Reading, n'a écrit pour la scène que des comédies, entre autres cet *Ideal Husband* que viennent de filmer 20th Century-Fox et, encore, Mrs. Kalmus.

Mrs. Kalmus, incidemment, est dictatrice et co-trustarde (avec son digne époux) du procédé Technicolor.

Mickey Rooney (vingt-sept ans, divorcé) se démène dans la peau candide d'un adolescent *yankee* de 1904. Feu d'artifice du Fourth of July, atmosphère de Gay Nineties, minuscules rosseries... *Summer Holiday* n'ajoute pas grand-chose à la gloire d'O'Neill.

Paulette Goddard s'insinue dans les multiples jupons d'une élégante aventurière londonienne de 1895. Dialogue pétillant, luxe inouï, et il ne se passe rien... *An Ideal Husband* n'ajoute miette à la réputation d'Oscar Wilde.

Ces deux films étayent par contre d'admirable façon la renommée à la fois flamboyante et parfaitement insignifiante de Mrs. Kalmus.

(6 août 1948)

Hip ! hip ! et viennent les cowboys !

(Fury at Furnace Creek)

Les chevaux galopent, les revolvers pétaradent, les « bons » sont récompensés, les « méchants » punis, les amoureux (discrètement, comme il se doit) au septième ciel... C'est bruyant, c'est enfantin, c'est simpliste comme un livre de contes illustrés – tout blanc et noir –, en un mot, un western tel qu'on les fabrique depuis toujours : c'est-à-dire, grâce au Ciel, un film sans la moindre prétention.

Des nouveaux films qui s'étalaient cette semaine sur notre petit Broadway[1], celui-là seul, *Fury at Furnace Creek,* est digne de cette mention essentielle. Car les autres avaient justement comme première et commune caractéristique cette insupportable suffisance des bandes qui s'imaginent porteuses d'un « message » et qui se complaisent sans fin dans leur propre vacuité.

Ainsi, le film que Metro a tiré d'un honnête roman de J. P. Marquand : *B.F.'s Daughter...* Quelques aimables richards, quelques détestables envieux ou ratés (les réformateurs !) et un dialogue remarquablement pâteux – voilà tout ce qui reste du livre ; d'un livre qui tâchait honnêtement à dépeindre un milieu capitaliste avec ses travers et ses beaux côtés, avec son originalité et ses nuances... Pardon, il reste encore Barbara Stanwyck, qui a beaucoup de talent et davantage de *sex-appeal.*

Et puis, dans le genre spectaculaire (on dit aussi : colossal, incomparable, stupéfiant, éblouissant... mais au fait, vous aussi vous lisez les

---

1. Est surnommée ainsi la rue Sainte-Catherine, où se trouvaient la plupart des grands cinémas de Montréal.

publicités!), on nous offrait un luxueux navet – *color,* bien entendu, *by Technicolor* – intitulé *Give My Regards to Broadway*... Type même de la production qui a tout ce qu'il faut pour être intéressante : bon point de départ, amusants personnages, etc., et qui meurt en cours de route de ce grand mal hollywoodien, le qui-trop-embrasse-mal-étreint... Au lieu de s'en tenir à de bonnes vieilles scènes de vaudeville, le metteur en scène succombe à la tentation de faire mieux et plus, de faire le roman d'une famille. Charabia.

Quant au film de Benedict Bogeaus, *On Our Merry Way,* c'est un sous-*Carnet de bal*... La série d'épisodes est ici reliée tant bien que mal par le gros fil sentimental et, à l'occasion, plutôt ridicule de cette question : un petit enfant a-t-il jamais transformé votre vie ? Huit acteurs de premier plan, huit des plus scintillantes étoiles du firmament californien n'arrivent pas à sauver l'ensemble du film – malgré qu'une couple de scènes soient fort réussies – d'une sensationnelle insignifiance.

Enfin, il y avait aussi à l'affiche le *Fighting Father Dunne* de RKO... Si vous l'avez vu, vous avez plus de courage que moi. Ces films de la veine *Boys Town* et *Dead End Kids* (tous les petits garçons, surtout les méchants petits garçons, sont au fond de bons petits garçons...) ont le don de m'horripiler souverainement. Si d'aventure un cinéaste découvre un jour qu'un méchant petit garçon peut, au fond et jusqu'à la moelle, être un méchant petit garçon, alors nous en reparlerons...

De cette miteuse semaine, retenons donc (et encore, un seul instant) le *Fury at Furnace Creek* de 20th Century-Fox. Thème et scénario sans imprévu. Rien que de très normal là-dedans : les bons westerns ne sont pas faits de sujets révolutionnaires, encore moins de trouvailles psychologiques. Toute la classe d'un film du Wild West doit résider dans la simplicité de son action, dans le rythme de sa mise en scène, dans le muscle de ses chevaux et le coloris de ses extérieurs.

Or, celui-ci est simple et trépidant, de superbes bruits d'atmosphère (grincements de lourdes bottes, renâclements de chevaux, craquements mystérieux d'une vieille porte) remplacent l'habituelle idiotie de la musique de scène, et la savane désolée d'un coin ultra-rébarbatif du Far-West fournit un décor impressionnant.

Sans compter que Victor Mature (le « bon ») nous campe un vigoureux cavalier, que Coleen Gray est une délicieuse ingénue, et que Charles

Kemper fait de son personnage de Peaceful Jones une tordante composition dont le grand Mark Twain lui-même eût été fier (ou encore, pour faire moderne et plaire aux braves « américanisants » de *La Nouvelle Relève,* que ne désavouerait pas Erskine Caldwell)…

Menue monnaie

Carnet mondain… *Time* nous raconte que, sur la plage de Cannes, tandis que Rita Hayworth et Lana Turner se prélassaient devant leurs admirateurs, Charles Boyer a très proprement (comme on dit au Forum) mis son poing sur la g… de l'académicien Marcel Pagnol. Celui-ci l'avait, paraît-il, et d'un ton inadmissible, traité d'« Américain »…

Mieux que le prix David… Les frères Warner viennent de débourser 40 000 dollars pour les droits d'adaptation de la prochaine œuvre du romancier Stuart Engstrand. L'auteur n'a plus qu'à écrire le bouquin – car les Warner ont payé de confiance, « sans voir » !

Oskar… À Prague vient de se terminer un Festival international du film – encore un ! Grand Prix : *Oswiecim*[2], première grande production de l'écran polonais d'après-guerre. Prix spéciaux au fameux succès américain *Best Years of Our Lives* et au film mexicain *Río Escondido.* Enfin, au film soviétique *La Question russe* l'on a décerné une vraie « mention de derrière le Rideau » : pour un scénario résolument anti-américain, le Grand Prix de la paix !

Aïe !… Dans la revue *Jeunesse canadienne* (sous le titre « Cinéma régénéré »), Roger Varin écrit à propos du cinéma chrétien en France : « En mars, l'on commencera *La Divine Tragédie,* histoire de la Passion du Christ […]. Maurice Cloche, le metteur en scène, a déjà imaginé des *trucs* intéressants [*sic*]… » *Nihil obstat ? ? ?*

(13 août 1948)

---

2. *Oświęcim* est le nom polonais de la ville d'Auschwitz. Le titre original du film est en fait *Ostatni etap (La Dernière Étape).* Réalisé par Wanda Jakubowska, il se déroule en majeure partie dans le camp de concentration d'Auschwitz-Birkenau.

L'avènement du Roux-color ?

(… et le Technicolor enfoncé ?)

Le 26 mai, à Paris, Marcel Pagnol et quelques autres *producers* français et américains assistaient à la projection de films en couleurs réalisés par les frères Lucien et Armand Roux. Ces deux inventeurs français auraient mis au point un nouveau procédé dont l'emploi serait d'une facilité tout enfantine.

La méthode Technicolor, qui monopolise actuellement les grands marchés du cinéma, exige en effet le traitement de la pellicule elle-même : au cours d'opérations nombreuses et complexes, presque alchimiques, c'est le film qui doit absorber la couleur. Le Roux-color[1] permettrait de simplifier à l'extrême : désormais la couleur serait « prêtée » au film par un appareil très simple qui s'adapte à la caméra et à la machine de projection.

De plus, le Roux-color donne, paraît-il, des coloris d'une renversante exactitude…

« Les couleurs sont si pures, nous apprend une dépêche de l'Agence France-Presse, les nuances et les ombres si nettement marquées, qu'on a l'impression de voir un film en relief*… »

Cette même dépêche de l'AFP déborde toutefois d'enthousiasme au point de nous rendre un tantinet méfiants : « Tel homme qui s'avance, y lisons-nous, paraît sortir de l'écran, et l'eau qui coule dans le ruisseau ou la vague qui déferle semblent se répandre dans la salle… » Malheur aux cardiaques !

---

1. Lorsqu'il sera commercialisé, le procédé s'appellera le Rouxcolor.

134 LUMIÈRES VIVES

Quoi qu'il en soit, il semble que nous aurons avant longtemps l'occasion d'apprécier nous-mêmes l'invention des frères Roux. Marcel Pagnol lancerait en effet, dès septembre, son film *La Belle Meunière* avec « *color by Roux-color* »…

« Un peu », c'est beaucoup trop

L'hebdo parisien pas communiste pour un sou (qu'il dit), *Les Lettres françaises*, publie une critique-éclair intitulée « Nous avons aimé – Un peu. Beaucoup. Passionnément. Pas du tout… »

Récemment j'y trouvais qu'on a aimé « un peu » seulement *Le Joyeux Phénomène*, un film de Danny Kaye. Il s'agit, je suppose, d'une version francophone du fameux *Wonder Man*.

Je comprends à merveille que les amateurs parisiens n'aient guère prisé un tel tour de force. Que penseriez-vous, que penserait l'honnête spectateur new-yorkais d'une version « postsynchronisée », comme on dit, du *Marius* de Pagnol ou d'un quelconque film de Fernandel ?

C'est une mode qui mène vite aux abus les plus ridicules que cette manie du « doublage » dont profitent actuellement les distributeurs. Déjà, voilà bien le comble de l'idiotie : d'essayer de rendre (en argot, sans doute) les cris et les soupirs, les déboulades vertigineuses de mots sans suite et de *gags* typiquement *yankees,* bref, tout ce débit inimitable et intraduisible qui est une bonne moitié du talent de Danny Kaye…

N'y aurait-il pas à Paris un nombre suffisant de bilingues pour qu'on y puisse faire les frais d'un film non traduit non trahi ? Alors tant pis pour Paris. Exactement comme on doit dire tant pis pour le New York qui, ne pigeant pas Raimu à cause de l'*assent,* aurait voulu l'entendre parler *slang* !

? ? ? ?
(sans réponse)

Pourquoi ne parle-t-on jamais, ou si peu, des documentaires qui accompagnent les « grandes productions » et qui sont parfois la meilleure partie, même la seule bonne, du spectacle ? (Par exemple, ces quelques scènes de l'Ouest que j'ai vues récemment, toutes grouillantes d'admirables chevaux sauvages, pleines de galopades effrénées et de rodéos catapultants…)

Pourquoi faut-il que ce soit un quotidien de New York qui m'apprenne ce qui se passe chez nous ? Dans *PM* (rebaptisé depuis le *Star*), j'ai trouvé un compte-rendu abondamment illustré du film canadien *Inside the Atom*. Il s'agit d'une visite à notre usine de Chalk River, pendant laquelle on parle sans cesse des applications constructives de l'énergie atomique – et pas une fois de la BOMBE ! Ce qui nous donne l'air de quoi : de la colombe de la Bible, ou de l'autruche de la fable ?…

Pour quand, aussi, la décision du tribunal dans l'affaire Hedy Lamarr ? Elle réclame 200 000 dollars (dommages-intérêts) au magazine qui a eu le malheur d'attribuer la ligne grecque de son nez à la rhinoplastie… Que réclamerait-elle, grands dieux, si l'on avait touché à… à autre chose ?…

* À Moscou vient justement d'avoir lieu la première du cinéma en relief. Encore une vie de Staline, allez-vous dire, ou de Lénine, ou de Karl Marx !… Eh bien, *nyet* !… C'est une version russe de *Robinson Crusoé*… Un sujet tout indiqué, comme l'expliquait le metteur en scène soviétique : Robinson en effet scrute constamment, examine sur toutes les coutures ce qu'il trouve dans son île, ce qui permet au cinéaste des trois dimensions d'en faire autant avec naturel, d'explorer chaque scène et chaque objet sans trop lasser le spectateur.

(27 août 1948)

Le prodige engagé

(Orson Welles et *The Lady from Shanghai*)

Nous vivons à une époque en forme de point d'interrogation. Est-ce encore la fin d'un monde, ou le début d'une ère nouvelle ? Où en sommes-nous exactement : à l'invasion barbare, au second Moyen Âge, au tiers d'une autre guerre de Cent Ans ? Quoi qu'il en soit, le nôtre est tout le contraire d'un âge d'or. C'est le temps des mots faussés et des concepts brumeux, le temps de l'inquiétude et de la remise en question. Sous un ciel d'orage de pauvres hommes pataugent, les pieds dans une boue visqueuse d'intérêts déguisés en causes, les yeux fixés sur un horizon qui se dérobe sans cesse, aussi bien à Gauche qu'à Droite, et encore plus au Centre…

Cette marche à l'inconnu, sous la conduite de prophètes qui sont le plus souvent des bonzes, cette lamentable pérégrination des divers tronçons idéologiques de l'humanité, c'est, je crois, ce qu'on appelle en ce moment « l'engagement ».

Tout est blanc ou tout est noir, tout est bien ou tout est mal, mais surtout, rien qui ne soit devenir : le blanc d'hier est le noir d'aujourd'hui, le mal du jour est le bien du lendemain… Ils sont passés, les jours sereins, sûrs et, ma foi, quelque peu suffisants de l'honnête homme ; les jours raisonnables…

*　　*　　*

Orson Welles a un talent fou. En avait-il davantage avant d'avoir acquis des idées ? En tout cas, il avait certes moins de prétention. La satire de *Citizen Kane* était nette et mordait à belles dents. Le « message » y était, pour l'œil réceptif, fait d'indignation et de mille rageuses trouvailles qui se passaient de commentaires.

La réaction des uns et surtout l'adulation des autres ont depuis lors transformé Mr. Welles en personnage qui commente et se commente, en personnage engagé. Comme Erskine Caldwell (qui perd toujours plus irrémédiablement la veine de *Tobacco Road*), comme Chaplin (dont le *Monsieur Verdoux,* se voulant symbolique, ne l'est guère), le voici promu porte-parole et grosse caisse.

Il se prononce sur tous les problèmes : n'adresse-t-il pas de Rome, via le *New York Star,* une lettre ouverte à M. De Gasperi (« Voici comment Moi, je réglerais votre affaire italienne ! ») ?... Il ne doute de rien – et il tourne *The Lady from Shanghai...*

Scénario d'Orson Welles, mise en scène d'Orson Welles, en vedette : Orson Welles et Rita Hayworth (ci-devant Mrs. O. W.)... Sur un canevas de roman policier, une foule de vérités premières, récitées à mi-voix, d'un air pompeux et profond : « *Human nature is eternal if you follow your nature,* etc., etc. » Une douzaine de flèches qui se croient fort assassines à l'adresse de l'Espagne franquiste. C'est toujours bien porté, et ça ne fait de mal à personne, pas même à Franco... Et l'inévitable, l'enfantine thèse tout-blanc-tout-noir, le classique réquisitoire du damné de la terre à deux ou trois mille dollars par semaine : devant les riches maudits, anormaux, dégénérés, voici les généreux pauvres, sains de corps et d'esprit et qui méprisent l'argent ; devant les requins qui s'entre-dévorent, l'aimable petit poisson populaire...

Un soir, dans une avenue déserte de San Francisco, le marin Michael O'Hara (Orson Welles), ancien combattant d'Espagne – c'est comme la Résistance : maintenant que c'est fini, ils en ont tous été – et aspirant romancier, sauve la vie d'une jolie femme (Rita Hayworth). Éprise de son chevalier, Rita le fait engager par son mari, le grand avocat Bannister (Everett Sloane), dont le yacht va partir pour les mers du Sud... Croisière et discours philosophiques, intrigues dans le vacarme d'une fiesta mexicaine, explosions constamment verbeuses et merveilleux paysages, puis soudain trois cadavres et un dénouement tiré par les cheveux.

138 LUMIÈRES VIVES

N'empêche que le talent fou est toujours là. Sans cesse il éclate, par exemple dans le choix des décors, de la virtuosité souvent diabolique, parfois truquée, de la photographie : l'incomparable relief de certains extérieurs, la magie étrange de la scène d'amour dans un aquarium et l'atmosphère hallucinante du théâtre chinois et de la salle des miroirs qui servent de cadre au *climax*. Les interprètes sont excellents. Everett Sloane, particulièrement remarquable, évoque un scorpion estropié et vicieux. Rita Hayworth en blonde et troublante aventurière possède au plus séduisant degré sinon les aptitudes dramatiques, à tout le moins le physique de l'emploi. Welles lui-même serait plus qu'acceptable s'il n'avait eu l'idée baroque de nantir son matelot irlandais d'un *brogue* proprement incompréhensible.

Tout compte fait, pourquoi diable Orson Welles, né metteur en scène, a-t-il cru nécessaire de devenir penseur ?

(3 septembre 1948)

Murder with a smile

(Milland et Laughton dans *The Big Clock*)

The Big Clock est un mécanisme pas très complexe, même un peu simpliste, mais fort habilement agencé par un couple d'horlogers experts : le scénariste Jonathan Latimer et le metteur en scène John Farrow.

C'est un mélodrame policier dont l'originalité réside dans son petit air caricatural, comme une ombre de sourire au coin du classique rictus qui fait peur aux enfants... Un grand *publisher* new-yorkais, Napoléon du magazine à sensation, assassine sa maîtresse, puis détourne aussitôt les soupçons sur un inconnu avec qui la jeune femme a passé sa dernière soirée. Or, cet inconnu est un as-reporter qui, dès le lendemain, reçoit du coupable l'ordre de travailler à sa propre perte ! Tout en resserrant à chaque seconde les mailles qui l'enveloppent lui-même, le malheureux cherche fiévreusement à établir la culpabilité de son patron et ce n'est qu'à la toute dernière scène, comme de bien entendu, que justice sera faite !

Ce spectacle paradoxal de l'innocent lancé à ses propres trousses ne laisse pas d'être réjouissant. Le film tout entier est d'ailleurs rempli de cette macabre bonne humeur, à laquelle contribue surtout l'un des plus fameux ménages hollywoodiens, monsieur et madame Charles Laughton. Elle, joue avec un brio et une malice de grande satire le rôle d'une artiste détraquée – victime de la peinture moderne !... Lui, se prélasse avec une très évidente volupté dans la peau de l'invraisemblable criminel : tout en suffisance et en tics, c'est un cousin-pour-rire de Hearst ou de Luce, mégalomane ridicule et vicieux, qui règne sur un gigantesque *building* genre Rockefeller Center. C'est la première fois de longtemps que l'énorme cabotinage de Laughton trouve un emploi si parfaitement adéquat : nous en oublions presque la part importante qu'il prenait récemment à la confection d'*Arch of Triumph*, ce navet ultra-dispendieux…

Ray Milland, qui lui non plus n'avait rien fait de bon depuis le lointain *The Lost Weekend*, paraît ici s'amuser ferme ; son héros désespéré est d'une aimable et sobre drôlerie.

Mais tout en ne se prenant pas au sérieux, *The Big Clock* n'en est pas moins une *murder story* des plus réussies. Le dialogue nerveux, la photo et le montage qui réservent pour la fin la tension la plus intolérable au milieu des décors les plus ténébreux, tout cela fait de l'excellent mélo. Si bien même qu'on se demande tout à coup si les *producers* ne sont pas vraiment sérieux et les cocasseries involontaires !… Mais bah ! pour une fois, donnons le bénéfice du doute.

Ces petites puissances…

… qui se permettent de nous faire la leçon ! (Car tout le monde sait que tout le monde, et surtout le Canada, considère maintenant le Canada comme la principale des puissances moyennes…)

Chacun sait aussi que le Canada (environ treize millions d'habitants) serait fort aise de développer son industrie du cinéma. Le gouvernement serait particulièrement ravi de voir diminuer la saignée de dollars *yankees* que pratiquent chez nous, tous les ans, les films de Hollywood. Et tous les « officiels » ne manquent pas de prodiguer à nos *producers* hésitants les paroles les plus encourageantes.

Le Danemark (environ trois millions d'habitants) nous montre qu'on peut – avec de bien meilleurs résultats – prodiguer aussi des encouragements plus tangibles. Depuis le début de 48, le Fonds national du cinéma danois a trouvé le moyen d'offrir à ses cinéastes les plus méritants des prix de trente mille dollars. Un premier prix de vingt mille dollars à Johan Jacobsen pour son *Jenny et le soldat*, et dix mille dollars à la nouvelle compagnie Dansk Tegne-Farvefilm[1] pour un dessin animé tiré d'un conte d'Andersen.

Mais le plus attrayant de l'affaire, c'est encore la manière dont le gouvernement danois finance les largesses de son Fonds national : l'argent vient d'une taxe spéciale que l'on perçoit, en plus de leurs redevances régulières, de tous les propriétaires de cinémas.

Cosmopolis...
(ou Les soupirs d'un provincial)

À New York, ces jours-ci, l'on peut assister en plein Manhattan à des films français comme les suivants :

Carmen, avec Viviane Romance... *Un grand amour de Beethoven,* avec Harry Baur... *Ils étaient cinq célibataires* de Duvivier[2]... *La Femme du boulanger,* avec Raimu... *Lucrèce Borgia* (inconnu ici), avec Edwige Feuillère... *Club de femmes* (je ne suis pas sûr, mais ça me surprendrait ici!) avec Danielle Darrieux... *Volpone* (n'y songeons pas ici) avec Baur et Jouvet... *Passionnelle* (ici ? horreur !)... Et j'en passe.

Je songe à ce légume musical intitulé *Rêves d'amour,* au *double feature* du Saint-Denis (et puis plus rien), et je me demande : ne vaudrait-il pas mieux parler désormais de Montréal, *troisième* ville française du monde ?...

Menue monnaie

Au rayon des vertueuses indignations, Pierre de Grandpré, dans un récent *Devoir* du samedi, fulmine de Paris contre « un cinéma sans intel-

---

1. Il s'agit plutôt de la Dansk Farve- og Tegnefilm. Ce film inspiré d'Andersen, *Fyrtøjet* (1946), serait le premier film couleur danois.

2. Lévesque confondrait ici *Les Cinq Gentlemen maudits* (1931) de Duvivier avec *Ils étaient neuf célibataires* (1939) de Sacha Guitry.

142 LUMIÈRES VIVES

ligence, sans délicatesse, [qui] gorge les foules du langage navrant du revolver à l'état pur »… Métaphysicien de la métaphore…

Honi soit qui mal y pense. Le Comité de sélectivité de la Motion Picture Association vient d'interdire l'exportation de cette massive satire de la politique américaine, *The Senator Was Indiscreet.* Du moment qu'on ne peut plus en rire, faut croire que la démocratie est bien malade…

Courage, pas mort. La critique new-yorkaise a déjà reçu très fraîchement la pièce que Jean Cocteau intitule *L'Aigle à deux têtes.* Or, au début d'octobre aura lieu, à New York, la première du film *The Eagle Has Two Heads,* pour laquelle Cocteau viendra par avion tout exprès de Paris. Voilà ce qui s'appelle voler au-devant des coups.

L'entrefilet de la semaine… De passage à Paris, Clark Gable (qui, comme personne ne l'ignore, jongle avec les nuances) s'est procuré une précieuse et rarissime édition de Mallarmé ! Et ce qui est pis, il a manifesté à haute et intelligible voix l'intention de la lire…

(10 septembre 1948)

Merci, mon Dieu, pour les méchants...

(Robinson et les Bogart dans *Key Largo*)

Key Largo nous présente un Humphrey Bogart travesti en « bon » – oh ! un bon qui est, bien entendu, un solide cogneur, un dur de dur –, mais un brave type quand même, embarrassé d'une conscience, de quelques principes et d'une inaltérable droiture. C'est un écrasant fardeau pour le *tough guy* le plus fameux de l'écran américain. Avec toutes ces qualités, il ne sait plus très bien où donner de la tête ; il nous paraît indécis, empoté même, comme s'il jouait « au ralenti ».

Bogart est ici le héros modernisé, si l'on peut dire, d'une pièce assez fatiguée de Maxwell Anderson, histoire d'un ancien combattant et démocrate plus instinctif que raisonné, et pourtant raisonneur, qui sitôt rentré de la guerre vient consoler la veuve d'un camarade (Lauren Bacall). Il la trouve, dans un petit hôtel qu'elle tient avec son beau-père (Lionel Barrymore), à Key Largo, un coin perdu de Floride balayé par les ouragans. Il trouve également dans la place une bande de faux-monnayeurs (sur laquelle règne Edward G. Robinson), des gars terriblement vicieux et, ce qui est pis encore, des embusqués, des individus en un mot qui sont des spécimens de bonne taille de cette vermine contre laquelle il vient de combattre et que la guerre – *propaganda dixit* – devait exterminer à jamais. Il y aura une effroyable tempête et trois victimes avant que Bogart, juste à l'instant où nous allons désespérer de lui, ne saisisse l'occasion par les cheveux, ne protège la jeune (et consolable) veuve et ne liquide les bandits, dans l'ordre, pan-pan-pan, un-deux-trois, etc.

Au théâtre, juste avant la Grande, l'ancien combattant de Maxwell Anderson rentrait de la guerre d'Espagne. Une dizaine d'années plus tard, Hollywood, pour le mettre à la page, le fait revenir des campagnes d'Italie. Mais à part ça, les *producers* ont traité la pièce avec un scrupuleux respect. C'est dommage. Monsieur Anderson est en effet un dramaturge d'une éloquence élevée, abondante et, soit dit entre nous, un peu longuette. Il n'est rien qui lui plaise davantage qu'un beau discours plein de coupants sarcasmes, de nobles propos et de paroles historiques du président Roosevelt. Le malheur est que ces oraisons, admirables en soi, n'ont pas leur raison d'être dans un mélo brutal et fortement charpenté comme celui-ci.

Car c'est bien d'un mélo qu'il s'agit, quoique l'auteur semble parfois se croire aux prises avec un drame d'idées, voire avec une tragédie vaguement symboliste. Par bonheur, le vigoureux metteur en scène qu'est John Huston, non plus que la puissante crapule qu'a su nous camper Edward G. Robinson, ne l'ont pas entendu de cette oreille… Malgré la prolixité du scénario, en dépit de la vertueuse inaction des « bons » – mélo tu es, mélo tu resteras, semblent-ils proclamer rageusement. Chaque fois que la parole revient aux actes, les airs de parfait dégénéré, fauve à la fois sadique et poltron, de Robinson nous ramènent à la grande époque du gangstérisme, aux jours prestigieux de la prohibition, d'Al Capone et de *Little Caesar*. Dans un rôle de pauvre fille qui boit pour oublier son bon vieux temps à jamais révolu, Claire Trevor seconde Robinson avec talent, lui sert de pitoyable repoussoir.

Quant à John Huston, il use ici d'un ciel d'orage et d'une mer démontée avec autant de maestria que, naguère, dans *The Treasure of the Sierra Madre*, de l'âpre soleil mexicain. Ses brouillards sont adéquatement mystérieux, son montage d'un drame humain écrasé par la fureur terrible de la nature est un bel exemple de déchaînement gradué, et le finale où Bogart expédie *ad patres* une demi-douzaine de forbans est d'une sobre et glaciale sauvagerie.

Si l'on y discourait moins, *Key Largo* mériterait de prendre place aux côtés de cet insurpassable drame d'aventures, *Les Maudits* de René Clément. Tel quel, c'est tout de même un film réussi, grâce à la virtuosité nerveuse de Huston, aux superbes gueules de Robinson et de ses « méchants » acolytes. Et vive le crime !

MERCI, MON DIEU, POUR LES MÉCHANTS…

* * *

Voilà donc, en quelques semaines, le troisième emprunt que le cinéma fait à la scène. Les deux autres étaient des films tirés, l'un d'une satire bourgeoise de Lillian Hellman, *Another Part of the Forest,* et l'autre d'un tableau vengeur des profits-vols de guerre, *All My Sons* d'Arthur Miller. Dans chacun de ces trois cas, l'adaptation manque de concision, souffre de cette attitude révérente – complexe d'infériorité très compréhensible – que Hollywood assume immanquablement en présence de l'auteur dramatique. Par contre, ces trois films sont mieux bâtis, plus denses et peuplés de créatures autrement vivantes que neuf sur dix des scénarios pondus par les scribes professionnels de l'écran. Tant il est vrai que le talent n'est pas fait seulement de gros chèques.

De confiance
(Réclame *gratia artis*)

Les critiques londoniens lui ont prodigué leurs plus sonores et patriotiques, et rarissimes, bravos ! *Time* lui a consacré un dithyrambe. Boston lui a fait avec éclat l'honneur de sa censoriale admiration… Nous pouvons bien offrir à Sir Laurence Olivier, « sans avoir vu », ces quelques lignes modestes de notre plus gratuite publicité :

Pendant une semaine, laquelle débutera demain soir, les Montréalais iront applaudir son dernier film : *HAMLET,* qui est à ce qu'on raconte un succès encore plus éclatant (en blanc et noir, par-dessus le marché) que le classique *Henry V.* Il suffit en tout cas d'avoir « visionné » celui-ci pour ne vouloir à aucun prix manquer celui-là.

(17 septembre 1948)

À une personne sérieuse

(The Emperor Waltz)

Chère madame, ou mademoiselle,
Vous qui, sortant du Loew's l'autre soir, disiez à une amie sur le point d'y
entrer : « Oui, ma chère, c'est bien beau, c'est comique, mais ça n'a pas une
graine de bon sens ! »

Chère et prosaïque inconnue,

Sans doute avez-vous mille fois raison. N'empêche que nous voilà condamnés à n'être jamais du même avis. Vous aimez d'un cœur exclusif les additions où deux plus deux font toujours quatre, les autobus qui ne dévient jamais d'une ligne de leur itinéraire et sans doute aussi les journaux où vous n'apprenez jamais que ces choses dont vous êtes d'avance fermement convaincue. Vous êtes de cette lignée effroyablement majoritaire où se recrutent les bons conservateurs, les bons (pas les grands) hommes d'affaires, presque tous les auteurs de feuilletons, les poètes traditionalistes pour l'amour de la tradition – en un mot, tous ceux dont la raison d'être consiste à enduire nos jours d'une tenace et confortable grisaille…

Mais n'ayez crainte, ô sel de la terre, vous êtes la puissance et le nombre. Vous n'avez devant vous que ces futiles adversaires, fauteurs de désordre vite remis au pas : l'aventurier, le poète inquiet (le seul), l'homme qui ne sait pas ou ne veut pas additionner, cet autre qui soutient que demain est plus important qu'hier et puis, tout aussi subversif malgré son air de n'y pas toucher, l'homme qui rigole…

Voilà qui nous ramène en droite ligne (celle que vous préférez) à notre propos : à cette rigolade qui « n'a pas une graine de bon sens », à cette caricature d'opérette intitulée *The Emperor Waltz*. J'ai le malheur de trouver, quant à moi, que nous avons sous les yeux l'une des rares « comédies musicales » où Hollywood ait fait preuve de bon sens. Oui, je dis bien, de bon sens. De cette variété toute particulière du bon sens, réservée à la bouffonnerie, qui est justement de n'en pas avoir…

D'ordinaire les *producers* américains, à mi-route, ou même au quart du parcours, se retrouvent soudain aux prises avec la bonne vieille logique quotidienne : ceci est possible, mais cela ne l'est pas ; ces choses-ci se font, mais celles-là, point… Et cela nous vaut des opérettes et des comédies où cheminent, au travers du vacarme, des intrigues qui tâchent désespérément à tout expliquer, à tout réduire au dénominateur du *common sense,* des intrigues qui semblent nous dire : Nous le savons bien que ça n'a pas une miette de bon sens, mais ce n'est qu'un jeu, il ne faut pas le prendre au sérieux…

Ici, grâce au Ciel, rien ne demeure de cette prudence coutumière, rien de ces laborieuses mises en garde. Rien, que l'échafaudage illogique, tout de guingois, idiot et amusant de l'impossible aventure… Au tournant du siècle, un commis voyageur entreprenant (Bing Crosby) se présente à la cour de François-Joseph pour vendre à Son Impériale Majesté un phonographe américain ! Après mille et une mésaventures, il parviendra, bien entendu, à s'assurer cette transcendante clientèle, et aussi la main d'une jolie et altière comtesse viennoise (Joan Fontaine). Et puis – Dieu sait comment, mais peu importe ! – ils furent très heureux, etc.

La cour d'Autriche revue et corrigée par messieurs Charles Brackett et Billy Wilder, de Hollywood, Calif.[1]… François-Joseph uniquement occupé par ses maux de gorge et la naissance imminente de trois petits chiens… Un chauffeur qui danse le ballet, un toutou qui se fait psychanalyser… Un commis voyageur de 1900 qui prévoit avec une renver-

---

1. Lévesque ne semble pas savoir que Wilder a bien connu l'Empire austro-hongrois : il est né, le 22 juin 1906, sujet de Sa Majesté François-Joseph Ier, dans la ville de Sucha (aujourd'hui en Pologne). Ses parents étaient des Juifs d'origine autrichienne.

sante acuité qu'un jour les USA seront maîtres du destin de l'Europe…
Un Tyrol (admirablement « joué » par nos montagnes Rocheuses de
Jasper) qui se contente d'être orgueilleusement, mélodieusement carte
postale… Tout cela est en effet insensé. Mais c'est marrant.

C'est marrant, et je n'en demanderais pas davantage. On m'offre en
outre l'occasion de constater que l'aimable Bing est toujours le roi des
crooners, que la belle Joan Fontaine entre avec élégance dans les toilettes
d'une hautaine ingénue de comédie, que Richard Haydn s'est composé
une superbe tête d'empereur bourgeois, que des chiens bien stylés
peuvent rendre des points aux meilleurs acteurs, et que sais-je encore…

Ma foi, chère madame (si tant est que vous soyez toujours là), ça n'a
peut-être aucun bon sens, et j'en rougis, croyez-moi, mais voilà peut-
être le film américain qui m'a le plus complètement « distrait » de tous
ceux que j'ai vus au cours d'une multitude de lunes remplies de sombres
manchettes et de *murder stories…*

Il me semble, voyez-vous, qu'on ne doit aller au cinéma, essentiellement, que pour se distraire (c'est-à-dire pour être halé quelques instants hors de ses tracas et de ses inquiétudes). Or, soit dit entre nous, le
bon sens rigide, le bon sens « deux plus deux font quatre » est-il si distrayant ? Il est solide, il est sûr, il est l'étoffe unie et durable que notre
existence endosse le plus volontiers (parce que les vêtements plus colorés font sourire le voisin), il est, je vous le concède, sans prix… Mais
distrayant ?

Agréez tout de même, chère madame, ou mademoiselle, etc.

(24 septembre 1948)

À Berlin, ah ! ce qu'on peut rigoler !

(*A Foreign Affair* avec Marlene, etc.)

— Hollywood ! Hollywood ! Hollywood ! Hollywood !…

C'est un long soupir, un haussement d'épaules. C'est le plus impeccable alexandrin que j'aie de ma vie confectionné. C'est… mais surtout, c'est un cri de stupeur, d'admiration : on s'imagine qu'on a tout vu, qu'aucune aberration ne saurait plus nous surprendre… Allez-y voir ! Hollywood a chaque fois une trouvaille en réserve, quelque chose d'inédit…

Cette fois, où irons-nous ? se demandèrent les *producers* de *A Foreign Affair* en considérant un globe terrestre (car évidemment, ils avaient d'abord trouvé le titre)… Embarras du choix : cinq océans, l'Ancien et le Nouveau Monde, le pôle et les tropiques… Et, comme il s'agit de faire rire la clientèle, tous ces endroits où la gaieté peut être seyante – Rio et son Pain de Sucre, Atlantic City et ses *glamour girls,* la Côte d'Azur et ses touristes, et New York, et Montréal, et Chattanooga, et même Québec… Partout, vous dis-je, on accepterait de voir des gens qui se font des niques et rigolent comme des petits fous, partout…

Partout, sauf au lieu précis où Hollywood a bien entendu choisi de nous amener ! Où sommes-nous ? Très exactement à l'endroit le plus sombre, le plus lamentable, et l'un des plus douloureux qui soient au monde : à Berlin.

Au tout début du film, avouons-le, il y a pourtant une scène qui est d'une remarquable drôlerie… Le capitaine Pringle, grand gaillard chevronné, décoré, trousseur de *Fräuleins,* reçoit de sa *congress-woman* un gâteau de fête qu'une amie d'enfance lui expédie de son lointain village de l'Iowa. La *congress-woman* (Jean Arthur) fait partie d'un comité parlementaire qui vient en Allemagne enquêter sur le moral des *boys* : sont-ils sages ? Leurs mamans serait-elles contentes d'eux ? Etc. Sur la piste de Tempelhof, devant cinquante camarades au garde-à-vous, notre capitaine explique alors à la femme-député ravie qu'il est lui-même un parfait échantillon des forces occupantes : qu'il se couche à neuf heures, ne boit que du *root beer* et baisse un regard pudique dès qu'il aperçoit une Allemande… tandis que, sous les yeux furibonds de son colonel, pend hors de sa poche et flotte à la brise un bas de nylon du marché noir qu'il se propose d'offrir à sa maîtresse, la chanteuse de *dancing* Erika (Marlene)…

Ça, c'est irrésistible. Justement parce que le film débute, que nous sommes encore en plein air, entre gens bien nourris, assez loin des ruines et des visages hâves. Mais un instant après nous entreprenons en *jeep,* moto devant, moto derrière, le tour du proprio : aux politiciens (comme à nous-mêmes), le colonel ne fait grâce d'aucune déchéance, pas un tas de décombres dont il ne fasse le pedigree… Consciencieuse visite qui dure, sur l'écran, dix bonnes minutes. Après quoi, adieu comédie…

Toute la compagnie, du brillant metteur en scène Billy Wilder au dernier GI en goguette, a beau tâcher fébrilement à nous dilater la rate… Marlene et la *congress-woman* soudain amoureuse ont beau se disputer le pauvre capitaine Pringle… Russes et *Yankees* ont beau s'enivrer de vodka et de camaraderie dans les boîtes, alterner de la danse slave au *jitterbug* puis rouler de concert sous les tables (comme c'est loin tout ça !)… On n'arrive pas à trouver ça vraiment drôle, ces folichonneries sont crispantes, ces rires sont jaunes. On croit entendre des enfants peureux qui sifflent dans les ténèbres.

À tout bout de champ, une scène s'amorce qui promet, qui est du drame lugubre… Voici un édifice apparemment indemne, nous entrons : plus de toit, l'escalier oscille… Au marché noir on se bat, on se déchire pour une cigarette, on se vend pour un carré de chocolat, on donnerait son âme pour un gâteau – et les soldats froidement marchandent… Au *night-club,* les traits creusés, séduction anguleuse et famélique, la Dietrich chante de sa rauque voix de sirène fatiguée les fleurs qui repousseront un jour, peut-être, sur les charniers de la ville… Tordant, n'est-ce pas ?… Puis, un homme, un nazi, est tué à coups de revolver, son cadavre est là, recouvert d'une nappe souillée – et c'est le moment qu'on choisit pour nous servir un quiproquo de vaudeville et la farce classique de l'amoureux transi et de l'amoureuse agressive ! Un peu comme si l'on nous donnait *Le Voyage de monsieur Perrichon* dans les décors de *Phèdre*.

A Foreign Affair aura quand même beaucoup de succès, j'en suis sûr, et mérité. Brackett et Wilder (qui ont fait aussi *The Emperor Waltz*) sont de spirituels conteurs, des découpeurs adroits et nerveux. Jean Arthur, Marlene Dietrich, plaisant contraste ! ni l'une ni l'autre Sarah Bernhardt, sont deux des plus solides, des plus habiles interprètes de l'écran. Chez les hommes, le colonel Plummer de Millard Mitchell est un type mémorable de grognard *made in USA*.

J'irai même jusqu'à dire que le comique de l'affaire, sitôt qu'il tourne au rictus, à la satire, bref sitôt qu'il tourne mal, est fort acceptable, qu'il nous change des héros sans peur et sans reproche du temps de guerre… Mais il devrait rester à sa place, qui dans un tel décor ne saurait être qu'au second plan. Le malheur est qu'il prétend tout envahir, jusqu'à l'avant-scène… « *Fun innovation !* » nous dit la réclame. Innovation en effet : comme un enterrement qui se déroulerait au bagne sous la pluie, mais avec accompagnement de jazz, de *gags* et de *jokes*…

Sous l'œil des barbares

XIVth Olympiad est un grand documentaire soigné, consciencieux, respectueux, trop long d'un bon tiers sinon d'une bonne moitié, en un mot un film qu'on serait tenté, injustement d'ailleurs, de qualifier de typiquement britannique ! Les deux meilleurs passages en sont le début et la fin. Les premières scènes nous transportent en Grèce (la vraie, pas du toc), parmi des jeunes filles en tunique légère, quelque part sur les flancs de l'Olympe, il y a deux, trois mille ans… Le coureur prend la torche allumée que lui remettent les jeunes filles, et part à travers les campagnes brûlées qui ont vu son ancêtre revenir de Marathon, à travers les temples déserts, les agoras presque effacées, au milieu des tronçons de colonnes tout moussus, sous des arcades où son flambeau promène une seconde une illusion de vie, évoque des présences millénaires…

Beaucoup plus tard (plus de deux heures, pour être précis), nous verrons d'autres coureurs, de 1948 ceux-là, se poursuivre sur une route anglaise. C'est le marathon olympique de cet été, et sur l'écran, quelques-unes de ces faces d'athlètes fourbus, faces crispées, tordues par un effort suprême, « jouent » comme aucun acteur ne le pourrait un grand drame sportif, celui du vingt-cinquième mille de la plus épuisante des épreuves internationales.

Entre ces deux extrêmes, il y aurait bien quarante ou soixante minutes de courses de demi-fond, de sprints, de sauts en hauteur ou en longueur, de *hop-skip-and-a-jump*, de lancers de ci ou de ça, qu'il aurait mieux valu laisser mourir dans la poussière de Wembley Stadium. Il y a aussi les Jeux d'hiver : des chalets suisses, beaucoup de neige et – Barbara Ann Scott…

(1er octobre 1948)

L'impossible triomphe

(Hamlet)

Shakespeare demeure le suprême dramaturge. Là-dessus tout le monde – le monde entier – est, je crois, d'accord : même Churchill et le Labour Party... Et de cette œuvre surhumaine, *Hamlet* est roi.

Le commerce des grands est une délicate et périlleuse aventure... Laurence Olivier, qui l'avait abordée par l'étape relativement modeste d'*Henry V*, vient de pousser cette aventure à son extrême, à sa plus audacieuse limite – jusqu'au donjon vertigineux d'Elseneur.

J'ai vu cet *Hamlet* de cinéma ; je l'ai vu une fois. C'est dire tout l'impressionnisme de ces propos... Que reste-t-il – images encore confuses, émotion à peine contrôlée – d'une seule représentation d'un film qu'il faut revoir, et deux fois plutôt qu'une, avant d'en pouvoir parler avec quelque assurance ?

*   *   *

D'abord une impression, justement, l'impression très nette d'avoir vu l'une des œuvres les plus magistrales, à coup sûr la plus magistrale par quelques-unes de ses parties, que le cinéma nous ait données. Découpage, rythme particulier de telle scène, interprétation, photographie, décors, musique : tous les éléments sont d'une extraordinaire qualité individuelle ; et pourtant ils se fondent, se composent en un tout remarquablement « un », qui est par conséquent ce phénomène bien plus rare qu'on ne croit d'ordinaire, du vrai cinéma.

L'aspect le plus immédiatement notable de cet ensemble (sans doute parce qu'il souligne tout l'essentiel du décalage qu'il y a, qu'il doit y avoir, de la scène à l'écran), c'est le travail superbe du cameraman. Gros plans, travellings parfaitement rythmés, incroyables perspectives où non plus le seul deuxième plan, mais le troisième et le quatrième et jusqu'au lointain le plus effacé gardent chacun sa distance bien accusée et en relief renversant d'exactitude : c'est une constante exhibition de souplesse et de maîtrise absolue de l'appareil...

À l'occasion, la maestria tient même du tour de force ; et l'on sent qu'il s'est agi de « faire passer », si l'on peut dire, quelque scène un peu longue, d'en accélérer l'allure ou d'en clarifier toutes les nuances. À ces moments-là, l'impression en est une de labeur pénible, de virtuosité légèrement fébrile, de lutte à outrance avec une matière rebelle, déjà puissamment informée par son créateur, et qui s'est refusée jusqu'au bout à la métamorphose.

Ici, une parenthèse assez longue me paraît s'imposer.

*   *   *

Tous ceux qui connaissent *Hamlet* se demandent sans doute comment l'on a pu transposer, sans les trahir, les fameux monologues (« *Frailty, thy name is woman...* » « *To be or not to be...* »), comment l'on est parvenu à réaliser, « visualiser » tout cet univers que le dramaturge peut estomper dans une coulisse dont le cinéaste a pour premier devoir de nier l'existence... Comment a-t-on pu exprimer ce que Shakespeare sous-entend ? montrer ce que Shakespeare dérobe ? Qui peut avoir la compréhension et le talent inouï qu'il faut pour créer, c'est-à-dire faire de rien, tout ce qui manque à la tragédie pour être un film ?

Déjà c'était une gageure de couper la pièce, d'en retrancher plus d'une heure de texte et des personnages entiers. Une gageure dont les grands shakespeariens ont cependant l'habitude ; et d'ailleurs, n'est-ce pas l'âge d'or des « condensés » ?... Mais, *ajouter* à Shakespeare ! À la plus dense, la plus profonde, la plus complète de ses œuvres, donner toute une armature nouvelle, de nouvelles formes et de nouvelles couleurs, d'autres dimensions !... Était-ce possible ?

Ce l'était évidemment, et cette question n'est que rhétorique, puisque Laurence Olivier a tourné un film grandiose. Mais il faut voir aussi de quelle équipe il s'est entouré. Du compositeur au peintre de décors, du photographe au costumier, des protagonistes aux figurants, tous, sans exception, sont des experts, plusieurs sont des maîtres reconnus, et Olivier lui-même est certes l'un des premiers hommes de théâtre et de cinéma de son pays et de son époque.

Cet incomparable *brain-trust* a réussi *Hamlet,* c'est entendu, au point de satisfaire les plus exigeants. Qu'il ne soit quand même pas arrivé à cette facilité trompeuse, à cet air de chose toute simple qui est la marque du triomphe sans mélange, qu'il n'ait pas pu effacer tout à fait les traces de ces meurtrissures, de la violence qu'on a dû faire à l'œuvre pour la transposer – cela démontre à mon sens que la réussite de *Hamlet* est justement l'exception qui confirme la règle. Je pense à cette règle qui se dégage clairement d'une liste un peu complète de ces films qu'on est convenu d'appeler « les classiques du cinéma ». (Auprès d'une foule d'œuvres tirées de romans et de nouvelles, ou inspirées par l'actualité, combien en trouvez-vous qui viennent de la scène ? Un ou deux Pagnol, *Brief Encounter* de Noël Coward, *Pygmalion* de Leslie Howard, *The Long Voyage Home* de John Ford – et puis après ?) Chose certaine : avant les deux gageures historiques d'Olivier, le « photogénique » *Henry V* d'abord, et maintenant *Hamlet,* vous ne rencontrez parmi les classiques de l'écran pas un seul des classiques (deux acceptions d'un même mot dans la même phrase, ô témérité !) du théâtre.

Aussi les succès de Sir Laurence nous apparaissent-ils comme d'admirables, et non moins exceptionnelles victoires.

*   *   *

Nous en étions donc aux jeux de virtuose du cameraman, jeux dont l'objet est parfois trop évident… Mais le reste du temps – et c'est le plus clair du film –, la caméra se contente d'être un œil prodigieusement inquisiteur et à la fois prodigieusement discret. Elle nous détaille cette adaptation d'une intelligence aiguë, mélange idéal d'audace et de respect ; elle fait ressortir en images fulgurantes la pompe sauvage et primitive de cette cour d'Elseneur qu'a conçue Laurence Olivier – un Moyen Âge très arbitraire, stylisé comme les rois et les dames de cartes… Et puis l'austérité savante du château, dont les lignes ne sauraient être plus dépouillées, et qui recèle toutefois, très visiblement, de troubles mystères dans chaque recoin de ses grandes salles sonores, dans chaque spirale de ses escaliers et au sommet de la tour enrobée de brouillard, battue par une mer démontée, où flotte au milieu des embruns le fantôme lamentable du roi assassiné...

Cette atmosphère de tous les orages, de toutes les angoisses, habille à merveille le drame barbare et raffiné, elle loge mieux qu'elles ne le furent jamais sur aucune scène les deux moitiés de l'humanité shakespearienne, la sanguinaire et la sanguinolente... le vigoureux Claudius de Basil Sydney, le jeune et aimable Laërte de Terence Morgan, le subtil Polonius de Felix Aylmer, l'Ophélie à peine éclose de Jean Simmons, l'Horatio merveilleusement sobre et « présent » de Norman Wooland, et cette reine troublante et bien en chair qu'incarne Eileen Herlie. (D'aucuns ont remarqué dans ses relations... cinématographiques avec son fils certaines allusions œdipiennes auxquelles Shakespeare ne semble pas avoir pensé !)...

Et parmi eux, et très loin d'eux, cet Hamlet dont Laurence Olivier a fait un prince rêveur, au rire sardonique, essentiellement velléitaire. Ce rôle que tous les grands interprètes ont voulu s'offrir, que jamais deux d'entre eux ne comprennent tout à fait de la même façon, demeure éternellement discuté. En France, on pourra bientôt comparer cet Hamlet britannique à celui de Jean-Louis Barrault. Je ne sais comment ce dernier a vu son personnage, et je ne vois rien à dire de nos Hamlet canadiens, si tant est que nous en ayons... Mais la conception d'Olivier est très claire, elle est d'ailleurs indiquée par cette phrase qu'il a mise en exergue dans son prologue : « Ceci est la tragédie d'un homme qui n'arrivait pas à se décider... », phrase qu'il complète en écrivant que pour lui Hamlet est un « presque grand homme », « *a nearly great man* ». Sur ce, de nouveau l'éternelle discussion s'ouvre ; et je me reconnais trop petit clerc pour y participer...

*   *   *

Restons-en, pour terminer, sur le terrain solide des choses indiscutables... Que voilà sans contredit une splendide réussite. Que les dernières scènes de ce film – ce duel qui est de loin le meilleur que j'aie vu au cinéma, les quatre morts violentes qui appliquent à la tragédie le sceau flamboyant de l'horreur aveugle et sacrée, et enfin le cortège funèbre qui nous ramène avec une précision symphonique devant chaque thème et chaque décor – tout ce finale, rythmé comme un ballet, orchestré avec une puissance indescriptible, reste gravé dans la mémoire et restera sûrement dans l'histoire de l'écran…

Indiscutable, encore, que voilà sous nos yeux une œuvre éminemment génératrice de propos et de réflexions, toute grouillante de rêves et de cauchemars, une œuvre illimitée qui me rappelle ce mot que je lisais récemment : tout est dans tout, et réciproquement !… Et c'est pour moi ce qui démontre le mieux que le film de Laurence Olivier n'a pas trahi, ni trop restreint, l'univers insondable de Shakespeare.

(8 octobre 1948)

Tranches de vie

(Antoine et Antoinette – The Street with No Name)

La vogue est au semi- ou quasi-documentaire. Hollywood est très fier de cette « découverte » ; surtout la compagnie Fox, qui s'en prétend l'auteur. Ces quelques dernières années, une foule de films américains – sombres histoires pour la plupart : de *The House on 92nd Street* jusqu'à *The Street with No Name* – nous ont familiarisés avec la formule. Oui, formule… Car, exploitée toujours de la même façon brutale et simpliste, la trouvaille déjà vieillit et prend figure, comme tant de choses hollywoodiennes, d'assez exécrable procédé.

Mais, de quoi s'agit-il ? Rien de plus simple : on tourne une grande production comme on ferait un documentaire. C'est-à-dire qu'on essaie de dénicher dans le monde réel, loin des plateaux, non plus les seuls extérieurs campagnards, mais les rues et jusqu'aux intérieurs les plus mesquins, en un mot tout le vrai décor du film. Il en résulte plus d'exactitude, et aussi d'appréciables économies de temps et de matériel.

En effet, c'est tellement simple, direz-vous, et tellement indiqué, qu'on se demande pourquoi diable personne n'y songeait auparavant ? A-t-on vraiment attendu toutes ces années la soudaine et tardive inspiration d'un *producer* de 20th Century-Fox ?… Bien sûr que non ! L'ère des semi-documentaires remonte même, je crois, à 1922, alors que Robert Flaherty tournait *Nanook,* l'histoire sans phrase d'une humble famille esquimaude aux prises avec l'Arctique. Depuis lors, on n'a jamais abandonné tout à fait le filon : témoin bon nombre de ces films que l'on qualifie tout de go, sans distinction, de réalistes.

Et justement, c'est bien ainsi – sans distinction, sans nuance – que Hollywood semble avoir compris cet adjectif. Réaliste, ça ne veut apparemment dire que banal, que gris et terne, que ténébreux (épopées du gangstérisme ou du contre-gangstérisme, de l'espionnage ou du contre-espionnage) : on dirait que pour la Fox et ses concurrents la réalité ne saurait être que morne et sans joie. C'est de la pose ; mais il y a pis. Pour eux tous, *réaliste* signifie encore : *tout* le réel, tout, sans oublier une potiche ni un grain de poussière, tout, en vrac, en monceaux, jusqu'au plus insignifiant détail. Il est certes à cet usage d'honorables exceptions : telle séquence vigoureuse de *Boomerang,* telle scène affreusement bandée de *Kiss of Death.* En général, cependant, Hollywood oublie que pour être de l'art l'œuvre réaliste aussi bien que l'idéaliste (ou, pour « faire » moins philo, que la formaliste ou la stylisée !) doit être un choix.

Il faut savoir choisir, fixer le détail, le geste, le bruit éloquent à l'exclusion des autres. Voilà ce qui distingue les grands films réalistes de Rossellini (*Rome…, Sciuscià*[1]), celui de René Clément *(Les Maudits)…* Ce qui distingue aussi, dans une veine familière et toute souriante, la dernière production de Jacques Becker.

*   *   *

Antoine et Antoinette… C'est d'abord une échappée, entre deux pans de murs, sur la tour Eiffel, puis, également fugitive, une vue de l'Arc de triomphe. Pour l'étranger, c'est l'« indicatif » de Paris. Ce départ, soit dit en passant, me paraît assez malheureux, car il fait mine de promettre un Paris pour touristes. Quand, bien au contraire, c'est le peuple, le vrai peuple parisien, et lui seul, que Becker se propose de nous faire connaître.

Antoine travaille dans une imprimerie et Antoinette dans un grand magasin. Ils sont jeunes et beaux, ils s'aiment et ils sont heureux. Quoi de plus ordinaire ! Ce bonheur n'est rien moins qu'anonyme, pourtant, il n'a rien du pâle classique quelque-part-dans-le-monde. Très exacte-

---

1. L'auteur confond *Païsa* (1946) de Rossellini et *Sciuscià,* un film de Vittorio De Sica sorti la même année.

ment, par sa qualité et son éclat bien à lui, par ses failles, peut-être surtout par ses limites si tôt atteintes, c'est un bonheur de Paris, qui n'est pas celui de Montréal ou de New York, ni même celui de Lyon. Mieux encore – et l'on ne saurait s'y méprendre –, ce n'est pas un bonheur de n'importe quel Paris, mais très évidemment celui du Paris d'après-guerre, celui-là seulement.

Remarquons bien que pas une fois il n'est question de guerre ou d'après-guerre : mais nous savons quand même de façon certaine où nous sommes et quand nous y sommes. Comment se fait-il ? C'est (on en revient toujours à cela) que Becker a su choisir, qu'il sait nous faire dire par la caméra, par la musique de Grunenwald, ce qu'il importe que nous sachions : c'est grâce à ce qui est là sur l'écran, mais grâce aussi à tout ce qui n'y est pas…

L'épicier (un fort beau rôle de Noël Roquevert) est roi, parmi les godillots éculés il promène ses bottes de cuir souple, il connaît la combine, le prend de très haut, terrorise la clientèle – et voilà le Paris *postwar*, un de ses visages : les tickets, les estomacs toujours un peu dans les talons… Le chef de service tranchant, à cheval sur le règlement – voilà cette fois le Paris étroit et pointilleux, bureaucratique ; il ne change pas… Mais voici la buraliste du métro (Annette Poivre) qui jase avec une copine et bouscule les clients qu'elle fait poireauter : le Paris qui rigole et ne s'en fait pas, le Paris qui se fiche éperdument du règlement et qui, lui non plus, ne change pas… Antoine contemplant les chromes étincelants de la moto qu'il n'a pas les moyens de s'offrir : c'est le leitmotiv du film, le rêve modeste d'un Paris pauvre, du Paris qui ne roule plus, qui va à pied ou, au mieux, à bécane, et qui voudrait s'évader…

L'évasion, la voici : le billet de loterie, le gros lot ! Et c'est ici que nous quittons à regret M. Becker. Il fallait une affabulation, c'est entendu. Il fallait à Antoine et Antoinette une raison d'être. Mais on comprend mal que l'auteur ait trouvé une raison qui n'est qu'un prétexte, alors qu'il avait sous les yeux le plus humain, le plus « approprié » des drames : celui que voudrait vivre, que demande à vivre le triangle explosif et, si l'on ose dire, si parfaitement à la page d'Antoinette, de l'épicier séducteur et d'Antoine jaloux. Ce drame tout indiqué, inévitable, M. Becker y touche à plusieurs reprises, s'y complaît et nous y attache au point de faire oublier sa damnée loterie, en tire même quelques-unes des scènes les plus fortes de son film. Mais chaque fois, à grand-peine il parvient, hélas, à s'en dégager et dans un soupir retourne à son prétexte !

Autant le drame de la jalousie (*Othello* du rationnement) me paraît adéquat, autant le coup du gros lot me semble tiré par les cheveux. Situation exceptionnelle, péripéties tragico-burlesques, quand on voudrait jusqu'au bout cette vérité bellement apprêtée, ce doigté d'artiste avec lesquels on vous a campé Antoine, Antoinette et le Paris populaire où ils vivent.

Tant pis. Libre à l'auteur de choisir le prétexte… Antoine apprendra donc qu'il fait fortune, puis il perdra son billet gagnant (désespoir, recherches fiévreuses, rage, affaissement), puis soudain le retrouvera, et voici le finale « bucolique-48 » : la grande nature dévorée à soixante à l'heure, tandis qu'Antoinette sourit à Antoine et qu'Antoine sourit à sa moto… Toute cette histoire – rythme-caoutchouc, chutes verticales et rebondissements, bonheur inespéré des humbles, justice immanente, *happy ending,* etc. – nous porte à croire que M. Becker a sans doute un jour prêté l'oreille à Mr. Frank Capra. Par bonheur, c'est du Capra de bonne qualité…

Roger Pigaut (Antoine), grand, bien découplé, sobre de gestes, un peu froid même, est cet oiseau rare du cinéma français : le jeune premier à la fois élégant et mâle… et jeune ! Claire Mafféi (Antoinette) est une charmante actrice au sourire hésitant, à l'ingénuité grave et prenante. Sa taille, sa démarche, surtout le regard faussement candide de ses yeux saillants, évoquent d'étrange façon une Bette Davis rajeunie de quinze ans.

⁎   ⁎   ⁎

Nous avons vu comment le film de Becker se situe de lui-même, est bien de Paris, du Paris d'aujourd'hui, et ne saurait être d'ailleurs. *The Street with No Name* est en revanche ce que son titre indique : une image de n'importe où, donc de nulle part. En l'occurrence, c'est le tableau d'une ville américaine, de sa pègre et des efforts que déploie le FBI pour y appréhender une bande d'assassins. Ce pourrait tout aussi bien être Montréal, Toronto… Si le narrateur ne nous apprenait pas qu'il s'agit de l'après-guerre, rien n'y trahirait 1948 plutôt que 1942 ou 1938… Une ville, une couple de quartiers mal famés, quelques tripots fumeux et une foule sans visage : en fait d'atmosphère, voilà tout ce qu'on nous offre. Aussi les passages strictement documentaires (entraînement du FBI, dépistage scientifique des criminels, radiocommunications) sont-ils, de loin, les meilleurs du film. La fiction n'est galvanisée, par endroits, que par la « présence » – corps frêle, voix blanche et face impassible de dégénéré souriant et reptilien – de ce remarquable acteur qui a nom Richard Widmark.

(15 octobre 1948)

Hollywood voyage

(*Escape*, avec Rex Harrison)

Suivant – mieux vaut tard que jamais – l'inestimable conseil de Montaigne, Hollywood frotte actuellement et polit sa cervelle contre celle d'autrui. Tout en meublant l'esprit des *producers*, de tels voyages leur permettent de dépenser les millions de *pounds*, de francs, de lires encaissés par leurs vieux films et bloqués par les inconvertibles économies d'après-guerre.

Ainsi, *Escape*... Au cours d'une seule randonnée en Grande-Bretagne, ces messieurs de 20th Century-Fox ont rencontré un célèbre disparu du nom de John Galsworthy, dont l'œuvre très « photogénique » est à peu près inconnue dans les centres culturels de Californie... De cette œuvre ils ont reçu quelques fructueuses leçons de sobriété dans les actes, de discrétion dans les paroles et de vérité nuancée dans les personnages.

Surtout – c'est du moins ce qui nous frappe davantage et dès l'abord –, ils ont découvert que le meilleur cadre où tourner un film, c'est encore celui dans lequel le film censément se déroule. Sans doute aurait-on pu trouver aux environs de Los Angeles une campagne d'un pittoresque aussi sauvage et désolé que celle de Dartmoor, comme on y déniche au besoin des plages napolitaines, des pampas argentines et des rizières chinoises. Mais puisqu'on était sur les lieux, autant en profiter...

Dartmoor (le Saint-Vincent-de-Paul des Anglais), sa façade gris-blanc et son lugubre jour blafard ; les routes sinueuses et les marais, les rocs étranges et les petits villages moyenâgeux des *moors* ; l'antique manoir, majestueux au bout de son avenue, au milieu de ses bosquets, et dont l'intérieur est tout délabré ; l'indispensable brouillard… Vieille et sage Angleterre, « jouée » par elle-même avec un relief et un brio qu'aucune Californie ne saurait égaler !

Même adapté, modernisé, le drame de Galsworthy est à l'aise dans ce décor. Il s'y meut avec le naturel inimitable des gens ou des choses qui sont bien à leur place. Et ce mouvement, jusque dans ses parties les plus chambardées, est réglé avec beaucoup de justesse et de tact : comme si, par une bienheureuse osmose, le rythme subtil de la contrée avait imprégné le système nerveux des cinéastes américains, s'était substitué à l'habituelle frénésie, au *staccato* trépidant de leurs films policiers. Car c'est bien, en apparence, d'un film policier qu'il s'agit.

*   *   *

Matt Denant (Rex Harrison), d'homme du XIXe siècle qu'il était dans l'original, devient un ex-pilote de guerre de 1948 ; et puis – trouvaille moins heureuse – au lieu de souffrir seul, voici qu'il s'adjoint une amoureuse un peu falote, qui viendra jeter un rayon d'espoir dans la morne et pesante atmosphère des dernières scènes. Mais à part ça Galsworthy est indemne. L'écran nous pose, tout comme sa pièce, le problème d'une justice humaine qui, par définition, est affreusement faillible et dont, par nécessité, les arrêts ont quand même et toujours la certitude sans appel des *ex cathedra*…

Pour avoir refusé de s'enfuir, comme il l'aurait pu, après avoir involontairement causé la mort d'un *policeman*, Denant est envoyé au bagne. Révolté, il ne songe plus qu'à l'impossible évasion – non pas surtout afin d'être libre, mais plutôt pour se mettre à jamais au ban de cette société dont les règles aveugles et l'impitoyable conformisme ne sont pas son fait. L'occasion se présente et le prisonnier file. Trois jours durant, il se débattra sans espoir dans un filet de police ; à tous il posera sa question sarcastique : N'avez-vous donc pas entendu parler du péché originel ? (C'est-à-dire que la nature humaine, quoi qu'en semblent penser nos éminents juristes, n'est pas faite pour la perfection.) Et tous, sauf une jeune fille « pas comme les autres » (Peggy Cummins), le repousseront comme un pestiféré. Enfin, dans une église qui est son ultime refuge, un prêtre (Norman Wooland) rappellera à Denant, tant bien que mal, la grande loi – démocratique – du monde : que l'humanité est régie par la foule peureuse des bien-pensants, que cette majorité ne saurait vivre ailleurs que dans la cellule étouffante de ses règlements, qu'il ne sert de de rien – si détestables qu'on les trouve – de vouloir en ébranler les barreaux. Une minute. Une minute après, Denant doit se rendre et, disant au revoir à la jeune fille qui l'attendra, il retourne dans sa prison en ruminant pour l'avenir la conclusion que l'ironie de Galsworthy dégage de son équipée : puisqu'il le faut, soyons hypocrites, faisons semblant de croire que tout est bien et ne saurait être mieux ; les révolutionnaires se condamnent à l'isolement, et rien n'est plus terrible que de vivre tout seul…

Rex Harrison a trouvé en Denant un beau rôle net et sobre, qu'il remplit avec une maîtrise superbe ; un emploi typiquement, joliment britannique que ce desperado-malgré-soi, courtois et bien élevé. Peggy Cummins rend aussi gentil et « croyable » que possible son personnage fabriqué pour les besoins du *happy ending*. Le prêtre de Norman Wooland nous rappelle son Horatio de *Hamlet* : à la fois discret et vigoureux. William Hartnell, enfin, nous donne un inspecteur Harris qui nous change agréablement du stéréotypage des détectives hollywoodiens : il court peu, ne hurle pas du tout, abhorre les revolvers, trouve çà et là le loisir de philosopher en souriant et même – formidable ! – d'être poli…

Saint Vincent brûle un lampion

(Ce printemps, à l'Université, j'ai eu l'occasion de voir Monsieur Vincent *et d'en parler. Maintenant que le film reprend sa carrière commerciale, sans vergogne je me cite…)*

C'est une fière chandelle, en effet, que M. de Paul doit à Pierre Fresnay… Je n'ai jamais vu de film dépendre si complètement d'un seul homme. Quelques scripteurs, parmi lesquels on est vaguement sidéré de découvrir Jean Anouilh, se sont fendus d'un quelconque scénario : le mieux qu'on en puisse dire, c'est que Hollywood ne fait si bien plus d'une fois par mois…

Le début est prometteur, pourtant. Une diligence roule à travers une campagne bucolique. Puis un homme à soutane marche jusqu'aux rues mornes et désertes d'un village fantôme : l'église désaffectée est devenue poulailler, les cailloux pré-révolutionnaires pleuvent sur le crâne de l'abbé, le château (admirable, cette reconstitution de la société, mi-barbare mi-galante, d'un XVIe siècle à l'agonie) est barricadé contre la peste : le jeune Vincent de Paul fait connaissance avec ses ouailles de Châtillon !

Hélas ! Nous sommes tout juste empoignés que la brave Madame de Gondi s'amène, laquais devant, laquais derrière, et kidnappe proprement le malheureux curé : pour les bonnes œuvres et le salut éternel des dames de la cour… et aussi pour la ruine quasi complète d'un film qui s'annonçait trop bien !

On nous précipite aussitôt à travers cinquante ans et plus d'histoire de France : Vincent de Paul chez Madame de Chevreuse, chez les galériens, chez le chancelier Séguier, au milieu des « réfugiés » (tout un poème, cette anticipation !) ; et puis encore, Vincent de Paul chez les ministres, chez Anne d'Autriche, au service des enfants trouvés, etc., etc. C'est un ahurissant kaléidoscope qui suit assez exactement la méthode expéditive de la série *The March of Time*. Songez qu'à certains moments saint Vincent de Paul n'est plus qu'un invisible narrateur dont la voix nous décrit, à la Lowell Thomas, la pénible besogne des sœurs de la Charité ! Il y a de plus un Richelieu à la barbiche burlesque, très soucieux de ses minets – caricature, ma foi, que Dumas père lui-même n'eût jamais osée !…

Mais il y a encore, grâce au Ciel, Pierre Fresnay. Maigre, nerveux, l'*assent* méridional nous rappelant tout à coup Marius, inouï de simplicité et de puissance ramassée, M. Fresnay sauve un pauvre saint Vincent qui, aux mains des scénaristes, s'en allait droit au diable… Il faut voir comment les phrases les plus quotidiennes de l'apôtre prennent sur ses lèvres un sens riche et troublant, et se prolongent en fructueuses méditations. Il faut voir M. de Paul vieillir d'un demi-siècle en moins d'une heure : la démarche, les gestes, les traits, et jusqu'à la moindre intonation qui s'appesantit lentement, par un miracle de composition, sous le faix des ans et des œuvres. Surtout, il faut voir cette face que M. Fresnay prête au vieillard mourant – cette fatigue au creux de chaque ride, cette bonté toujours jeune du sourire et la luminosité prodigieuse, l'éclat angélique de ces yeux qui vont s'éteindre un instant, pour se rouvrir dans l'Au-delà.

Saint Vincent de Paul vivra dorénavant dans nos mémoires sous cette forme que lui donne un gigantesque interprète. Image qui écrase tous les chromos traditionnels… Encore une fois, les catholiques français qui ont risqué leurs sous dans cette production, et le saint petit gars de Dax lui-même, doivent à Pierre Fresnay une fervente dizaine de chapelets !

(22 octobre 1948)

Abbott and Costello Meet Frankenstein

Voici l'une des plus incroyables collections de personnages que Hollywood ait jamais rassemblés. Le titre parle d'un trio, mais c'est de l'arithmétique à la Dumas père ; en réalité ils sont six : au monstre de Frankenstein il faut adjoindre l'exsangue Dracula (Bela Lugosi), l'homme loup-garou (Lon Chaney) et l'inquiétante Lenore Aubert ! Brr... Soit quatre fameuses étoiles, un peu bien fatiguées et pâlies, il est vrai, du cinéma horrifique, détentrices de plusieurs authentiques quartiers de noblesse littéraire (H. G. Wells, Irving *and co.*). De leur donner la vedette-pour-rigoler, dans une comédie-bouffe, c'était une jolie, une irrespectueuse trouvaille d'ironie. Mais hélas, encore une fois l'exécution est terriblement au-dessous de la conception.

C'est à propos de ce divertissement plutôt manqué que notre estimable confrère du *Devoir*, Jean Vincent, écrit cette phrase éberluante : « L'ensemble risque en somme de donner des cauchemars aux jeunes enfants et de faire sourire les personnes dites grandes. » Or, 1) depuis quand les bambins de notre vertueuse province vont-ils au cinéma ? (Ou *Le Devoir* deviendrait-il subversif ?) Et 2) depuis quand est-il si mauvais de faire sourire les « personnes dites grandes » dans une comédie ?

Pour moi, c'est au contraire de ne *pas* me faire sourire que j'accuserai – c'est la dernière fois d'ailleurs, je viens de jurer qu'ils ne m'y reprendraient plus – messieurs Bud Abbott et Lou Costello. Non pas certes qu'ils n'aient tâché de leur mieux à me dérider. J'ai vu fort peu de comédiens se décarcasser aussi héroïquement pour la clientèle. Courses et culbutes, gambades et grimaces, avanies et avaries, ils sont prêts à tout faire, tout endurer pour m'arracher au bas mot un sourire, et si possible un bon gros rire du ventre, ce qu'on appelle outre-45e un *belly laugh*...

Seulement, voilà, il faut croire que la rate et les muscles faciaux ou abdominaux ne répondent pas toujours et partout aux mêmes stimulants. On n'a pas encore inventé l'espéranto du rigolo, le volapuk de la cocasserie. Les journaux anglais de Montréal ont beau trouver ce film très drôle, à New York on a beau le classer parmi les « à voir », pour mon humble part je ne me pardonne toujours pas d'être allé m'y embêter pendant près de deux heures.

Et pourtant, pourtant, quel joyeux point de départ ! Un déboulonnage en règle des « classiques » de l'horreur filmée, le clown faisant irruption dans l'antre des sorcières, les Secrets de la Maison-Blanche traités à la manière de Courteline ! Mais c'est Charlot qu'il faudrait, ou son héritier Danny Kaye, ou peut-être (par une de leurs bonnes journées, solennelle et démoniaque) les frères Marx ; ou bien... en tout cas, pas Abbott et Costello.

Abbott est remarquablement plat ; long, fade et plat. C'est le *nec plus ultra* de platitude de cette affreuse fixture du vaudeville, le *straight man*, c'est-à-dire le pseudo-sérieux, l'homme qui donne la réplique d'avant le clou... Costello, c'est le bouffon : court, gros, gras, vif, gai, braque, il serait acceptablement drôle s'il eût d'abord appris à choisir, à doser ses effets ; mais il prodigue, il entasse le tout en vrac, la contorsion la plus déplaisante après l'entrechat vraiment réussi, la grimace inutile gâtant aussitôt le geste burlesque. Il besogne, il pioche, il en met, en met – c'est une espèce de comédien-forçat... Et par-dessus le marché, ce couple malheureux est encore desservi, tout le long du film, par un dialogue d'une sereine ineptie.

Bref, les *producers* d'Universal se sont trouvés soudain face à face avec une idée, une vraie : rarissime apparition. Mais pour la mettre au pas, quand il aurait fallu mobiliser derechef les troupes de choc de la bouffonnerie, ils se sont contentés de quelques pauvres réservistes. L'idée s'en tire invaincue, encore prête au combat. Et pour Hollywood, ce n'est qu'une autre des trop coutumières réussites : un film raté, mais *so what ?* puisqu'il fait beaucoup d'argent.

Monsieur Blandings : ni vous ni moi

Depuis des mois, Hollywood – entendons ici monsieur Selznick – faisant tonner par toute l'Amérique les plus grosses pièces de son artillerie publicitaire. La page des spectacles de tous les quotidiens, les affiches multicolores sur tous nos poteaux téléphoniques, les dépliants qu'on glisse sous la porte ou dans la boîte aux lettres, et jusqu'à la mobilisation des entrepreneurs de construction de toutes les grandes villes : partout, chaque jour, à force de l'avoir sous les yeux, j'avais fini, ce pauvre Mr. Blandings, par le prendre furieusement en grippe… J'avais tort, je l'avoue ; mais il faut dire aussi que la publicité n'avait pas raison.

Le film – *Mr. Blandings Builds His Dream House* – est une honnête et sautillante comédie, genre *sophisticated*, animée par trois des plus aimables figures de l'écran : le sympathique et très habile Cary Grant (Mr. B.), la plus très jeune mais toujours sémillante Myrna Loy (Mrs. B.) et, dans un joli rôle de confident-48, l'impayable Melvyn Douglas. Cette adaptation d'un *best-seller* d'Eric Hodgins nous énumère – avec une complaisance qui, souvent très drôle, devient parfois assez longuette – les mésaventures d'un nouveau propriétaire. On arrive à nous faire rire d'une situation qui est en réalité plutôt triste : ces embêtements, ces contretemps, ces déceptions sans nombre que sème à plaisir notre piteux après-guerre (ce Monde nouveau dont on parlait en 40-44) sous les pas du malheureux qui veut se procurer un chez-soi, la maison de ses rêves. On pourrait d'ailleurs faire une comédie tout aussi convaincante sur l'auto de ses rêves, ou le mobilier, ou le voyage, ou l'emploi, sur le rêve, quelque forme qu'il prenne. Nous vivons des années où le rêve ne saurait (on en peut rire ou pleurer, c'est affaire de tempérament) que dégénérer en cauchemar…

Sujet banal, donc, comédie qui est au fond celle de M. Tout-le-Monde. Mais hélas, victimes de l'habituelle mégalomanie des plateaux, les personnages et leur milieu ont gauchi, se sont soufflés, dorés, au point d'avoir perdu tout à fait le *common touch*. De modeste employé d'agence qu'il était dans le roman, le Mr. Blandings du film est devenu un type qui brasse du gros *business,* qui trouve sans peine les milliers de dollars additionnels que dévore son entreprise

– c'est une espèce de ploutocrate. Il m'amuse toujours, mais ne me touche plus.

Le roman est trahi tout aussi bien par cette campagne, admirable par ailleurs, de publicité ; surtout par cette floraison de *dream houses* à laquelle on assiste depuis quelque temps en Amérique. À Montréal, c'est dans Ville Mont-Royal que cette orchidée (fleur dispendieuse) a poussé. En nous la décrivant l'autre jour, un quelconque chroniqueur nous invitait à aller voir de près cette maison qui « symbolise bien le rêve que nourrissent les jeunes d'acquérir un modeste foyer » (ou quelque chose comme ça). Or, ledit « modeste foyer », les jeunes peuvent l'acquérir moyennant la somme, une paille ! de quarante-cinq mille dollars (ou quelque chose comme ça) ! Le moins qu'on puisse dire, c'est que les rédacteurs de publicité ne manquent pas de culot.

Parlons chinois
Volume 1, numéro 1

Il est né ce mois-ci, petit monstre agressif et fat, qui se proclame « voué à la véritable information cinématographique, compétente et qualifiée, journalistique et inédite ». Une sorte de sous-*Variety* mâtinée de *Radio-monde* (au fait, ils vont se partager un même marché « spécialisé » !)… Vingt pages d'excellent papier, des chiens crevés montés en épingle, *business* et charabia, une litanie psalmodiée en petit nègre devant l'autel du *box-office*… Et ça s'intitule – prends le *de* et tords-lui son cou ! – *Parlons cinéma*.

Quelques-unes des tournures les plus superbement abracadabrantes que j'ai de ma vie dégustées. La tentation est trop forte, je cite… Item : « un de ces maintenant rares phénomènes ». Item : « La seconde moitié du film [il s'agit de *Hamlet*, à part ça !] est possédée de façon immense et très forte d'élans dramatiques de toute splendeur dramatique. Alors là, surtout, évidemment… »

Je n'invente pas, ma parole ! Voyons encore cette profession de foi, cette Défense et Illustration qui a quelque chose, au fond, d'assez touchant : « un idéal de possiblement offrir aux lecteurs… un journal de cinéma compétent, qualifié, honnête et cherchant sans cesse à faire

valoir, pour votre légitime information, la formule émancipée, généreuse et exclusive du véritable journalisme. Pardonnez, mais j'ai l'impression que ça manquait chez nous, un journal comme ça ».

Le fait est, justement, qu'il ne manquait plus que ça !

(5 novembre 1948)

Comédie d'outre-tombe

(*That Lady in Ermine* : par Ernst Lubitsch ?)

Ce film m'a fait penser à *Ninotchka*. Ce qui est très mauvais. Qu'une œuvre d'un auteur nous fasse oublier ses efforts antérieurs, voilà le bon signe. Mais dès qu'elle éveille des images anciennes, qu'elle postule la comparaison, malheur !

Oh ! ce n'est pas un bien grand drame. D'abord parce que le regretté Ernst Lubitsch est mort avant d'avoir terminé cette ultime comédie – et l'on sait que les dernières semaines de travail, découpage et montage, sont les plus importantes, celles où le film prend forme, acquiert sa personnalité, celles où le metteur en scène le marque à jamais de sa griffe[1]. Or, la griffe de Lubitsch était cruelle et le fourreau de soie *sophisticated* n'en émoussait pas l'acuité. Je pense à *Ninotchka*... et j'ai peine à croire que le même homme ait fait *That Lady in Ermine*.

Sans doute une vague principauté d'opérette nous indiffère-t-elle autrement que les bolcheviks, qu'ils soient d'attaque ou de salon. Et puis Betty Grable n'est pas Greta Garbo ! (En toute justice il faudrait ajouter que, sous tel angle appétitif, Garbo n'est pas Grable !)

Mais surtout *Lady*... n'est pas Lubitsch. En tout cas, c'est loin du meilleur Lubitsch, *extra dry* joyeusement incisif. On se défend mal contre l'impression qu'un mixeur de second ordre a dû frelater le produit. Le vieux maître d'ironie, s'il n'était point mort si tôt, lui eût donné plus de corps, plus de bouquet, sinon plus de gaieté.

---

1. Lubitsch est décédé pendant le tournage et c'est Otto Preminger qui a terminé le film.

174 LUMIÈRES VIVES

Car le film est très gai. C'est une rigolante musico-tragédie qui permet à Betty Grable d'agiter ses jambes fabuleuses, de porter un non moins fabuleux manteau (poids : vingt-deux livres) d'hermine et de chanter (mal), à Douglas Fairbanks de montrer qu'il est bien le fils très souple de Douglas père, à Cesar Romero de sourire de toutes ses dents éclatantes, à la compagnie Fox de monter quelques richissimes décors vraiment metro-goldwyn-mayeresques…

On croit déceler aussi une vague tentative de caricature dans une longue et luxueuse scène où s'anime un rêve de Fairbanks, plein de voluptueuse subconscience, truffé de symboles psychanalytiques. Mais la longueur, justement, et le luxe étouffent la satire : il n'en reste qu'une couple d'attrayantes trouvailles-à-spectacle, entre autres la promenade nocturne d'une foule de personnages vétustes descendus de leurs cadres dorés, fantaisie miraculo-picturale qui mérite bien un bravo en passant.

Toujours fourvoyé par le nom de Lubitsch, on cherche en vain un sourire entendu, un rire où perce nettement, sans équivoque, le sarcasme. On ne rencontre qu'une belle humeur de jazz band, simpliste, tapageuse et qui sonne plutôt creux.

Malgré ses dorures et ses meubles de style, malgré les vingt-deux livres de fourrures précieuses, *That Lady in Ermine* n'est qu'un poids plume.

(12 novembre 1948)

L'examen de conscience

(The Search)

Sous la fine pluie glacée, une queue frissonnante s'écrase devant le guichet de l'Orpheum où M. Errol Flynn incarne un 1001e Robin Hood. Évasion, *escape* facile dans les sentiers prestigieux d'une forêt de Sherwood en Technicolor…

Devant l'Impérial, rien qu'un tramway qui remonte Bleury en grinçant de toute sa vieille carcasse torturée. Un orchestre dégarni, un balcon désert… En blanc et noir, des visages hâves dans un décor de ruines – une sorte d'examen de conscience de notre siècle dont on ne s'évade qu'en restant au-dehors.

Le public en a marre des horreurs et des bilans tragiques, c'est connu. Sans doute parce que trop de films de guerre ont pué le talent commercial, le monnayage sans vergogne de la souffrance et des deuils… d'autrui. Quand nous arrive un document comme celui-ci – *The Search* –, tout brûlant de simple et affreuse vérité, on se prend à haïr ce talent maudit des faiseurs, des patriotes à gages du Hollywood 40-45. Leur virtuosité technique, comme le vide clinquant de leur guerre en série, ont dégoûté le public. Un cataclysme figuré par le couple héroïque de Gable et Turner : après ça, soyez surpris que pour le spectateur moyen la guerre soit une affaire classée !

*   *   *

La liste est longue des crimes perpétrés par ce siècle pas encore quinquagénaire. Et de toutes ses atrocités, aucune ne le dégrade plus complètement que le sort ignoble qu'il a fait à l'enfance. Nous de la confortable Amérique, nous qui gémissons – à juste titre certes – sur nos combattants disparus, qui prétendons succomber sous le faix de la dette et des impôts, nous ne saurions comprendre la portée apocalyptique de ce drame suprême : le massacre et l'avilissement sans phrases et sans bornes des innocents. Nous ne saurions comprendre, et pourtant des cent visages odieux de la guerre, il n'en est pas qui nous fixent d'un œil plus menaçant. Les cathédrales éventrées, c'est l'attentat bête contre Hier, les éclopés de trente ans, la mauvaise conscience des vieillards, les procès de Nuremberg ou de Tokyo, c'est la misère d'Aujourd'hui, d'un Aujourd'hui qui sème le vent depuis 14 et ne cesse de récolter la tempête. Mais l'enfant décharné et vieux, l'enfant animalisé, l'enfant seul, cela, c'est le crime absolument insensé, impardonnable, le crime contre Demain. Et Demain se vengera… Ils sont là combien de millions dans cette Eurasie de cauchemar – les deux tiers de l'espèce inhumaine ? – qui ont appris la valeur zéro de la vie, du bien, de tout ce bazar millénaire dénommé civilisation ? Ils nous attendent au détour.

Ce péché mortel qu'il a commis contre l'enfance, le monde a beau le reconnaître et en battre sa coulpe, il n'en demeure pas moins la promesse d'une seconde moitié de siècle encore plus jolie que la première. Est-ce à dire que soient vains et trop tardifs les examens de conscience ? Qui sait ? Il est des gens pour qui l'Histoire n'est plus qu'un engrenage de facteurs économiques, après n'avoir été depuis toujours qu'engrenage de règnes et de batailles : le Héros ou les Forces aveugles. N'y eût-il que ce choix, autant lâcher prise tout de suite et se laisser aller au gré des fabricants de systèmes, nous qui ne sommes ni des héros ni tout à fait inconscients. Mais quoi qu'ils disent, prophètes du temps jadis ou des prétendus temps nouveaux, il existe une chose avec laquelle ils ont juré de ne point compter, la plus grande peut-être des forces de la nature, et qui est le cœur des hommes. Ce cœur des hommes simples, des hommes modestes – pêcheurs de Galilée, peuple-apôtre de 89, révolutionnaires vingt fois écrasés de Sun Yat-sen, obscurs ouvriers de la Croix-Rouge et des Quakers –, qui refuse de perdre sa nostalgie, sa soif dévorante de fraternité ; sa science profonde de la fraternité. Le seul espoir, le voilà : un réveil de cette force et de ce héros suprême qu'est la multitude « ridicule » des hommes de bonne volonté.

L'EXAMEN DE CONSCIENCE

Seuls, ils ont le sens commun et la divine ignorance qu'il faut pour apercevoir la folie des zones et des frontières, la grandeur mesquine des drapeaux, la bêtise meurtrière des fanfares et des hymnes guerriers. Et l'absurdité horrible d'un monde qui tue les enfants. Seuls, ils ont le pouvoir d'y mettre fin.

* * *

Qu'un film de MGM inspire de telles réflexions, voilà qui est plutôt inattendu. Je relis et moi-même n'en reviens pas ! MGM, médiocrité dorée, usine de comédies musicales *mass-produced* et d'insignifiance à grand spectacle… Pourtant, c'est comme ça.

The Search est un grand film. Non pas un film de grand artiste, metteur en scène ou vedette, non pas la manifestation d'un style, d'un génie individuel. Mais une œuvre qu'on doit qualifier de collective, qui ramasse comme malgré elle, avec une simplicité sans apprêt et un impact terrifiant, avec une puissance en quelque sorte instinctive, toute la misère de notre époque.

Si l'on songe au réalisme savamment étudié de *Sciuscià* – et comment n'y pas songer ? –, le sujet du film américain peut sembler mélo, une autre élucubration larmoyante de ces incurables romanesques *yankees*. C'est une mère qui parcourt l'Europe à la recherche de son enfant, c'est le garçonnet que l'enfer d'Auschwitz a transformé en petit fauve pouilleux et famélique.

Par-delà les années de séparation, malgré l'incendie des villes et des registres, au milieu du chaos, la réunion de ces deux êtres ne saurait se produire que par hasard. *Deus ex machina…* Mélo ? Oui, et mélo dans ce cas les décombres et les hurlements, mélo tout l'appareil excessif de la guerre totale ; ce mélo anti-naturel, à n'en pas croire ses yeux, qu'ont vu et vécu tous ceux qui sont passés par là en 44-45.

Lourdes baraques verdâtres où se relayèrent Wehrmacht, Volkssturm, Alliés, déportés crasseux ; rubans étroits de chaussées sinuant à travers cette nécropole empestée, toujours la même, qui était Munich, Cologne, Berlin, Varsovie ; grappes de petits visages mornes et fermés, sur les tiges rabougries des corps qui meurent de faim, bouches crispées qui ne savaient qu'une réponse : « *Kaput. Vater ? kaput… Alles kaput…* » D'une voix blanche. On retrouve tout cela, qu'on s'imaginait avoir oublié.

Et l'on retrouve sa propre gaucherie, sa pitié tellement inadéquate, sa propre incompréhension dans le personnage de Steve. C'est le GI, légionnaire d'un nouveau monde américain, conquérant bien nourri, pitoyable, qui essaie de mesurer sa force et ses responsabilités. Qui est mal à l'aise dans son uniforme et dans son rôle. Malheur aux vainqueurs !… Le GI, que *Sciuscià* ignorait presque !

Face au maître du monde, deux visages d'Europe. Des traits de souffrance, d'une finesse et d'un charme racé, très ancien : devant la puissance neuve et encore grossière de Rome, le rayonnement de la Grèce asservie ?

L'une des plus attrayantes figures d'enfant que l'on puisse voir : Ivan Jandl. Et une lumineuse apparition féminine, beauté meurtrie que le soudain éclat du sourire, miraculeusement, restaure et rajeunit : Jarmila Novotná. Deux visages qui ne sauraient être que de là-bas, de cette vieille, misérable, immortelle Europe.

Aussi le *happy ending*, cette providentielle et improbable rencontre, nous paraît-il non seulement justifié, mais nécessaire : gage d'espoir, assurance que rien n'est vraiment irréparable.

(19 novembre 1948)

Le « Procès » de Hitchcock

(The Paradine Case)

Il y a de tout dans *The Paradine Case*. Quelques interprètes fameux : la grande Ethel Barrymore, ce cabotin de génie qu'est Charles Laughton et Gregory Peck, le sympathique chéri de ces dames… Deux étoiles montantes, nouvelles acquisitions de ce grand importateur qui a nom David Selznick : Louis Jourdan, le Charles Boyer de la prochaine génération, et la superbe Alida Valli… Et puis, leur rendant à tous bon nombre de points, la charmante actrice anglaise Ann Todd.

Le metteur en scène n'est nul autre qu'Alfred Hitchcock, grand maître de la tension savante et des terreurs bien graduées.

Ajoutons que le sujet du film semble de premier abord nous promettre une remarquable jungle de passions déchaînées, toute la sauvagerie de ce fauve qui sommeille au fond de la cage fragile des bonnes manières et du qu'en-dira-t-on… Dans un sombre manoir d'Angleterre vivaient un vieux colonel retraité, son ordonnance (Louis Jourdan) et sa trop jeune et trop jolie femme (Valli). Le colonel vient de mourir empoisonné : sa femme est accusée de meurtre. L'avocat célèbre qui doit la défendre (Peck) s'aperçoit d'abord qu'il est entiché de sa cliente, puis qu'elle a été la maîtresse de l'élégante ordonnance, et enfin que ce dernier s'en veut à mort d'avoir cocufié son colonel. Là-dessus le procès s'ouvre…

Il en va de celui-ci comme de tous les sujets : selon qu'on le traitera bien ou mal, il en peut sortir une œuvre puissante ou médiocre ; ou même ridicule, car les thèmes « à haute tension » confinent toujours au mélo criard.

Or, sur ce sujet morbide et qu'on dirait inspiré des sœurs Brontë, on a fait un film qui n'est ni puissant ni médiocre, et certes pas ridicule. Tout simplement et hélas, assez pauvrement, c'est un film habile.

M. Hitchcock, nous l'avons dit, est un virtuose du « suspense », un technicien de grande classe du montage impeccable et sans bavure. Il admet que la psychologie de ses personnages se complique, tant que cela peut servir la marche rapide de son film ; dès que la complexité fait mine de ralentir ce mouvement extérieur, adieu caractères, adieu les âmes ! Et M. Selznick, à la fois scénariste et *producer*, est évidemment du même avis. À l'occasion, on peut les voir tous deux, messieurs H. et S., qui balancent ainsi entre leur « rythme » sacro-saint et leurs velléités de psychologie : à tels moments du procès, par exemple. Mais chaque fois, après quelques secondes de cette heureuse hésitation, c'est la grande loi du train express qui l'emporte.

C'est ainsi que Valli aura tout juste le loisir d'étaler l'indiscutable splendeur de son profil et que Louis Jourdan, sauf pour de fugitifs grincements de dents, n'aura qu'à se montrer joli garçon. Gregory Peck, assez empêtré dans sa toge et tout son emploi de grand plaideur, aura pu se reprendre dans l'autre moitié de son personnage – l'honnête homme qui, sans y pouvoir mais, aime une empoisonneuse. Mais non, ça presse, dépêchons ! Aussi les rôles secondaires sont-ils les vraies réussites du film : le juge haïssable et fascinant de Charles Laughton, la vieille *lady* détraquée d'Ethel Barrymore et surtout la jeune femme aimante et révoltée, passant avec un naturel criant de la confiance à l'angoisse et de la colère au sourire, admirablement incarnée par Ann Todd.

Un film intéressant ? Certes oui. N'empêche qu'on se prend à regretter tout ce qu'un autre metteur en scène – moins habile peut-être, mais également moins pressé – aurait pu tirer de *The Paradine Case*. Un metteur en scène de ces pays pauvres et à la fois si fortunés où le *box-office*, les calculs de *producers*, la loi du superficiel et les multiples censures n'enserrent pas l'artiste dans leurs tentacules asphyxiants.

Revue-éclair

À l'Impérial, il y a le beau film de Metro, *The Search,* qui achève en ce moment une troisième semaine. Il faut croire qu'il y fait souvent de meilleures salles que le jour où j'y suis allé. Je me suis donc quelque peu trompé sur les goûts et dégoûts du public, et j'en suis fort aise.

Ailleurs, Red Skelton en agent de la compagnie Fuller et Greer Garson en collante et très censurable culotte (mânes de Mrs. Miniver!) tâchent méritoirement à dérider la clientèle.

Deux autres salles, enfin, nous offrent une alléchante séquence : ici Errol Flynn en Robin Hood, et là Cornel Wilde – le fils de Robin Hood! À quand la troisième génération ? Pas d'erreur, quand Hollywood met la patte sur un vrai filon (en Technicolor, inévitablement), il l'exploite jusqu'à la dernière pépite.

(26 novembre 1948)

La machine à faire le vide

(Sealed Verdict)

Le héros de *The Sealed Verdict,* roman de Lionel Shapiro, se nomme Robert Lashley ; le héros de *Sealed Verdict,* film de la Paramount, se nomme Robert Lawson... Pris d'une pudeur subite, le cinéaste daigne-t-il avouer par là qu'il s'agit effectivement de deux hommes, et qui ne se ressemblent guère ?

À première vue, pourtant, on se croirait en présence d'un seul et même personnage. Comme Lashley, Lawson est un avocat américain promu par l'armée d'occupation au grade bâtard d'*assimilated major,* c'est-à-dire de pékin en uniforme[1]. En apparence, ils ont à jouer des rôles absolument identiques : procureurs consciencieux d'une justice qui tient mordicus à ne pas dégénérer en simple vengeance, qui observe avec minutie les moindres règles d'une procédure souvent inadéquate. Non sans inquiétude, non sans quelques sursauts (car ils ont bien ancré le respect du « précédent »), ils appliquent un code encore informe et terriblement incomplet ; un code élaboré après coup, dont les prescriptions désignent des forfaits, vieux comme le monde sans doute, mais qu'on n'a jamais considérés d'un tel point de vue ni jugés de façon si radicale. Le vice le plus grave, le vice essentiel de cette législation, c'est que, née du chaos, elle se perpétue dans le chaos. Loi ne doit signifier

---

1. Il y a sans doute ici une bonne part d'autodérision : dans l'armée américaine, lors de la Seconde Guerre mondiale, Lévesque avait le grade de « *lieutenant, junior grade* », soit premier lieutenant, mais remplissait des fonctions de civil (reporter, traducteur, *speaker* à la radio, etc.).

LA MACHINE À FAIRE LE VIDE   183

qu'ordre et harmonie. Or, la loi internationale qu'on a prétendu instaurer depuis 45 est l'œuvre de gens dont le coude-à-coude n'était qu'un accident, réunis une seconde par un commun effort et par le frisson fugitif d'une victoire partagée... Mais à peine siègent-ils au même tribunal que voici, entre les fauteuils, des fossés infranchissables, que voici des mots – *agression, justice, réparations* et bien entendu *démocratie* –, des mots-clés qu'on n'arrive plus à définir. Trois ans s'écoulent et déjà les justiciers ne pensent fiévreusement, la conscience mal en point (du moins, espérons-le), qu'au jour où peut-être ils devront eux-mêmes paraître à la barre... Encore un peu, et la grande vague humanitaire n'aura été qu'un autre lamentable déguisement de la raison du plus fort. Plus hypocrite, infiniment plus bavard que ceux de jadis, et non moins inutile.

*   *   *

À tout cela, le major Lashley de M. Shapiro, procureur de la justice interalliée dans une ville du Reich ex-nazi, ne peut s'empêcher de songer parfois avec angoisse ; il nous rend songeurs nous aussi. Tandis que le major Lawson de Paramount se contente d'avoir, on ne sait trop pourquoi, un air perpétuellement intrigué, comme un homme qui digère mal ses rations K : rien moins qu'inquiétant.

C'est dire, tout simplement, que Hollywood s'est encore servi de son appareil pneumatique. De ces créatures du romancier, il a pompé toute la substance, tout ce qui pourrait en elles surprendre ou troubler le spectateur, ou même le faire penser. Il ne reste plus sous nos yeux que de maigres enveloppes, l'habit sur l'épiderme...

Lionel Shapiro avait écrit, avec un évident souci d'objectivité, un roman de reporter, fait d'une foule de notations précises. Un roman qui se lisait avec le même intérêt, très réel et très limité, qu'une série de dépêches bien construites. Centré sur le procès et l'exécution d'Otto Steigmann, général hitlérien, ce reportage traçait une peinture fidèle d'une ville d'Allemagne occupée, avec son atmosphère également déprimante pour le vainqueur et le vaincu. Toute une figuration remarquable, croquée sur le vif : nazis, juifs étiques, GI et personnes déplacées. Et un couple de protagonistes – Lashley et la jolie maîtresse-malgré-soi de l'Allemand, Themis DeLisle – dont l'amour n'est qu'une aventure de commande, une idylle pour Livre du mois, et qui demeurent essentiellement fictives.

N'empêche que, en leur qualité de porte-parole d'un auteur qui est un homme intelligent, ces deux êtres avaient quelque chose à dire. Leurs pensées, leurs discours reflétaient l'état d'esprit, les doutes et la fréquente indignation d'un excellent observateur.

Dans le film, ils ne reflètent plus rien que la vacuité méthodique du *producer* hollywoodien, et le soin qu'il a eu d'escamoter toutes les questions controversables. C'est toujours, tournant rond, la machine à faire le vide. Un exemple typique, entre bien d'autres... Le roman nous transporte à un moment donné dans un hôpital civil, où se trouve une jeune fille que le major-avocat désire interroger. La jeune fille se meurt. Et voici les répliques qu'on entend alors à son chevet :

Le médecin allemand : « ... *if the American authorities are interested they have the germicide required to treat her condition. I refer to penicillin. It is very useful in such a case.* »

Le major américain : « *You have no penicillin ?* »

Le médecin : « *We have never had any.* »

En d'autres termes, les troupes d'occupation ne partagent pas leur pénicilline avec les Allemands. Une règle formelle réserve la drogue à l'usage exclusif de l'armée. Rareté des médicaments, sévérité mille fois justifiée ? Peut-être. Mais cette froide indifférence ne risque-t-elle pas quand même de troubler le brave spectateur de New York ou de Chicago, d'ébranler son cher vieux concept d'un Oncle Sam infailliblement secourable ? Qu'à cela ne tienne ! Dans la bouche du médecin allemand à qui l'on demande : Vous n'avez donc pas de pénicilline ?, le scénariste remplace le terrible « *never* » par cette gentille petite phrase :

— *No. But a shipment may arrive tomorrow.*

Et voilà. Dormez tranquilles, braves gens ! Hollywood veille à votre touchante et bien américaine quiétude.

*   *   *

Mais à part ça, à part ce gauchissement systématique et cet appauvrissement de l'œuvre écrite, tout va normalement, ni mieux ni plus mal que d'ordinaire. *Sealed Verdict* est un film dans l'honnête et grisâtre moyenne. Aux prises avec des rôles qui étaient d'avance peu consistants et qu'on a de plus vidés de tout leur contenu. Ray Milland (l'avocat) et Florence Marly (Themis DeLisle) sont pâles. Heureusement, quelques autres créatures, moins importantes, du romancier parviennent à tirer leur épingle du jeu : le général Otto Steigmann est superbement incarné par John Hoyt, Rodal le détraqué est une puissante composition de Norbert Schiller, et la journaliste-virago d'Olive Blakeney, une brève mais tordante caricature.

J'allais dire un mot de la mise en scène, de ses à-coups plutôt curieux. Mais juste à temps, je me suis rappelé cette scène nocturne où l'héroïne, avec hauteur, traite le héros de « *my dear major* »… et puis, sans transition, pftt ! c'est le matin et la voici, brusquement tendre, inexplicablement langoureuse, qui murmure (avec l'accent de Paris, bien sûr) : « Robert »!… Et j'ai cru, dans cette génération spontanée de l'amour, reconnaître l'implacable vertu de notre Anastasie[2]. Ne l'oublions pas en effet, nous sommes doublement à l'abri de toutes les atteintes du siècle : il y a d'abord Hollywood qui expurge en vue de la recette, et puis Québec, en vue de l'éternité… Peut-être n'est-ce pas la meilleure façon de se tenir au courant : mais pour la paix des âmes, c'est d'une efficace dépareillée !

(3 décembre 1948)

---

2. Le prénom *Anastasie*, qu'on retrouve dans l'expression *les ciseaux d'Anastasie*, désignent la censure d'État.

Tout va très bien – pourvu que ça dure…

(En attendant *Un homme et son péché*)

Ces jours derniers, j'ai eu l'occasion d'assister à quelques prises de vues aux studios de la Québec Productions à Saint-Hyacinthe.

À part la migraine qu'on rapporte de ce capharnaüm qu'est toujours un plateau, avec ses brusques alternances de vacarme et de silence religieux, qu'ai-je tiré de cette visite ? Deux choses : un plaisir que je qualifierais franchement d'inattendu, et un espoir que je ne saurais, pour demeurer franc jusqu'au bout, qualifier autrement que de craintif…

Plaisir, d'abord, de lire en diagonale l'excellent scénario de M. Grignon. Une œuvre aux lignes nettes et fortes, où le drame plutôt statique de l'avare Séraphin se trouve étayé d'heureuse façon par le rajeunissement des autres personnages. Devant le grippe-sou quinquagénaire, voici une Donalda à peine femme, qui aime un robuste Alexis de vingt-cinq ans : son mariage avec le vieux, pour sauver le bien paternel, acquiert de ce fait un sens à la fois très beau et repoussant, sacrifice d'un agneau sans défense sur l'autel paysan de l'attachement farouche et impitoyable à la terre… Si cette armature nous paraît infiniment plus solide que les péripéties languissantes et répétailleuses du roman radiophonique, la langue, elle, est toujours ce parler « habitant », rude et dru, dont M. Grignon est le maître incontesté.

Plaisir de voir l'aplomb et l'éloquence savoureuse avec lesquels un groupe d'interprètes a donné quatre fois sous nos yeux – ô bonheur, ô misère du cinéma ! – la même scène de trente secondes. Il y avait là M. Charland, qui s'est fait une tête hallucinante de vautour noir et visqueux ; M. Poitras, dont la Jambe-de-bois nous semblait d'un naturel superbe ; M. Provost qui était un Alexis sobre et de belle prestance ; et enfin Mlle Suzanne Avon (Artémise), dont le jeu est déjà d'une justesse et d'une aisance remarquables… Et tous de proclamer à l'envi que la Donalda de Mme Nicole Germain « va être formidable, vous verrez !… ».

Plaisir, encore, d'admirer ces costumes d'un pittoresque dont Mme Laure Cabana garantit la parfaite authenticité ; et ce pan de mur gris sale, flanqué de maigres broussailles, qui sera le gîte maudit de Poudrier ; et cet arrière-pays austère, là-bas sur la toile, monotonie terriblement nordique de ciel froid et de collines noires… Plaisir d'entendre dire que les techniciens sont excellents, surtout le cameraman qui appartient, dit-on, à la fameuse équipe du magnat Rank[1].

… Donc, on en était à la page 64 d'un scénario qui en compte 67. Et depuis, la dernière prise de la dernière scène a sans doute pris le chemin du studio de montage. Tout est pour le mieux ? Oui… Oui, mais…

⋆   ⋆   ⋆

Mais la besogne n'est pas terminée, au contraire. Car si tout cela – texte, interprétation, décors – est aussi bien que l'on dit et mieux encore que la scène à laquelle j'assistais, si les images du cameraman sont vraiment d'un artiste et la musique de grande classe, bravo ! Mais quand même tout cela ne fait pas un film. Cette foule de bouts jetés en vrac dans les boîtes demeurent pour l'instant aussi informes qu'un monceau de briques : tant mieux si la texture en est bonne, mais le bâtiment reste à faire.

L'on ne dira le mot *film* que le jour où le metteur en scène aura réuni, fondu ces images et cette bande sonore, et ces bribes d'orchestre, en un tout. Le metteur en scène ! l'homme-prodige, le Pic de notre siècle ! Il lui faut la maîtrise de six arts, autant de sciences exactes et d'une bonne douzaine de métiers ; ou plutôt, il lui faudrait… S'il n'est

---

1. Le directeur photo, Drummond Drury, avait été, peu avant, cameraman pour l'Associated British Picture Corporation.

188 LUMIÈRES VIVES

pas de cette poignée que sont les hommes hors série, on ne lui demande en réalité que l'essentiel de ce bagage terrifiant et une dose de l'indispensable catalyseur, le goût.

M. Paul Gury, metteur en scène d'*Un homme et son péché*, répond-il à cette définition *a minima* ? Je l'espère, n'en sais rien, mais nous verrons bientôt.

Voilà, entre-temps, cet espoir craintif dont nous parlions. Le travail qui débute le soir même où, sur le plateau désert, les machinistes rangent les décors et les *sunlights*, au moment où la matière du film est toute prête, docile comme un jeu de blocs – qu'en sortira-t-il ? À mon humble avis, il en pourrait, au mieux, sortir une fresque paysanne comparable à *Goupi Mains Rouges*, et à tout le moins une honnête réussite dans la même veine âpre et colorée...

Sinon – eh bien, sinon, nous ne serons pas plus pauvres qu'avant ! diront ceux qui oublient l'effet anémiant des échecs à répétition.

Le Bon-bon-bon Samaritain

Good Sam, le dernier film du « révérend » Leo McCarey, est l'illustration de cette phrase chère aux Anglo-Saxons : « *Virtue is its own reward.* » Noble principe, devant lequel on ne saurait que s'incliner chapeau bas.

Poussée jusqu'au point imaginé par le réalisateur de *Going My Way*, l'application de ce code nous rappelle cependant le précepte de la mesure française : que l'excès en tout est un défaut...

Good Sam, ma parole, ne mérite pas davantage qu'une couple de proverbes élimés. Ce héros bonasse, qui se laisse complaisamment tromper, léser, voler, injurier, abandonner, et qui s'en tire subito presto, à deux secondes de la fin, avec une maison neuve et un prodigieux avancement (vice-présidence de la compagnie, pas *moinsse* !) – ce héros, même incarné par le sympathique Gary Cooper, m'indiffère au possible. Je me trouve en revanche tout à fait d'accord avec sa pauvre épouse (Ann Sheridan), qui nage à contre-courant, d'un crawl forcené, au milieu de ce déluge de gluante vertu.

On dirait que M. McCarey a voulu, comme diraient ses compatriotes, « super-caprer » Frank Capra, le chantre attendri et souvent ingénieux de l'Américain moyen, de l'Américain cœur-d'or-pur-sous-la-rude-écorce. C'est bien, effectivement, une parodie de la manière Capra que ce malheureux *Bon Sam,* mais une parodie, hélas, qui se prend pieusement au sérieux.

(10 décembre 1948)

Une grande rumeur au sud…

Triste semaine… Oh ! bien sûr, ça dépend du point de vue. Ceux qui ne cherchent, au milieu des premières tempêtes, qu'un refuge pas cher et bien chauffé, qu'un coin d'ombre où caresser une douce menotte, ceux-là ont continué cette semaine, comme en toute saison d'ailleurs, de remplir nos salles de premières.

Mais pour les gens qui demandent au cinéma plus et mieux qu'un somme en musique ou des sorties avec la blonde, voilà sept miteuses journées qui s'achèvent. Et ces exigeants, croyez-le ou non, mais ils deviennent chaque jour plus nombreux. À preuve ces soupirs sans cesse plus lamentables en provenance de Hollywood. Les années de guerre et d'immédiat après-guerre sont passées, ce bon vieux temps des producteurs à la manque, où le pire des navets faisait immanquablement des recettes en or. Dieu soit loué ! Les profits californiens accusent, paraît-il, une baisse désolante. Nous qui ne sommes ni Goldwyn ni Mayer jubilons dans notre coin et laissons ces messieurs à leurs examens de conscience… et de grands livres. Examens dont les résultats, par malheur, ne se font pas encore sentir à Ville-Marie. En tout cas, sûrement pas dans les présentations courantes. N'en parlons plus, et prêtons plutôt une oreille attentive à certains bruits qui nous parviennent de New York…

Chacun ses histoires…

… et l'écran dirait moins de bêtises ! Cette formule (qui se voulait lapidaire – on fait ce qu'on peut !) m'est suggérée par la réception assez fraîche qu'accorde en ce moment la métropole américaine à *Joan of Arc*, le superfilm de Miss Bergman et Mr. Wanger.

Pourtant, Ingrid Bergman est une belle femme et même, c'est incontestable, un type admirable de beauté paysanne, saine et naturelle. Pourtant, ce film a coûté un nombre impressionnant de millions et on n'a – comme disent les réclames – rien épargné pour en faire une fresque historique grandiose, somptueuse, inoubliable et bien entendu « glorieusement » technicolorée. Pourtant, le père Doncœur, le célèbre jésuite qui est l'un des meilleurs biographes de la Pucelle, aurait, dit-on, contrôlé avec un soin minutieux l'authenticité des personnages, des événements et des décors.

Que peut-il donc manquer à *Joan of Arc* pour être ce grand film que d'aucuns attendaient ? Consultez les meilleurs critiques new-yorkais et vous verrez que tous, en suivant chacun son itinéraire habituel, en arrivent à cette même conclusion en forme de cul-de-sac : c'est riche, c'est sympathique, c'est tout ce qu'on voudra mais – ce n'est pas ça, pas ça du tout…

Car il est mille et une façons de trahir un sujet, de fausser un personnage. À plus forte raison lorsqu'il s'agit d'un sujet aussi parfaitement éloigné des préoccupations ordinaires de Hollywood que l'histoire de l'humble petite Lorraine. Il y a, pour défigurer Jeanne, des armes autrement efficaces que l'erreur grossière et facile à repérer. Par une foule de côtés subtils, par d'indéfinissables nuances, très réelles et nécessaires, Jeanne se devait d'échapper à Mr. Wanger et même à la charmante Miss Bergman. Je dis bien qu'elle se devait … parce que Hollywood tel que nous le connaissons est a priori incapable, et ne mérite pas, de comprendre une telle héroïne. S'il y parvenait, il y aurait injustice, passe-droit, ou alors intervention surnaturelle. Il faudrait croire à un miracle.

Aussi nous est-il au fond rassurant d'apprendre qu'en dépit des plus louables intentions et malgré le travail du père Doncœur, Hollywood est ici, comme toujours et partout, notre vieil Hollywood familier et peu inquiétant. À New York, par exemple, on l'a reconnu sans peine à ce trait caractéristique : dans la charrette qui roule vers le bûcher, Jeanne d'Arc ne doit porter qu'une simple robe tout unie, mais – une ceinture au niveau stratégique ne manque pas de souligner d'adéquate façon le buste affolant de la belle Ingrid !

LUMIÈRES VIVES

Que penser de tout cela ? C'est à mon humble avis la plus simple des choses. Étudions une liste quelque peu complète de ces films qu'on appelle, déjà, les classiques de l'écran. Nous y trouvons bon nombre de films d'Histoire, à coup sûr. Mais jamais aucune de ces grandes scènes historiques ne s'est encore réanimée avec succès ailleurs que chez elle, dans la contrée et, au mieux, dans le cadre même où elle s'était autrefois déroulée. Faut-il tirer de là une règle rigide, sans exception ? Cela me paraît fort probable ; et d'ailleurs un tel précepte ne serait qu'un prolongement de celui qui veut que l'histoire de Russie ou de France ne soit bien racontée ou « romancée » que par Russes ou Français, que Laurence Olivier soit le maître shakespearien de l'heure et que Racine soit mal à son aise partout sauf à Paris.

Pabst et les Allemands pouvaient seuls nous restituer en 30[1] toute l'horreur caricaturale et la misère du *Westfront* de 18. Qui, à part Eisenstein et ses compatriotes, eût compris les sinuosités de *Pierre le Grand*[2], l'inimaginable tuerie du *Potemkine* ? Un Européen, par ailleurs, n'aurait su que gâcher de risible façon l'épopée sudiste de *Gone with the Wind...*

Et voilà pourquoi, aussi, la *Jeanne d'Arc* de Dreyer, qui est de 1928, restera sans doute la seule belle et bonne Jehanne de cinéma. Jusqu'à ce que d'autres Français aient l'idée, et les moyens, d'en tourner une nouvelle[3]. Une Jeanne chez soi qui n'aura, pour être infiniment mieux que celle de Hollywood, pas même besoin de Technicolor.

(17 décembre 1948)

---

1. L'auteur avait écrit « 38 ». *Westfront 1918* de Georg Wilhelm Pabst est sorti en 1930, mais il est possible que Lévesque ne l'ait vu qu'en 1938, étant donné les carences de la distribution au Québec.

2. Voir la note 2, p. 65.

3. Effectivement, les cinéastes français – Robert Bresson, Jacques Rivette, Luc Besson, Bruno Dumont – en tourneront plusieurs. Notons toutefois que Carl Theodor Dreyer est un réalisateur danois, mais cela ne contredit pas l'argument de Lévesque : *La Passion de Jeanne d'Arc* (1928) fut tourné en France avec des acteurs français.

Prosper au spectacle

(*The Loves of Carmen*)

Sous la crinière rousse et le teint d'*American Beauty,* Rita Hayworth est fille d'un soleil latin, puisqu'elle naquit Rita Cansino[1]. Quant à Glenn Ford, il a les cheveux superbement noirs et frisés, bien que lui, dit-on, soit né à Québec – comme Louis Jolliet[2]! Ce couple quasi espagnol, donc, la compagnie Columbia nous le campe au milieu d'une sierra californienne qui figure assez bien des montagnes ibériques : pour les profanes que nous sommes, rien ne ressemble autant à un tas de cailloux qu'un autre tas de cailloux…

— Carmen, Don José, la montagne : OK! s'écria le *producer* (et metteur en scène) Vidor. Voilà tout ce qu'il faut pour rendre justice à cette vieille histoire de Mr. Prospayre Mayreemay… Et maintenant, améliorons un peu cette *old-fashioned* aventure !

Le plus curieux, c'est que monsieur Vidor n'a pas tellement raté son adaptation. Certes, voilà *Carmen* mis à la plus pure des sauces Hollywood ; aussi le nom de Mérimée n'apparaît-il qu'une demi-seconde au générique, car le pauvre auteur n'y est à vrai dire pour rien dans l'histoire qu'on nous propose. Son récit de passion et d'implacable destin s'est métamorphosé en intrigue à la Dumas père. Ses personnages

---

1. Hayworth est née Margarita Carmen Cansino le 17 octobre 1918, à New York.

2. Acteur de premier plan de l'âge d'or hollywoodien, Glenn Ford est né à Sainte-Christine-d'Auvergne, dans le comté de Portneuf, le 1er mai 1916.

194 LUMIÈRES VIVES

ont perdu tout mystère, toute épaisseur – il ne reste d'eux que leurs courses échevelées et leurs coups de couteau, que des gros rires et des grimaces également faciles et bien répétés.

Ici et là, des tableaux viennent soudain nous rappeler que les Français ont eux aussi tourné une *Carmen* : la tentation de Don José, par exemple, et la chevauchée des bandits. (Plagiat ! C'est fort possible, à tel point qu'il y a eu, à New York, au moins un début de procès dont j'ignore la suite.) Chose certaine, au-delà de ces détails, importants à coup sûr, de mise en scène, les deux films n'ont guère de parenté.

Le José américain de Glenn Ford est infiniment plus simple et plus naïf que celui de Jean Marais : c'est en quelque sorte un petit garçon empoté, qui regrette une fredaine, et dont les rages subites et la tragédie nous semblent un peu inexplicables. Le bandit de Victor Jory serait une composition de grande classe si le borgne du puissant Lucien Coëdel pouvait être oublié. Et Carmen elle-même…

Le cas de Carmen résume justement toute l'affaire. En français, Viviane Romance incarnait une superbe Espagnole, bien en chair, capiteuse ; ses beaux traits impassibles et ses yeux de flamme sombre damnaient les hommes avec une vraisemblable facilité. Par sa gaucherie même, par la seule vertu de son physique, Romance donnait à sa Carmen un trouble charme païen. En revanche, Rita Hayworth, souple comme une anguille, a beau frétiller tout contre ses victimes, elle a beau jouer des cils et du sourire, multiplier les œillades assassines, ce déploiement n'est rien moins que fatal. On évoque plutôt la coquetterie de tout repos d'une débutante de Main Street fourvoyée au pays enivrant des *caballeros*; l'éternelle touriste américaine : petite fille, charmante, qui se donne l'air d'avoir vécu.

Mais charmante… Hayworth, en effet, n'en est pas moins une incomparable « attraction ». Elle chante avec brio quelques couplets espagnols (plus mexicains sans doute qu'andalous, ou que castillans, mais qu'importe !), elle danse avec un abandon et une grâce sinueuse que la vraie Carmen – et Viviane Romance – pourrait lui envier, et elle demeure bien entendu l'une des plus éclatantes parures des harems hollywoodiens.

Bref, avec ses décors magnifiquement criards et ses costumes (rutilants uniformes et quelques admirables robes), avec son drame réduit aux mesures d'un roman de cape et d'épée, *The Loves of Carmen* est le spectacle Technicolor le plus réussi que j'aie vu depuis *The Emperor Waltz*. Et c'est essentiellement un spectacle Rita Hayworth.

Si vous allez voir ce film, vous serez outrés, j'espère bien, du sort que l'on y fait au malheureux Mérimée… Pourtant, songez que ç'aurait pu être pire ! Ainsi, le dénouement : je m'attendais pour ma part à un José grièvement blessé – pas à mort, non, mais à un cheveu – et à une Carmen éplorée, repentante, qui jure d'être sage si, oh ! si seulement son homme pouvait guérir ! Et alors José d'ouvrir un œil languissant, de grimacer un soupir douloureux et, dans un souffle : « ¡ *Hasta pronto, Carmencita !* » Là-dessus, grand finale orchestrant le thème de l'espoir-quand-même et du *Beautiful Tomorrow*… Eh bien non ! Un coup de poignard, un claquement de fusil, et ce sont bien deux cadavres enlacés qui s'écroulent sur les gradins des arènes, tandis que s'effeuille la dernière rose rouge.

Unhappy ending. Rien que pour cette audace, on pardonne presque les autres accrocs terribles à l'œuvre écrite ; et l'on remarque avec moins d'insistance que la musique n'est pas tout à fait à la hauteur de Bizet !… Et d'ailleurs, et après tout, Bizet lui-même ne fut-il pas le premier à « arranger » *Carmen* à sa façon ?

Lugubre Noël !

L'Assassinat du père Noël est à mon humble avis le type même du film qu'il faut voir en carême. Malgré le mot *Noël* qui tâche à en éclairer le titre, on n'a pas idée de remettre à l'affiche en cette saison une aussi sombre et, qui plus est, miteuse aventure. Voilà bien le commerce des Fêtes !

Un père Noël de petit village est assassiné. Qui est coupable ? En adaptant les élucubrations pseudo-policières du romancier Véry, Christian-Jaque nous présente quelques personnages campagnards qui manquent d'imprévu, un châtelain mystérieux qui manque de vraisemblance et de superbes extérieurs qui manquent d'emploi, réduits qu'ils sont à jouer les cartes postales.

Raymond Rouleau et le regretté Harry Baur n'avaient que faire dans cette galère, non plus que la jolie Renée Faure. Et Christian-Jaque, heureusement, a tourné d'autres films.

(24 décembre 1948)

Il y a longtemps, longtemps…

(Anna Karénine)

… Il y avait une contrée qu'on appelait la Sainte Russie, sur laquelle régnait un tsar invisible, et des popes omniprésents, et toute une bourgeoisie confortable, vaguement inquiète, très vaguement, à tout prendre fort sympathique, et terriblement myope – comme toutes les bourgeoisies…

Il faut être reconnaissant aux producteurs d'*Anna Karénine* de nous évoquer ainsi, d'une façon fort vivante et apparemment des plus fidèles, cette société que nous sommes sur le point d'oublier à jamais, cette société dont on dirait déjà qu'elle n'a vraiment pas existé, aussi lointaine que l'empire des Césars ou le royaume des Ming…

C'est en effet un honnête document d'artiste que ce film. L'on y perçoit à chaque instant un immense respect pour l'ombre prestigieuse de Tolstoï, et même presque trop de respect. De fait, messieurs Korda et Duvivier se montrent aussi respectueux du roman russe que, sur un autre écran, les Américains se révèlent impertinents avec la *Carmen* de Prosper Mérimée !

À force de vouloir tout exprimer, ou du moins tout indiquer, le scénario – auquel a travaillé Jean Anouilh – prend un peu l'allure d'une sorte de collage. La première partie surtout, l'exposition, devient un jeu de découpeur, une succession vertigineuse d'images qui se choquent, se précipitent et, pourtant, qui s'imbriquent avec aisance dans la ligne générale du film. Avec une aisance trop évidente, cependant, avec une habileté satisfaite de virtuose, et cela fait une ligne quelque peu brisée, haletante, qui est un rythme de documentaire bien plutôt que la coulée puissante d'un grand drame humain.

C'est d'ailleurs le sort de tous les téméraires qui osent toucher au chef-d'œuvre. Tolstoï, artiste tourmenté des sinuosités de la passion, des circonvolutions plus étranges et plus complexes que les autres de la passion slave ! Comment un écran, comment cette pauvre petite caméra à peine balbutiante pourraient-ils suivre ce cheminement à travers une nuit d'orage et de mystère ? Dans x années, peut-être – et encore...

D'ici là, il faut tout de même voir *Anna Karénine*... Pour ces images que Duvivier et le photographe Alekan ont su faire très belles, très évocatrices : images sonores et bruyantes de foules russes, parfaitement russes (à la Tolstoï, s'entend bien, puisque nous n'en connaissons guère d'autres !) ; images de bals rutilants, garnis d'uniformes dorés et de robes merveilleuses, où tournoie, invisible mais bien réel, un spectre de fin du monde : image hallucinante d'un quai de petite gare en plein hiver, avec un train tout tapissé de neige, avec une poudrerie de grande classe (et ceci me fait comprendre ce reporter français qui nous parlait naguère des « carrioles » du Château, à Québec, en les appelant des troïkas !)... Toute la séquence finale, en particulier, est une réussite à laquelle rien ne manque, superbe étude à la fois picturale et fluide d'un déséquilibre poignant, traversée de courants troubles et imprégnée de l'exacte atmosphère du roman...

Il faut voir aussi Ralph Richardson qui est un Karénine incroyable, aussi parfait que le permettent les raccourcis et les condensés qui sont l'inévitable faiblesse du cinéma. Il faut voir encore Vivien Leigh dont l'Anna, même si elle ne va pas toujours « au-delà du visage », a des moments d'une grâce et d'une vérité peu communes, et d'autant plus méritoires que Lady Olivier n'est pas, à notre humble avis, l'interprète de ce rôle... En revanche, on peut se permettre de fermer les yeux chaque fois qu'entre en scène le Vronsky plus piteux que nature, si possible, de Kieron Moore...

Ce qui fait que, tout compris, *Anna Karénine* est l'une des « adaptations » les plus intelligentes, et les plus intéressantes, de l'année cinématographique.

La grand'pitié du film de France
(… surtout ici !)

Ainsi donc, on a repris cette semaine le piteux *Assassinat du père Noël*. Reprise, également, que le passage-éclair au même cinéma de l'honnête film *Un ami viendra ce soir*. Et ailleurs, pendant ce temps, à grand renfort de communiqués enthousiastes-sur-commande, l'on extrait tout le jus pécuniaire de cette autre bande plutôt moche qui a nom *Bethsabée*.

De fait, si l'on relève les défunts programmes de nos salles françaises, c'est jusqu'à la seconde quinzaine d'octobre qu'il faut remonter, à travers deux mois parfaitement désertiques, pour y découvrir une couple de films qui tranchent : *Monsieur Vincent* et *Antoine et Antoinette*.

Qu'est-ce à dire ? Eh bien d'abord, une chose – une chose douloureuse pour notre fierté française bien connue, mais il faut après tout se rendre à l'évidence… une chose que G. Charensol, un des bons critiques parisiens, exprimait net et sans détour dans un récent numéro des *Nouvelles littéraires* :

> Alors qu'il est bien peu de films anglais et italiens qui ne présentent quelque originalité, la plupart des ouvrages de série tournés en France sont d'une platitude digne de rivaliser avec les bandes américaines de même catégorie. À Hollywood comme à Paris [quoi de plus triste qu'une telle équivalence, établie par un Français !], il faut payer quelques rares films de prestige par un nombre trop considérable de navets.

On n'est pas plus franc ni, par malheur, plus juste. Ces navets, ne s'étalent-ils pas dans toute leur splendeur sur les écrans du Paris et du Saint-Denis ? C'est la production de série, la masse grisâtre des films réalisés à la petite semaine par ceux que Charensol nomme plus loin « les tâcherons ». C'est la production courante des plateaux français ; et puisque, avec raison, nous aimons mieux encore un navet de Paris qu'un navet de Hollywood, nous serions mal venus de rouspéter. Voilà donc neuf sur dix des films français de l'heure : il faut les prendre tels quels, quitte à les voir tels qu'ils sont…

Neuf sur dix… Mais, et le dixième ? Mais ces « films de prestige » dont parle le critique parisien ? Où sont-ils, ces oiseaux rares ? Car ils existent. J'ai cité *Monsieur Vincent* et le dernier de Becker. Il y a deux mois passés que nous les avons vus. De tels hiatus sont inconcevables lorsqu'on attend toujours, entre autres, *Le Corbeau* de Clouzot, et *Farrebique*, et *La Chartreuse de Parme*, et *L'Aigle à deux têtes*… et une bonne douzaine de productions sérieuses, discutées, discutables, auxquelles les amateurs de New York, par exemple, ont déjà assisté. Cette deuxième ville française du monde, aurait-elle sans crier gare déménagé des bords du Saint-Laurent aux rives de l'Hudson ?

Oh ! bien sûr, les films de prestige coûtent plus cher que cette lavasse dont on nous gorge sans arrêt. Et puis, les « exhibiteurs » de Québec, Montréal et autres lieux ne sont pas dans ce *business* pour les seuls beaux yeux de la culture française… N'empêche que j'ai encore dans la mémoire certaines publicités débordantes de mots sonores et de sentiments élevés : Les meilleurs films… bla-bla… les chefs-d'œuvre de l'écran… bla-bla… l'esprit français, ranpataplan !…

Mais enfin, puisqu'en l'occurrence la culture est une affaire payante – à preuve ces salles bien garnies –, ne pourrait-on, comme on dit justement en langage de *business,* améliorer un peu le service ? On ne pardonnerait pas au vendeur d'autos de nous refiler en 1950 une Ford 48. Pourquoi diable accepter dans six mois ou un an – même si alors ils sont, n'est-ce pas, meilleur marché… – les bons films français d'aujourd'hui ? Service, service !

(31 décembre 1948)

Les dix grands

Que restera-t-il de l'année-de-l'écran 1948 ? Je veux dire, bien entendu, l'année de nos salles montréalaises, qui est toujours un peu en retard sur celle des centres de production.

Eh bien, il en restera – tout dépend du point de vue – beaucoup, ou pas grand-chose.

Pas grand-chose… En regard des centaines de bandes insipides tournées à Hollywood, Paris, Londres et ailleurs et « exhibées » à Montréal, Québec et ailleurs, qu'est-ce en effet qu'une couple de douzaines de films dont on se souvient avec plaisir ? Des exceptions à la règle du veau d'or, des excuses à un public qu'on insulte à la petite semaine en le traitant comme un nourrisson intellectuel… Non, vraiment, pas grand-chose.

Beaucoup, pourtant, formidable ! Ce peloton de tête de vingt-quatre, vingt, disons même de quinze films remarquables… Songez qu'un nombre égal de livres à ne pas oublier font une année littéraire de grande classe, qu'une quinzaine de toiles quelque peu mémorables marquent leur date en lettres de feu et d'or dans l'histoire de la peinture ! Beaucoup, quinze films, énorme ! Oh ! c'est entendu, les critères ne sont pas les mêmes, ils sont « moins consacrés » – mais au fond, ne sont-ils pas tous, toujours et dans tous les domaines, entachés de goûts, de préférences, de toute cette fragilité, humaine et faillible comme les autres, qu'est l'esprit du critique ? Il n'est de tribunal sans appel que celui des siècles, devant lequel justement le cinéma n'a pas encore comparu ; et encore ! L'on songe avec trouble à tous ces écrivains d'autrefois, d'il y a très longtemps, que l'on « découvre » aujourd'hui en les qualifiant de méconnus… Bref, il n'y aurait rien, absolument rien d'indiscutable, dans ce champ immense qui circonscrit tant bien que mal le mot d'Art, que notre idée à nous, notre plaisir à nous… Et tant mieux s'il est justifiable et de bonne qualité !

Tant mieux, donc, si la « sélection » suivante a l'heur de vous plaire. Tant mieux pour moi ? Tant mieux pour vous ? Glissons… et, suivant l'usage des critiques, chroniqueurs (et même des publicistes) de cinéma, allons-y comme tout le monde de notre Grande Dizaine.

*   *   *

Hamlet… Le film hors série, l'oiseau rarissime qu'est l'adaptation parfaitement honnête, faite avec la compréhension et l'amour que demande un tel travail ; en l'occurrence, cette compréhension et cet amour sans bornes, proprement introuvables, que réclame le génie… Laurence Olivier et l'une des plus grandes équipes du siècle ont tourné là le film de l'année, de plusieurs années. Ils méritent cent fois ces Oscars et ces Academy Awards qu'on ne leur décernera sans doute point !

Les Maudits… Le plus fort, le plus mordant, le plus original – en un mot, le meilleur des drames contemporains de 48. Et qui plus est, le plus « cinéma » de tous : ceci, d'ailleurs, est normal, puisqu'il s'agit d'un vrai film de cinéaste, tout entier conçu et réalisé par deux des plus nouveaux et des plus authentiques maîtres du cinéma français, le scénariste Henri Jeanson et le metteur en scène René Clément… On n'a pour ainsi dire pas parlé de cette œuvre, on n'en reparle plus : je me félicite d'autant de l'avoir retenue…

The Search… Une surprise (production de Metro !) et sans contredit le film le plus simplement émouvant, le plus optimistement humain de l'année. Quelques-unes des scènes les plus significatives que j'aie vues : n'y trouve-t-on pas, en effet, la première « prise de conscience », par les Américains du cinéma, des terribles problèmes du vieux monde ? Une vraie révélation.

Monsieur Vincent… Qui est à coup sûr, comme j'ai lu quelque part, « une œuvre très belle et très émouvante », mais qui demeure, à mon humble avis, un film plutôt manqué dans l'ensemble. Le souvenir que nous en gardons est uniquement – et cela suffit, de reste – celui de Pierre

Fresnay incarnant saint Vincent de Paul, de Fresnay, immense acteur, planant très haut au-dessus d'un scénario quelconque et d'une compagnie d'occasion...

Sciuscià... Qui est le frère jumeau, mais pas du tout identique, de *The Search*. La tragédie de l'enfance européenne, vue cette fois par les yeux railleurs, impitoyables et en quelque sorte inhumains d'un homme de là-bas, d'un homme qui « en a trop vu », justement, et dont l'œuvre est poignante mais sèche ; ou desséchée.

Antoine et Antoinette... Le meilleur film de Becker, je crois, dans cette veine la plus riche du cinéma français : tableau souriant et narquois d'un milieu restreint, mais admirablement étudié et reproduit ; si vivant qu'il sort de son cadre et descend dans la salle.

Anna Karénine... Après *Hamlet*, très loin derrière, l'adaptation la plus « distinguée » de l'année. Ne voilà-t-il pas un drôle d'adjectif ! Il implique ici, à mon sens, une certaine gêne, une bonne dose de gaucherie, cette monnaie rare qu'est le respect de l'écrivain disparu, le talent vigoureux de Duvivier, la stature impressionnante de Ralph Richardson, le charme assez mal employé de Vivien Leigh et d'admirables photos d'Alekan...

Monsieur Verdoux... Et pourtant non ! (Voyez comme il est facile de s'autosuggestionner, surtout quand c'est afin de paraître entendu ! À force de voir ce film porté aux nues par beaucoup d'autres, parmi lesquels de grands connaisseurs, furtivement je l'ai placé là. Sans y croire. Pour moi, c'est toujours une belle tentative ratée, à peine « engagée », l'embryon d'une grande satire née prématurément. Mais devant tous ces gens autorisés, n'est-ce pas, ces lumières des fauteuils d'orchestre...) Non, décidément, pas *Monsieur Verdoux* !...

Mais alors, quel film choisir à sa place ? Nous n'en sommes qu'à sept... Hélas, j'ai beau parcourir ma liste, essayer (encore !) de me convaincre, je sens de façon très nette qu'il faut changer de palier, qu'ici on descend d'un étage...

Ne confondons pas l'aigle et le moineau, et restons-en à sept. Et puis, sept, quel meilleur chiffre ! Sept : comme la grande veine[1],

---

1. C'est-à-dire de la chance, le chiffre 7 étant un chiffre chanceux.

sept comme les Macchabées, comme les péchés capitaux… Prestigieuse compagnie.

Pour mémoire, et tout à fait à part, citons quand même la fin de la liste : *Le Café du Cadran,* bon film français sans véritable imprévu ; *Naked City,* le champion des *murder movies* de l'année ; *Sitting Pretty, idem* dans le genre comédie *sophisticated* ; *I Remember Mama,* comédie sentimentale remarquablement juste dans la veine populo ; *A Double Life,* ou Shakespeare habilement accommodé à la sauce *mystery* ; *The Fugitive,* superbe fresque mexicaine de John Ford assez gauchement compliquée de clair-obscur mystique, et *The Treasure of the Sierra Madre* de John Huston, superbe fresque mexicaine tout court ; *The Emperor Waltz,* spectacle pseudo-tyrolien aimablement jou-joué et « crooné » par l'inusable Bing Crosby ; et enfin, et ici ça va, *Monsieur Verdoux,* le quasi grand film (grand pour n'importe qui sauf Chaplin, peut-être ? mais justement, c'est Chaplin !) de Charlot…

Ouf !…

Et dire qu'on se donne tout ce tintouin, tout ce tiraillement de la mémoire pour des gens qui sont certainement d'une opinion tout à fait contraire ! Au fait, se donnent-ils même la peine de lire ces annuelles élucubrations ? Je sais bien que, pour ma part, celles des confrères…

(14 janvier 1949)

Sartre, Bourget, Dostoïevski, etc. – et Hitchcock !

(Rope)

Presque en même temps, quatre films nous arrivent qui, à des titres et des degrés divers, vaudraient chacun tout un commentaire. Deux productions françaises, deux de Hollywood. On n'y peut rien, on le regrette, mais le fait est que, des quatre, les deux bandes américaines sont les plus intéressantes.

Le film marquant de la quinzaine est sans contredit celui d'Alfred Hitchcock : *Rope*. J'ajouterai même que *Johnny Belinda*, quant à moi, arrive bon second, distançant avec facilité une *Chartreuse de Parme* spectaculaire et le détestable *Aigle à deux têtes* de Cocteau.

Rope est un film superbe. Dans un champ restreint – celui de l'horreur glaciale et parfaitement rythmée –, c'est même un film sur lequel on peut risquer le mot de *chef-d'œuvre* ; ou presque. Voilà qui est d'autant plus surprenant que *Rope* prétend aussi, ou du moins fait semblant de prétendre à une certaine densité philosophique. Or, Hitchcock, qui est un grand cinéaste, n'est rien moins qu'un philosophe. L'admirable dans cette affaire, c'est que le penseur, en dépit de fréquents et méritoires efforts, ne parvienne pas à gâter le film !

Qu'est-ce en effet que Hitchcock-philosophe ? Une sorte d'aspirateur-malaxeur où s'engouffre pêle-mêle, en vrac, une poussière de bouts de systèmes corrosifs, et d'où surgit ensuite, comme un drôle de magma intellectuel, toute une plaidoirie contre telles attitudes, telles déformations de l'esprit qui, présentées sous cet angle simpliste, sont évidemment et a priori condamnables. C'est une mixture de grands noms et de théories fulgurantes qu'une curieuse opération transforme sous nos yeux en assez pauvres types et en vérités premières…

Deux jeunes patriciens de New York étranglent leur meilleur ami, puis jettent son cadavre au fond d'un vieux coffre sur lequel ils disposent ensuite un luxueux buffet… C'est un *party,* et voici la compagnie : le père, la tante, la fiancée du mort ! Et voici également celui qui doit être à la fois juge et coupable : le professeur qui jadis, au lycée, a jeté dans ces âmes malléables le germe du crime ; car, leur disait-il, il n'est pas de crime pour l'homme hors série, pour l'homme-exception – les règles sont faites pour la masse… donc, si vous n'êtes pas de ce troupeau… Et c'est lui, l'intellectuel au sourire désabusé, qui percera peu à peu le mystère de cette étrange soirée, le malaise inexplicable des invités, la nervosité explosive des assassins ; c'est lui qui apprendra finalement, avec horreur, que cette application de sa théorie n'est qu'un « objet d'art », un meurtre pour le plaisir : Un acte créateur ! proclame le plus solide des deux monstres… Un bref corps à corps, un coup de revolver par la fenêtre et, tandis que s'enfle la clameur des sirènes, le professeur écroulé songe : à ce monstre de Frankenstein qu'est une idée ? À l'ironie d'être quand même un parfait honnête homme ?…

Alors, vous voyez ça d'ici ? On retrouve d'abord dans ses grandes lignes toute la théorie du *Disciple,* bien entendu… Et puis, au hasard de quelques allusions antisémitiques, de quelques emprunts à l'aryanisme, on sent le fantôme de Hitler qui plane… Le nom de Nietzsche et toute l'attitude des jeunes assassins nous rappellent ensuite le Surhomme, et surtout le « vivre dangereusement »… Mais la réplique la plus révélatrice de toutes, c'est celle-ci du criminel qui se dégonfle :

— *Let's stop playing at* Crime and Punishment *!*

De tous les auteurs qu'il a digérés à moitié, c'est bien en effet à Dostoïevski que le scénariste de *Rope* paraît avoir emprunté son – disons son système…

Le cri que je viens de citer évoque simplement les rencontres de Petrovitch avec Raskolnikov : le criminel-souris aux prises avec le chat qui furète… Mais tout le film, toutes les élucubrations des jeunes meurtriers (comme d'ailleurs celles de l'hitlérisme et de divers autres -*ismes*) ne semblent-ils pas aussi tirés du fameux article de Raskolnikov au *Périodique* ?

SARTRE, BOURGET, DOSTOÏEVSKI, ETC. – ET HITCHCOCK !

J'y maintiens seulement [dit l'étudiant] que les hommes, en général, sont naturellement divisés en inférieurs [ou ordinaires], c'est-à-dire, en définitive, ceux qui ne servent qu'à la reproduction, et puis ceux qui ont le don ou le talent de prononcer des « mots nouveaux »... Et le propre des seconds est d'enfreindre la règle... Si de tels hommes sont contraints, dans l'intérêt d'une idée, à marcher sur un cadavre ou dans une mare de sang, ils peuvent, je le répète, trouver en eux-mêmes, dans leur conscience, toutes les excuses... Quand donc je parle de *droit au crime...*

Et voilà. Un film qui vous fait relire Dostoïevski est à mon sens – et quand il n'y aurait que ça – une production au-dessus de la moyenne !

... Sans doute est-il amusant de suivre ainsi les ébats d'un touche-à-tout de l'esprit ; mais nous parlions tout à l'heure d'un film superbe, n'est-ce pas ? Eh bien, voyez ces trois rôles que Hitchcock a su faire merveilleusement interpréter par James Stewart (le professeur), John Dall et Farley Granger (les assassins). Voyez cet unique décor d'intérieur dont la caméra fait le tour sans arrêt, tantôt avec rage, tantôt à pas feutrés, avec la souplesse et les brusques déclics d'un fauve en cage. Et ce rythme ! ce montage tout en à-coups[1], où la sauvagerie des éruptions soudaines, la tension sourde des minutes de repos, sans compter l'unité de temps – où tout nous rappelle cet autre bel exemple de barbarie théâtrale : *Huis clos.* Jusqu'au tableau final des trois protagonistes attendant immobiles l'arrivée des gendarmes, qui évoque invinciblement le rideau de Sartre. « Continuons ! » gronde le héros infernal de *Huis clos.* « Attendons ! » gémit le héros vivant de *Rope...*

Sauf évidemment pour la partie dialectique, ce drame américain de l'En-deçà m'apparaît assez comparable au trio sartrien de l'Au-delà.

(21 janvier 1949)

---

1. Lévesque veut peut-être parler du découpage en mouvement d'appareils, mais il est vrai que *La Corde*, ce prétendu film-en-un-seul-plan, recèle, outre les fameux raccords sur des passages au noir, cinq vraies coupes de montage à des moments de grande tension.

Mister Richelieu et Gene O'd'Artagnan

(The Three Musketeers)

— Ah ! ces sacrés Américains ! Ce pauvre Dumas père !

Au fait, n'est-ce pas plutôt simple justice ? N'ai-je pas moi-même, comme tant d'autres, appris naguère l'histoire de France dans l'édition revue et corrigée d'Alexandre et de ses nègres ? Et plus tard, j'ai été bien marri de savoir que Milady n'a jamais séduit Felton et qu'Anne d'Autriche n'a sans doute pas connu le dévouement de la petite madame – pardon, Mlle Bonacieux. J'avouerai même qu'aujourd'hui encore je ne peux me représenter la cour de Louis XIV sans le fabuleux petit appartement de La Vallière, avec sa porte secrète, son grand sofa troublant et, dans le salon voisin, la belle Athénaïs attendant son heure !

Mais holà ! N'allons pas suggérer à Hollywood qu'il devrait aussi refaire *Le Vicomte de Bragelonne* : il y pensera bien tout seul. Restons-en aux mousquetaires…

Que les jeunes de 49 (seize ans et plus, comme de bien entendu) découvrent ainsi un Dumas arrangé par Metro, je trouve, ma foi, que c'est assez rigolo – et que c'est bien fait : un faussaire faussé, l'Histoire s'en moque, et la littérature donc ! Il s'agirait de Balzac ou, comme l'autre mois, de Mérimée, ce serait autre chose. Mais Dumas ? Non, ça ne peut pas être sérieux, ça ne l'a jamais été.

Quelque chose pourtant m'aurait fait de la peine : que les Américains, comme il leur arrive, eussent transformé l'aventure en *period piece* et ignoré ce rythme haletant, cet incroyable engrenage de coups d'estoc, de galopades, de séductions et de joyeuse invraisemblance. Grâce au Ciel, il n'en est rien. Le livre n'étant au fond qu'un western d'époque, Hollywood est fort à son aise. Que le film ressemble à un « à la manière de » Dumas, peu importe : ceux qui ne connaissent le règne de Louis XIII que par *Les Trois Mousquetaires* ne s'en porteront pas plus mal pour avoir été un tantinet dérangés dans leur quiétude par les *musketeers* de MGM.

Au contraire. Leur morale (notez le *e* muet) n'en peut sortir que raffermie et purifiée. Chacun sait en effet avec quel malin plaisir Dumas se permet de dauber le pauvre Richelieu et qu'il nous la fait aussi noire et vicieuse que possible, la grande pourpre politique... De nos jours, sous l'œil torve des Legions of Decency, de tels propos sont inconcevables. Aussi le film nous présente-t-il le plus curieux, le plus hilarant des cardinaux défroqués : ou plutôt, semi-laïcisés, car on lui laisse sur la poitrine une sorte d'écusson *made in USA* qui remplace la croix pectorale et, sur les épaules, une ample cape rouge dont la majesté, de dos, est presque pontificale. Là-dessous, il a troqué la soutane contre un « complet », pourpoint et haut-de-chausse, d'une coupe austère il est vrai, mais d'un bleu pastel extrêmement profane ! Et voilà M. Richelieu « premier ministre ». Passez muscade : ainsi accoutré, Armand du Plessis peut comploter et même flirter avec Milady de Turner à l'abri de toutes les censures !

Il y a encore le cas virginal de Mlle Bonacieux. Dans l'original, la jolie Constance trompait le plus vertueusement du monde son barbon de mari... Ici, pas plus d'époux que sur ma main, tout juste un vieux tuteur. Et ça, c'est plus grave que « Monsieur » Richelieu ! Qu'il suffise de dire, par exemple, que d'amant qu'il était, d'Artagnan est promu nouveau marié. Un mousquetaire domestiqué, apprivoisé, c'est pénible à voir et – mon instinct me l'affirme – c'est archifaux. D'autant que la pauvre Constance y laisse le plus clair de son charme canaille.

Je m'empresse de souligner (il vaut toujours mieux être en bonne compagnie) que le confrère du *Devoir* partage ma déception, puisqu'il proclame :

> Dans un but moralitaire [drôle d'adjectif, mais voyez que c'est bien la même idée], Constance, qui dans le roman est l'épouse du propriétaire, devient, à Hollywood, sa filleule ; afin de permettre toutes sortes de longues et savoureuses embrassades avec son amoureux d'Artagnan. Les enfantillages de cette sorte se condamnent par eux-mêmes...

Voilà qui est net et sans détour. Tout comme votre serviteur, *Le Devoir* eût préféré que Constance cocufiât gaiement l'ignoble Bonacieux et que Richelieu réintégrât son habit. Car ç'aurait été l'occasion d'un papier autrement substantiel sur l'anticléricalisme et le manque de ferveur « moralitaire » des Américains – pardon, des Étatsuniens… Mais cela, c'est une autre affaire, et nous n'avons pas à scruter ici l'âme des bien-pensants, cet abîme insondable…

Enfin bref, *The Three Musketeers* est une très honnête (dans un sens, toujours le même), très bruyante et très divertissante parodie-adaptation. Le Louis XIII de Frank Morgan et le Richelieu de Vincent Price sont d'aimables compositions ; l'Anne d'Autriche d'Angela Lansbury est inexistante, mais Lana Turner en Milady ferait sans peine (elle ne s'en donne aucune, d'ailleurs) damner un moine. La madame – pardon – Mlle Bonacieux de June Allyson est fraîche et touchante. Porthos et Aramis sont au-dessous de tout, mais Van Heflin nous campe un Athos torturé qui ferait presque un bon Macbeth. J'ai toujours eu un faible pour Planchet, ce valet modèle, et suis bien aise d'annoncer que Keenan Wynn lui prête une gueule superbe de paysan, rusé et empoté. Quant à Gene Kelly, son cadet de Gascogne est né à Tipperary, c'est entendu, mais à part ça et un goût trop prononcé pour la bouffonnerie, il est un d'Artagnan remarquable : fanfaron, soupe au lait, fier et timide, bretteur enragé ; et de plus, Kelly est un acrobate qui nous évoque les plus beaux jours du premier Fairbanks.

Le Technicolor est criard. La cour de France est d'un luxe hollywoodien. Le bourreau de Lille est terrifiant (éclairage mi-rougeâtre mi-verdâtre sur fond noir)… Et l'on compte, exactement, douze séquences de mort d'homme, truffées de détonations et de cliquetis, et de grands et petits duels, dont certains qui durent plus longtemps que toute la bataille d'Azincourt dans *Henry V* ! Mais *parva non licet*…

(28 janvier 1949)

Un album de 5 000 000 $

Il y a quelque temps, je me suis permis de citer et d'endosser de confiance certaines critiques d'outre-45ᵉ, des commentaires pleins d'ironie sur le dernier film de Walter Wanger. Ces opinions étaient celles d'éminents chroniqueurs du *Times,* du *New Yorker* et du magazine *Time,* sans oublier celle du reporter hollywoodien d'occasion d'un quotidien de Montréal. Je ne me fais pas d'illusions sur la portée de mes petits papiers hebdomadaires ; heureusement, car aujourd'hui les sarcasmes de ces messieurs me paraissent assez pauvres, je regrette d'avoir été leur messager et jure, un peu tard, qu'on ne m'y reprendra plus. Adieu la critique anticipée – si « généralement bien informés » qu'en puissent être les inspirateurs…

*   *   *

À mon humble avis, *Joan of Arc* n'est pas le moins du monde un film ridicule. C'est au contraire un beau film… On voudrait bien en rester là ! Beau, quel commode adjectif, qui veut dire n'importe quoi ! Mais, puisqu'il faut entrer dans le détail : *beau* signifie en l'occurrence que voilà un spectacle empoignant, dont plusieurs scènes sont magnifiques et auquel je ne vois pas qu'on puisse assister sans être ému. Parce que – et quoi qu'en disent les gens calés, trop calés pour s'abaisser une seconde au simple rôle de spectateurs – c'est la narration honnête et réussie dans son ensemble, un peu simpliste mais frôlant parfois la grandeur, d'une existence sans pareille. Une de ces vies humaines qui confèrent sa vraie noblesse au nom d'homme.

Et voilà bien le premier mérite du film – d'être l'histoire de Jeanne d'Arc. Quoi de plus simplement admirable, en effet, et de plus haut en couleur, et quand même de plus profondément complexe que l'aventure de la Pucelle ? Au début, il était question d'adapter une pièce de Maxwell Anderson, une machine genre « jeu de blocs » – un drame à l'intérieur du drame. Les producteurs ont compris que, à l'écran, les inventions contemporaines d'Anderson ne sauraient tenir le coup ; ils n'ont retenu de son œuvre que le fondement historique et un dialogue net et sans apprêt.

Bien entendu, Hollywood était incapable de s'égaler tout à fait à un thème de cet ordre. En premier lieu, c'est impossible, et puis Hollywood ne sera toujours, je le crains fort, qu'un piètre historien.

Impossible, parce que le miracle ne s'explique pas, qu'il est déjà très suffisamment difficile à « appréhender » à Fatima ou à Sainte-Anne et que, sur une pellicule fragile et artificielle, il nous touche moins que jamais. Rien de plus insaisissable que l'atmosphère du prodige, de moins photogénique que les secrets rouages de la sainteté. (*Monsieur Vincent,* pour cette raison entre autres, était un film décevant. Sauf pour la stature colossale de Pierre Fresnay : stature merveilleusement humaine, ou même surhumaine – mais surnaturelle ?) Le mystère de Domrémy, la présence invisible des visions, le son incontrôlable des Voix, ce « fluide » essentiel reliant deux mondes dont un seul nous est accessible, tout cela est pour ainsi dire diffusé sur une longueur d'onde que les récepteurs californiens ne peuvent capter. Ni les vôtres, hélas, ni le mien ; autrement, que de problèmes qui seraient résolus et de points d'interrogation qui s'effaceraient !

Joan of Arc souffre aussi d'un mal strictement hollywoodien que j'appellerai avec pompe un manque de méthode historique. Aucun biographe digne de ce titre n'ignore qu'un héros ne doit pas être étudié hors du contexte de son époque. On ne sépare pas le personnage de la société où il évolue, et moins que jamais lorsqu'il s'agit d'un être qui a remué et métamorphosé tout son siècle, dont le rayonnement se prolonge encore de nos jours. Qu'était cette société où vécut et mourut la petite Lorraine ? Parfois, comme dans cette scène où Baudricourt reçoit les manants de Vaucouleurs, le film esquisse une réponse. Mais c'est une foule de détails et de brèves notations de ce genre qu'il faudrait. Trop lourd ? pas assez dramatique ? Jamais de la vie !

Rien de plus vraiment dramatique, à condition de savoir s'y prendre, de savoir réanimer l'Histoire.

Absence de densité historique ; luxe inouï, en revanche, d'accessoires, de reconstitutions matérielles. Le film a coûté cinq millions : une telle richesse n'est en soi ni bonne ni mauvaise ; elle facilite la besogne, elle risque également de la rendre trop facile. La tentation est forte de troquer un peu, à coups de millions, la vérité souvent trop nue contre une surcharge, une « amélioration » tellement plus spectaculaire. Dans une France qu'on nous dit à feu et à sang, voyez, sous le soleil du Technicolor, scintiller la pierre immaculée de ces châteaux ; aux portes d'Orléans assiégé, voyez cette campagne quiète et sans blessure ; à la bataille, voyez « la petite troupe » grossir, se multiplier comme par miracle, et les trompettes de la guerre de Cent Ans se mettre à reluire comme des neuves, et chaque bannière et le moindre fanion être faits d'un tissu à vingt dollars la verge ! Non, décidément, ce n'est pas dans ce film qu'on doit chercher un tableau fidèle, encore moins complet, du XVe siècle !

*   *   *

Ce qu'on y trouve, c'est un album d'images ; un riche album, doré sur tranche, qu'on feuillette avec un plaisir variable ; il contient des pages superbes et d'autres plutôt barbouillées, toutes peintes et enluminées avec un souci constant de l'état, de l'effet maximum.

Cette Histoire illustrée nous rappelle à propos qu'il y a un cinéma – le seul à réussir pleinement jusqu'ici, sinon le seul viable – qui n'est uniquement et fièrement qu'un art populaire, né, de même que la TSF, au siècle du *Common Man*. Un art-industrie qui évite les audaces et se méfie des nouveautés, mais dont la manière toute franche et sans recherche donne à l'occasion de forts beaux résultats.

Or, pour un tel cinéma, on ne saurait imaginer d'étoile plus adéquate qu'Ingrid Bergman. Une femme très belle, très harmonieuse, dont le jeu paraît inexistant. Elle a, elle aussi, toute la franchise, la simplicité, et la gaucherie parfois, du naturel le plus désarmant. Ses faiblesses (ses gestes de danseuse orientale, par exemple, quand les Voix font la sourde oreille) nous semblent aussi excusables que celles d'une amie. Et ses meilleurs moments (le départ de Vaucouleurs, l'arrivée à la cour de

Chinon, l'apparition soudaine de Jeanne en armure, toutes les attitudes du procès, mi-héroïne, mi-paysanne épeurée) « fixent » admirablement ou sauvent de la bêtise la plupart des scènes maîtresses du film... Bergman nous laisse de Jeanne d'Arc un portrait assez superficiel, mais toujours attirant et aimable et, par quelques-uns de ses traits, extrêmement touchant.

Le Cauchon de Francis L. Sullivan, physiquement réussi, n'a par ailleurs guère de consistance dramatique ; le La Trémoille de Gene Lockhart, maigre caricature, n'en a aucune. Mais les acteurs qui incarnent La Hire, Dunois et les autres capitaines ont des gueules et des prestances de soldats magnifiques, tandis que José Ferrer, grande vedette de Broadway, fait un Charles VII idéal – faible, cynique, ondoyant, pourri de vices et trop lâche pour les crimes francs et nets.

... De tout cela il ressort, pour moi, que *Joan of Arc* est un film à voir. Malgré les cinq millions et les travers de Hollywood, grâce à Bergman et à Ferrer, grâce surtout au sujet, c'est un beau spectacle. C'est du cinéma sans trouvaille de technique, sans originalité de mise en scène, luxueusement mais honnêtement traditionnel. C'est également une « évasion » de deux heures en compagnie de l'une des figures les plus émouvantes, les plus généreuses qui aient rayonné sur la scène humaine. Rien de meilleur pour la santé.

Évidemment, il reste qu'on aimerait mieux que Jeanne d'Arc parlât français. Mais cela, c'est une autre affaire : ce n'est tout de même pas sa faute, à Walter Wanger, s'il est américain, à Ingrid Bergman, si elle est scandinave...

(4 février 1949)

En l'an 55, à mi-chemin…

(Un homme et son péché)

Un homme et son péché est un film qui est tout entier de chez nous ; qui l'est sans vergogne, par son sujet d'abord, par ses qualités, qui ne sont pas négligeables, et par ses défauts qui sont également, il faut bien le dire, de fort bonnes proportions !

Quel progrès, tout de même, depuis *La Forteresse* et *Le Père Chopin* ! On reconnaît maintenant que notre cinéma, pour être, a besoin avant tout d'être d'ici : de s'attacher à des gens et des choses d'ici. On ne tente plus de fabriquer des films sur canevas d'occasion, peuplés d'individus de Nulle-part-en-Québec. Le problème du sujet, du fond, semble résolu… Mais nous n'en sommes encore qu'à mi-côte. Reste la forme : un bon sujet ne devient pas tout seul du vrai cinéma. Il n'y parvient, comme toute matière première, qu'après une transformation dont les procédés changent sans cesse et se compliquent à mesure que les pionniers explorent des domaines nouveaux. Et à ce propos, je crois qu'*Un homme…* illustre à merveille ce qui manque le plus dans nos studios.

— Comment, ce qui manque ! de clamer aussitôt tel compatriote enthousiaste. Ne savez-vous pas que ce film a déjà battu le record d'assistance au Saint-Denis et qu'à Trois-Rivières, Québec, Hull et Sherbrooke les divers Cinémas de Paris sont pleins à craquer depuis deux semaines ?

— Mais bien sûr ! Il y a dix ans qu'un million de Canadiens français sont « séraphinomanes » : il est probable que, d'ici quelques mois, et quoi que puissent raconter les gens de mon espèce, le même million se sera, de confiance, présenté au guichet. Remarquez d'ailleurs que j'en suis fort aise. En même temps que de bons films, en effet, notre cinéma a besoin de capitaux, c'est-à-dire d'un public (ainsi, quelques-unes des faiblesses de cette bande n'auraient d'autre cause qu'un budget trop comprimé).

Seulement je crains que, à l'étranger, le rapport ne soit de nouveau assez maigre. Le film canadien – auquel nous faisons, nous, un succès de curiosité, de sympathie, dont nous sommes prêts à ignorer les lacunes – entre, sitôt qu'il passe la frontière, dans le monde sans pitié du chacun-pour-soi. Il s'exhibe dans cette arène babélique, bondée de concurrents implacables, qu'on appelle le cinéma international. Société de grandes personnes où les excuses enfantines (« Nous avons dû tourner en un mois ! » ou « Après tout, nous sommes des débutants ! ») sont accueillies avec fraîcheur.

Donc la question n'est surtout pas : en tenant compte des circonstances que voici, est-ce un bon film ? Ce qu'on peut exprimer de cette façon encore plus horripilante : pour des Canadiens, c'est-y assez bon ?... Puisque *Un homme...* doit être exporté, puisque le cinéma (non étatisé) ne peut vivre sans marchés extérieurs – chez nous moins qu'en tout autre pays, voici à mon avis la seule question qu'on doive poser : dans la production mondiale, en 1949, en l'an 55 de l'écran, ce film a-t-il quelque chance de surnager ? Et l'on ne saurait que répondre, avec un soupir : non. Voici pourquoi.

*　　*　　*

Supposez que nous soyons, vous et moi, de braves gens de Paris, Lyon, Genève ou Bruxelles. Au cinéma de quartier, au même instant que deux ou trois cents millions de nos frères humains, nous allons déposer au vestiaire la besace des tracas et, nous carrant dans les fauteuils à trois francs « durs » ou à trente francs dévalués, partir, nous évader sans dérangement... « Tiens, un film du Canada ce soir. À la bonne heure ! Des types sympathiques, ces Canadiens. J'en ai connu plusieurs qui étaient soldats, naguère, et je me suis toujours demandé quelle vie on menait là-bas... Oh ! je sais bien qu'un film, ce n'est pas tout un peuple, tout un pays. Du moins connaîtrai-je désormais un des cent visages de cette lointaine contrée… Mais chut ! Voici le titre : *Un homme et son péché*. Ça promet !… »

Deux heures après, nous nous retrouvons sur le trottoir. Qu'avons-nous à dire d'autre que bonsoir ? Eh bien, j'imagine facilement des réflexions comme celles-ci : « Drôle de film ! Pas la moindre profondeur, pas d'arrière-plan. Tout en façade ! On dirait un village de Potemkine ! Ces Canadiens de 1889, ils devaient pourtant avoir une histoire, et pas uniquement de petites histoires de grippe-sous. Ils devaient travailler – oh ! à propos, ça me rappelle une phrase de Camus : tu sais, pour faire la connaissance d'une ville, il conseille de chercher comment on y travaille, comment on y aime et comment on y meurt… Faut croire qu'on n'a pas encore lu *La Peste* au Canada !… »

Quittons ici, dans la nuit claire, nos « doubles » d'outre-Atlantique, en retenant cette évocation d'un grand romancier. L'on a dit, en effet, et très justement, que le cinéma ressemble davantage au roman qu'au théâtre. Comme le roman, il peut se servir de la description, du retour en arrière, de l'anticipation, bref d'un « mixage » incessant. Pour ce faire, il possède, lui aussi, son instrument : la caméra, et son rythme particulier, son secret : le montage.

Or, voyez sur l'écran ce thème qui ne demande qu'à s'amplifier, qu'à se colorer à l'infini. On nous annonce une histoire qui se déroule dans un âpre pays de défricheurs, qui met en scène des héros rudes et bien charpentés. Et qu'arrive-t-il ? Une banale machine de théâtre, de théâtre radiophonique : un sketch. Des mots qui n'ont ici aucun sens (« Vous l'avez dit ! ») ; de brusques entrées qui ont d'inutiles à-coups (le député, Donalda faisant irruption dans le « haut-côté ») ; une foule de silhouettes sans raison d'être et même des protagonistes qui manquent de toute consistance (Séraphin : pourquoi, comment, depuis quand est-il devenu l'avare ?)… Et puis ce village dont on ne sent pas une fois la pulsation, cette terre de défricheurs où l'on s'occupe à tout sauf à défricher, aussi terne et absente que si elle demeurait dans la coulisse. Le texte assez pompeux qu'on inflige au narrateur, la présence même de ce dernier : radio !… Et cette déboulade de répliques inutiles, juste au *climax,* alors que le mot doit plus que jamais s'effacer derrière l'image : radio, encore ! Avec de la musique, quelques bruits, et des vues successives du soleil couchant alternant avec la course folle de Jambe-de-bois et d'Artémise, on aurait pu monter là une séquence impressionnante, *sans une parole !*

Je pourrais insister aussi sur la rareté et la pauvreté terrible des paysages, dont plusieurs ont même le front très évident de n'être que toile peinte !… On répondrait : Nous avons dû tout faire en automne, sans jamais de soleil… Je reprendrais : Que n'attendiez-vous jusqu'au printemps ? Imaginez un Alexis qui *revient* du chantier en novembre !… On répliquerait alors : Mais non ! tenons-nous-en à l'essentiel.

L'essentiel, le défaut qui explique, qui contient tous les autres, c'est une ignorance sereine de ces deux fondements du cinéma : les ressources de la caméra et l'art du montage. Car sait-on se servir d'une caméra, lorsqu'on ne rapproche l'objectif pour aucun gros plan (du curé portant le Bon Dieu, par exemple), lorsqu'on ne le déplace pour aucun travelling soutenu, lorsqu'on ne l'élève jusqu'à l'horizon d'aucun panorama vraiment typique de nos Pays-d'en-Haut ?… Et que sait-on du montage, lorsqu'on se permet seulement ce finale interminable, semé de propos oiseux et d'adieux inutiles ?

D'où il ressort, pour moi, que notre cinéma a besoin de faire ses classes de mise en scène, de perdre cette détestable optique de réalisation-TSF. Je n'en veux aucunement à M. Paul Gury : il admet lui-même qu'il n'a pas fait de cinéma depuis des années, et qu'il n'a jamais été que scénariste ; il a dû s'improviser metteur en scène. Ce qu'il faut, si l'on désire vraiment, à Québec Productions ou ailleurs, sortir de bons films, c'est engager un « directeur » ; peu importe qu'il soit canadien ou étranger, pourvu qu'il ait appris et pratiqué son métier dans l'un des centres du cinéma vivant, Paris, Londres, Hollywood, dans l'une de ces villes où l'on sait faire un film.

Un tel homme saurait employer au mieux ces talents que nous révèle tout de même *Un homme…,* ces talents qui sont de classe et qui demeurent, dans un film médiocre, de malheureuses parties en quête d'un tout… Le jeu parfaitement naturel et nuancé de Suzanne Avon (Artémise) et d'Henri Poitras (Jambe-de-bois), celui d'Hector Charland, dont le Séraphin est solide quoique imprégné de « radiophonisme » (pas assez visuel, tout en effets de voix), celui enfin de Nicole Germain (plus à son aise, et plus convaincante, en jolie Donalda d'avant les noces qu'en pauvre martyre) et de Guy Provost, tous deux fort honnêtes... La musique agréable et discrète d'Hector Gratton, les intérieurs remarquables de Jacques Pelletier, les costumes parfaits de Laure Cabana...

Cette partie brillante, cette partie-surprise qu'est également la grand'demande d'Alexis à Artémise : une séquence très jolie, sans une bavure, drôle et bien rythmée. Cinq minutes de vrai plaisir, et inattendu...

(11 février 1949)

Sur des thèmes anciens, faisons des films vieillots

Tout le monde, je crois, a vu *Gone with the Wind* : inutile d'en aller contempler aujourd'hui cette pauvre et assez peu croyable version qu'on intitule *Tap Roots*. De même, tous ceux qui ont naguère applaudi Gary Cooper et Barbara Stanwyck dans le désopilant *Ball of Fire* perdront si peu que rien en ignorant *A Song Is Born*.

C'est une occupation typiquement hollywoodienne que de refaire ainsi, tous les trois ou quatre ans, quelques *hits* parmi les plus profitables. Au fait, ce n'est pas le seul Hollywood, mais bien cent cinquante millions d'Américains qui sont ici en cause. Le prototype et l'*assembly-line* ont été, sont toujours – et me semble-t-il dans tous les domaines – la grandeur et la misère des États-Unis. Autos et romans historiques, meubles et grands magazines, navires, robes, maisons et films, l'Américain est seul capable de sustenter, d'inonder, de saturer chacun de ces marchés voraces. Il a ses formules, sa technique et cet admirable *know-how yankee* qui lui ont permis, par exemple, au cours de la guerre, de produire en trois ans quelques millions de soldats très passables, sans compter des flottes écrasantes de *dreadnoughts* et de *flat-tops*, de forteresses volantes et de chars d'assaut. En revanche, c'est presque toujours d'ailleurs que viennent l'audace et la nouveauté, les briseurs de moules : d'Angleterre le Spitfire et l'auto de poche, d'Allemagne le Stuka et le V-2, de France Christian Dior et *Zéro de conduite* et les frères Lumière.

C'est qu'on ne met pas, sans danger pour l'esprit d'initiative et de renouvellement, des millions de dollars dans une usine, qu'elle soit de Ford, du Book of the Month ou de Paramount. À d'autres les recherches et la découverte ! Ici l'on multiplie, en l'améliorant sans

SUR DES THÈMES ANCIENS, FAISONS DES FILMS VIEILLOTS 221

doute autant que faire se peut, mais avant tout l'on multiplie, par mille et par mille fois mille, le produit testé et accepté...

Le roman fameux de madame Margaret Mitchell est justement l'un de ces produits « certifiés ». Aussi le refait-on sans arrêt, avec plus ou moins de bonheur, en librairie comme à l'écran...

Ingrédients : la guerre de Sécession, une grande plantation sudiste, le nom prestigieux de Lincoln, un galant champion de tir au pistolet (Van Heflin), une héroïne au sang chaud, genre créole-*cum-American Beauty* (Susan Hayward). Ajoutez, pour l'imprévu, un chef indien avec accent d'Oxford (Boris Karloff), mixez à grands coups de cuiller-Technicolor et servez tout bouillant de flammes rougeoyantes et de fusillades à volonté. Voilà *Tap Roots* : un plat dont l'effet est garanti sur quelques douzaines de millions d'amateurs du Great American Past.

Ce qui me fait de la peine, c'est qu'on a passé à un cheveu, sinon de renouveler vraiment le sujet, du moins d'en exploiter un aspect inédit. Outre les confédérés classiques, anti-Nord enragés et chevaleresques par droit d'héritage, ce film nous présente en effet la minorité sudiste – ce groupe de réalistes, fort négligés par l'Histoire, pour qui les vieilles traditions virginiennes, y compris le *gracious living* et l'esclavage, ne valaient tout de même pas des milliers de gueules cassées. Il y aurait eu là des personnages complexes et passionnants à évoquer, tout un coin de la vaste fresque lincolnienne à épousseter, à mettre en relief... Mais, bien que protagonistes du drame, les obscurs dissidents sudistes demeurent ici de pâles silhouettes, simples galopeurs et tirailleurs d'un western en grand uniforme. Tant pis. Ce n'est que *Gone with the Wind*-49...

Le dernier film de Danny Kaye n'est pareillement qu'un *Ball of Fire* à peine remanié. Autre recette de succès tout cuit : prenez une bande de professeurs à barbiches (parmi lesquels un jeune génie empoté mais sortable), occupez-les depuis neuf ans à quelque encyclopédie bien poussiéreuse, linguistique ou musicale, et tout à coup supposez qu'ils aperçoivent quel retard ils ont sur le siècle (c'était jadis le *slang* qu'ils ignoraient, aujourd'hui c'est le jazz)... Introduisez alors dans ce couvent miteux une jolie poule très à la page, une affolante dure-à-cuire qui n'est au fond qu'une petite fille toute simple. Courants d'air pur et nuages de microbes, surprises pas surprenantes et pourtant très drôles, cocasserie débridée.

J'ai bien ri – la première fois. Quand le héros avait la tête de bois sympathique et lamentable de Gary Cooper, et que Barbara Stanwyck lui révélait tout un monde dont l'argot de Broadway n'était que le sésame. Mais cette fois, je n'ai ri qu'à trois reprises ; et encore avec une certaine gêne, d'un rire plutôt nostalgique. Le burlesque est, de tous les genres comiques, celui qui provoque la joie la moins durable, parce que la plus grosse et la plus facile : on l'épuise d'un coup, d'une lampée ; c'est comme la sauce Worcestershire, ça agit très vite, ça pique et ça explose, et ça brûle le palais…

Ceux qui n'en ont jamais goûté apprécieront cependant *A Song Is Born*. Ils pourront étudier de près, dans une espèce de « bikini » noir à-faire-damner-un-saint, les charmes harmonieux de la blonde Virginia Mayo. Ils se boucheront pudiquement les oreilles tandis que Virginia râle un affreux blues d'occasion ; ils les ouvriront toutes grandes au contraire pour écouter une foule de vraies vedettes du jazz – Benny Goodman, Tommy Dorsey, Lionel Hampton, et surtout la trompette lancinante de l'immortel Louis Armstrong.

Ils verront aussi Danny Kaye. Ou plutôt, hélas, l'ombre falote, bien sage et bien élevée, de ce clown hors de pair qui a failli être le successeur de Chaplin. Ce rôle de rat de bibliothèque-amadou qui s'ignore devrait être pour Kaye l'occasion d'entrechats superbes et de propos sans suite, d'une bouffonnerie historique qui effacerait même ses fameuses créations de *Wonder Man* et *Walter Mitty*. Il n'en est rien. Comme le film tout entier, lui aussi besogne à singer son prototype : il fait une binette solennelle, gentiment effarée, à la Gary Cooper. Mais on ne fait pas Gary Cooper quand on s'appelle Danny Kaye.

Bref, mieux valait cette semaine aller applaudir Jane Wyman dans *Johnny Belinda* ou Jouvet dans le *Quai des Orfèvres* de Clouzot. À défaut de ce *Corbeau* tant discuté, du même Clouzot, auquel notre Anastasie-épouvantail refuse mordicus un perchoir montréalais.

(18 février 1949)

Oui, le silence est d'or

(*Johnny Belinda*)

Les frères Warner sont d'habiles *businessmen* et le metteur en scène Jean Negulesco, un de leurs plus souples techniciens; quant à Jane Wyman, elle s'est distinguée jusqu'ici dans les classiques emplois de la jolie fille hollywoodienne : *girl* de music-hall, secrétaire *efficiente*, débutante ultra-chic...

Or, il nous arrive que Negulesco et les messieurs Warner, et plus encore Mlle Wyman, ont fait *Johnny Belinda*. Ô stupeur! Comme si Delly ou Max du Veuzit se mettaient sans crier gare à pondre *La Condition humaine* ou *La Symphonie pastorale*!...

On pourrait justement s'amuser à établir un parallèle entre l'infirme gidienne, telle que Delannoy et Michèle Morgan l'ont incarnée, et cette muette du Cap-Breton que devient ici Jane Wyman. Le rôle du médecin compatissant, tenu par Lew Ayres, évoque assez bien la première époque (celle du pur homme de Dieu) du pasteur de Pierre Blanchar. De même, dans les deux cas, le choix et le traitement remarquables des extérieurs, l'éloquence à la fois pleine et discrète de la musique de scène... Mais, n'insistons surtout pas! Il s'agit de deux mondes : alors que le film français était peuplé de personnages très évolués, très conscients, dont la raison et la sensibilité avaient la finesse d'une double antenne extrêmement subtile, l'œuvre américaine nous présente un milieu rude et primitif où les gens nous donnent l'impression, pour employer la formule célèbre du père de Malebranche, d'être plutôt « agis » qu'acteurs, mus bien plus que moteurs.

Ainsi la figure centrale de Belinda la muette n'a-t-elle pas la perspicacité si vite éveillée ni la complexité troublante et douloureuse de Gertrude. C'est une créature en quelque sorte statique, qui nous paraît plus étrangère que l'aveugle de Gide, ou plus exactement moins humaine : car la vue n'est qu'un attribut animal et sa perte fait ressortir de poignante façon la fragilité et la noblesse de l'être raisonnable, tandis que la parole est le propre de l'homme et sans elle il n'y a plus, en apparence, qu'une bête.

Cette pauvre fille aphone, cette bête farouche et sans défense, Jane Wyman nous la campe avec une justesse renversante. La sauvagerie de ses premières apparitions, la confiance timide qu'elle accorde peu à peu au médecin et surtout l'orgueil terrible de sa maternité silencieuse, tout cela est d'un dépouillement absolu, d'une limpidité sans le moindre effet. Admirable travail qui sert aussi à re-démontrer comme il est bien vrai que l'image est tout le cinéma, ou presque, qu'elle peut tout dire, et avec plus de force et de nuance que les mots les mieux choisis.

Une foule d'excellents acteurs entourent Mlle Wyman et se composent de belles têtes frustes et puritaines ; la scène écossaise d'Agnes Moorehead et le bonhomme de Charles Bickford sont particulièrement réussis.

Un film superbe. Nos gens du Cap-Breton sont-ils du même avis ? Mais voilà qui est toute une autre affaire !...

La boîte aux questions
(Re : Séraphin...)

Quelques enthousiastes d'*Un homme et son péché* me reprochent certains de mes récents propos. C'est parfaitement leur droit de n'être pas d'accord, comme c'est le mien de n'avoir pas trouvé au Saint-Denis un plaisir sans mélange. Quoi qu'il en soit, écoutons-le attentivement :

— Vous employez à plusieurs reprises les mots *radio* et *radiophonique* comme si c'était là des péjoratifs : scénario et découpage radiophoniques, optique-TSF, etc. Pourquoi ? Cinéma et radio ne sont-ils pas proches parents, appelés à se ressembler ?

... Jamais de la vie ! La TSF n'est faite que de son, de bruits et de paroles ; le cinéma, c'est avant tout des images, et le son n'est plus qu'accessoire. Or, dans *Un homme...* (film réalisé, comme l'on sait, par une équipe de *radiomen,* du producteur et de l'auteur jusqu'au metteur en scène et au dernier acteur parlant), on ignore constamment le fameux proverbe « cinématographique » de la sagesse chinoise : on besogne d'arrache-pied à dire en mille mots ce qu'une seule image de bonne venue eût tellement mieux exprimé ! Bien plus, tout ce cadre que la TSF (comme le théâtre, d'ailleurs) laisse forcément dans la coulisse – le village, les racines des personnages, leur labeur –, le film le néglige, lui aussi, avec une désinvolture de sketch ! Silhouettes falotes et carton-pâte : voilà ce qu'à mon grand regret, je persiste à nommer, péjorativement, une optique-TSF.

— À vous lire, on dirait que le scénario, le découpage, les prises de vues et le montage, que la responsabilité de tout cela retombe sur les épaules du metteur en scène... N'est-ce pas excessif ? Québec Productions n'avait-elle pas pour ce film une équipe complète : producteur, scénariste, techniciens ?...

... Voilà-t-il pas du plus beau langage hollywoodien ! La division du travail, des responsabilités, des *credits* ! Le malheur est que notre province n'est pas les USA, que nous sommes à jamais un pays pauvre du cinéma. Nous n'avons pas les millions qui permettent à MGM, par exemple, d'usiner des bandes stéréotypées – mais toujours d'excellent *standing* technique. L'entraînement efficace de *producers,* spécialisés dans les questions budgétaires, passe encore ; mais celui des *screen-writers* et des *directors* à formule fixe, de *cutters* et d'*editors* experts en rythme-express ? Privilège de milliardaires ! Privilège quantitatif, si j'ose dire. Car les meilleures productions ne viennent-elles pas très souvent de ces autres pays pauvres, comme la France et l'Italie, où le film est, ne peut être qu'une œuvre vraiment signée, celle d'un artiste ou, au plus, d'un « tandem » d'artistes (Jeanson–René Clément, Véry–Christian-Jaque) ?...

Nous n'avons pas les moyens de singer Hollywood. Mais par ailleurs, on ne s'improvise pas cinéaste complet... Le générique d'*Un homme...* nous apprend que le *shooting-script,* la mise en scène, le tournage et le montage sont de M. Paul Gury, tandis que le scénario est bien entendu de M. Grignon ; et le film nous démontre, hélas, que ni l'un ni l'autre n'est à la hauteur. Simple constatation, où il n'entre rien que d'objectif ; mais aussi je persiste à croire qu'un vrai et bon film canadien ne sera réalisé que par un homme qui « sache faire » un film – comme on les fait, en 49, à Paris, Londres, Rome, ou chez les *independents* de Hollywood.

— Et puis enfin, n'escamotez-vous pas bien vite, sans vraiment y toucher, une excuse qui est tout de même réelle : à savoir qu'on a tourné ce film en vingt-quatre jours ? N'est-ce pas un résultat magnifique, etc. ?

… D'abord, il n'y a pas d'excuses au cinéma, pas plus d'ailleurs qu'au théâtre ou qu'en littérature ; il y a le film qui est, tant pis pour celui qui aurait pu être !… Mais voici mieux : à mon humble avis l'essentiel d'un film, c'est une gestation prolongée et ensuite une construction (c'est-à-dire un montage) intelligente et soignée ; après quoi le tournage, surtout avec de bons interprètes (et justement ceux d'*Un homme…* sont en général superbes), devrait être la moindre des choses… Seul de cette école, j'imiterais de Conrart le silence prudent[1]. Mais par bonheur je viens de trouver ceci dans un hebdo parisien :

> Dans un film, il y a trois opérations : 1) le scénario (y compris le découpage technique) ; 2) le tournage ; 3) le montage. Et, précise-t-il, si j'étais dans la nécessité de ne pas accomplir une de ces opérations, pour que le film soit quand même mon œuvre, c'est celle du tournage que je sacrifierais.

L'auteur de l'article ? Ce nouvel académicien qui a nom Armand Salacrou. Et cet « il » dont il se permet de rapporter ainsi les vains propos ? Un jeune homme plein d'avenir, qui promet de faire un jour sa marque sur les écrans du monde et qui s'appelle – attendez… ah ! oui : René Clair.

(25 février 1949)

---

1. Il s'agit d'un précepte de Nicolas Boileau : « J'imite de Conrart le silence prudent. » D'après l'académicien et homme de lettre Valentin Conrart (1603-1675).

Le milieu, le bon langage, etc.

(Propos sans conséquence)

Vous aviez déjà vu *Joan of Arc* et *Johnny Belinda*? Dans ce cas, ce qu'il y avait de mieux à faire cette semaine, c'était d'aller à l'Orpheum où Bill Bendix et les Cagney, Jeanne et James, nous offraient *The Time of Your Life*, d'après une pièce fameuse de Saroyan. Nous en reparlerons vendredi prochain.

… Entre-temps, l'on continue de gloser à perte de souffle sur le dernier film de la Québec Productions. On s'accorde pour en souligner les nombreux défauts, les qualités aussi, qui ne sont pas négligeables : les interprètes, surtout, sont étonnants de justesse ; le scénario, la mise en scène et le montage clochent en revanche à qui mieux mieux. Et l'on va répétant cette rengaine qui ponctue depuis toujours nos couplets sur la pauvreté culturelle du Canada français : C'est le milieu qui manque le plus ! Vite, qu'on nous fabrique un milieu !

Encore un mot passe-partout, un aimable petit mot-alibi ! Le « milieu », c'est tout et c'est rien, c'est impondérable, indéfinissable – c'est facile à dire et ça se discute mal. Remarquons d'ailleurs que cette expression, nous l'avons dérobée sans vergogne à nos deux mères-patries, deux pays ramassés, centralisés à outrance, avec chacun ce chef énorme qui écrase l'organisme : Paris, Londres. Là-bas, *milieu* est un terme qui prend tout de suite un sens précis, prestigieux ; qui signifie compétitions acharnées, publics d'élite, coude-à-coude, consécration… Mais ici, dans nos excessives contrées américaines ? Même aux États-Unis, où l'on est dix fois plus nombreux, ne déplore-t-on pas l'affreux, l'inévitable isolement de l'artiste et de l'écrivain ?

Quoi qu'il en soit, et pour revenir à nos moutons, il est une chose qu'*Un homme et son péché* aura servi à mettre une fois de plus en relief. C'est l'absence, le non-être à toutes fins pratiques absolu de la critique à Montréal. Je pense aux quotidiens, évidemment, à ces fabricants (qu'on dit) d'opinion publique. Je pense qu'eux non plus ne se font pas faute de verser des larmes sur l'indigence de notre « milieu », d'en écrire pompeusement la densité et l'éclat… éventuels… Et je songe que ces mêmes feuilles ne s'occupent trop souvent de films ou de concerts, de théâtre ou de radio, même de livres, qu'en fonction de la réclame ; que de toute façon ces items-là sont relégués dans un coin obscur et, autant que possible, confiés aux plumes les plus gauches et les plus ignares qu'on puisse dénicher !

Ainsi cette page « littéraire » du pachyderme de nos quotidiens, qui n'est faite chaque semaine que d'une catalogne de communiqués, de phrases barbares, de chiens crevés et, bien entendu, de sacro-sainte publicité… Ainsi la page des spectacles de tel énorme journal du dimanche (116 pages : « le plus fort tirage », etc.) où je relève, dans une chronique, cet éberluant souvenir d'un cours classique mal digéré : « Billy Toffel chante comme ces mâles sortis du *De Viris Illustribus*… » Mânes de l'abbé Lhomond et de Cornélius Népos ! Non, vraiment, par respect pour mon *alma mater,* j'aime mieux croire qu'il s'agit simplement d'un quelconque *Quillet* mal assimilé : ô demi-culture, que de rigolades on déclenche en ton nom !

Si j'ajoute qu'ailleurs (pour revenir une dernière fois à mon mouton) l'on peut lire une « critique » d'*Un homme…* dont l'auteur n'est nul autre que le propre publiciste à gages des producteurs du film !

Le « milieu » ? Laissez-moi rire ! Je trouve, pour mon humble part, qu'on est fort bien servi : on a tout à fait celui qu'on mérite !

[…][1].

(4 mars 1949)

---

1. La chronique se termine par une partie sur le théâtre.

Mais qu'est-ce que c'est ?

(*The Time of Your Life*)

Ce qu'on fait de mieux à Hollywood, c'est le film non hollywoodien, pour ne pas dire anti-hollywoodien.

Tandis que les mastodontes de la production, MGM, Paramount et consorts, ne sortent qu'accidentellement de l'ornière dorée des formules à succès, auprès d'eux se démènent et peu à peu s'affirment une foule grandissante d'audacieux, d'isolés, qu'on appelle les « indépendants ». Ce peuvent être des metteurs en scène dégoûtés de la routine fixe et abrutissante des studios : John Huston, John Ford ; ou des étoiles aujourd'hui éteintes d'un ciel d'avant-guerre qui, leur fortune faite, s'essaient à réaliser des films auxquels ils ont jadis rêvé en vain : Chaplin, Mary Pickford ; ou encore d'autres étoiles, dans la plénitude de leur éclat, qui s'offrent tout de suite, avant qu'il ne soit trop tard, des rôles que les patrons leur refusent au nom du *box-office*...

Parmi ces derniers, James Cagney vient de nous donner un film curieux, *The Time of Your Life*. Cette adaptation d'une pièce de l'Arménien-Américain William Saroyan nous procure quelque quatre-vingt-dix minutes d'un spectacle divertissant, déconcertant, peuplé de gens étranges et indéfinissables, fait de scènes où le cocasse le plus réussi alterne avec une sentimentalité qui se permet l'eau de rose... Film curieux, vous dis-je, passionnant et à la fois – à la fin – décevant.

Pas d'intrigue ni de moteur, pas de thèse ni même de thème véritable. C'est à peu près une sorte de « documentaire » parfaitement gratuit, où l'auteur se plaît à collectionner une mosaïque d'êtres attachants, dont on hésite à croire qu'ils puissent être réels, tant ils semblent parfois des charges de leurs propres personnage – dont on hésite aussi à croire qu'ils soient fictifs, tant leurs propos savent être criants de vérité… Documentaire ? Étude psychologique ? Simple divertissement ? De toute façon, un film qui se résume aussi mal que possible.

Un seul décor, bien réaliste, de bistro miteux, dans le quartier interlope d'une grande ville américaine. Par-là, *The Time of Your Life* évoque un instant *Rope,* d'Alfred Hitchcock, que nous avons récemment applaudi. Mais un instant à peine, car l'unité de lieu (et de temps) n'empêchait pas *Rope* d'être avant tout, par le rythme, par une gradation essentiellement visuelle de l'énervement et de l'horreur, du cinéma.

Alors qu'ici, nous sommes avec évidence devant du théâtre filmé. De longues séquences entre lesquelles de brèves coupures tiennent lieu de rideaux. De nombreuses entrées et sorties qui sont franchement théâtrales. Une caméra qui n'interprète pas, qui ne transforme, n'accentue, ne déplace rien, mais qui fixe la scène, tout droit, comme un œil de spectateur.

Et que découvre ce regard ? Des hommes qui s'amusent – suivant le leitmotiv du film : *be yourself* – à être eux-mêmes ; qui se choquent parfois les uns contre les autres, font jaillir quelques trop rares étincelles de passion, de colère, d'humour ; qui se contentent le plus souvent de se frôler, d'être là, côte à côte, comme de parfaits étrangers, chacun sur l'île déserte de sa propre existence… Il y a Joe (James Cagney), le narrateur, espèce de génie inquisiteur et de *deus ex machina,* que la souffrance a mué en bienfaisant (et peu croyable) philosophe. Il y a Tom (John Wayne), un innocent qui aime Kitty (Jeanne Cagney), la fille perdue – et cet amour est le seul fil ténu qui chemine à travers ces éléments hétéroclites. Et puis Nick (William Bendix), le tenancier rude écorce et cœur d'or, le vieux hâbleur déguenillé, le pochard, le *policeman* blasé et l'enragé joueur de *pin-ball,* le nègre-jazz, le danseur à claquettes, le petit vendeur de journaux…

Société accidentelle, qui est là sous nos yeux par pur hasard, qui pourrait fort bien être ailleurs. *Be yourself*… À force, justement, d'être eux-mêmes, de l'être en pagaye, pour le plaisir, ces personnages à la longue ne nous sont rien du tout. Leur vérité – comme toute vérité qui se veut artistique – aurait besoin d'être comprimée, « éditée », au lieu de s'étaler ainsi à la va-comme-je-te-pousse. Mais l'auteur, qui ne faisait

MAIS QU'EST-CE QUE C'EST ?

évidemment pas un drame, faisait-il même, désirait-il faire de l'art ? Il faut bien le croire, puisque autrement il n'aurait eu qu'à garder le silence.

Au dénouement, donc, déception. Soupir, toutefois, que compensent amplement des scènes remarquables (la danse « comique » qui n'est pas drôle, les mensonges effroyables et sereins du vieux décavé), de superbes bouts de dialogue et quelques rôles étonnants – ceux entre autres de Jeanne et James Cagney.

Curieux film, intéressant, inquiétant. Film à voir.

(11 mars 1949)

Des deux, je préfère le vrai

Deux chiens savants faisaient cette semaine leurs tours sur nos écrans.

Ici, une longue et maigre silhouette de pantin aux déclics à peu près réglés, dont les gestes et les répliques, pour avoir été soigneusement répétés, ne sont pas moins une irrésistible invitation au sommeil. Un « comique » américain à la fois plat et fat, espèce de Bob Hope qui se prendrait au sérieux. Il s'appelle Henry Morgan, est célèbre à la radio new-yorkaise et son premier film, qui sera je l'espère son dernier, s'intitule *So This Is New York*.

Et là, une fine apparition brune tachetée de blanc, un profil dont l'élégance est fameuse de Hollywood à Tombouctou, deux grands yeux humides qui débordent de candeur et de pur dévouement, toute une allure inimitable de naturel, de souplesse et d'harmonie. Il (ou plutôt elle) s'appelle Lassie et demeure, après six ans et malgré cinq divorces, l'une des plus rayonnantes étoiles du cinéma et du micro américains.

Car Lassie, qui n'a joué que dans quatre films, est aujourd'hui un phénomène comparable au légendaire Rin Tin Tin. Elle a sa propre émission à la TSF, diffusée tous les samedis par 163 postes du réseau NBC pour le compte de Red Heart, le magnat des « viandes à chien » ! On l'a immortalisée par des chansons, des campagnes de publicité, des *pin-ups*. De son labeur vivent, et fort luxueusement, quelques douzaines d'humains, sans compter une cinquantaine d'enfants légitimes et six petits-enfants. Le chiffre exact des salaires fabuleux de Lassie n'a jamais été publié, de peur que certains bipèdes – race mesquine, comme l'on sait – n'en crèvent derechef de rage et d'envie. Âgé de huit ans à peine et assuré encore de cinq autres années de succès, ce gentil *collie* n'est

DES DEUX, JE PRÉFÈRE LE VRAI

donc pas loin de constituer l'attraction et le gagne-pain numéro un des milliardaires de MGM* !

Avec *Hills of Home*, scènes pseudo-écossaises que Mrs. Natalie Kalmus a barbouillées avec conscience de son pinceau Technicolor, Lassie poursuit d'un train sûr et serein cette carrière sans à-coups. Un film simple, naïf, qui fait appel aux prestiges paisibles d'une intrigue à l'eau de rose, d'un paysage attrayant et d'un charme canin savamment dressé. Ce n'est pas formidable. Pour ceux qui ont vu *Lassie Come Home* et *Son of Lassie*, c'est même un tout petit peu la barbe. Du moins est-ce un ennui reposant et honnête, et qui se donne avec franchise pour ce qu'il est...

Tandis que les trépidations ahurissantes de cet hurluberlu qui a nom Henry Morgan ont l'art – et c'est le seul – de taper sur les nerfs. Je le dis en rougissant, puisque Morgan est, chien savant pour chien savant, tout de même mon congénère : j'aime cent fois mieux Lassie ! Car ce comique, lui aussi, et malgré le renom d'indépendance qu'il s'est acquis à la TSF aux dépens de ses commanditaires, n'est au fond qu'un animal dressé, léché, étrillé. Ses effets, si l'on peut dire, sont tout en *slang*, en bouts de réflexions et de commentaires qui se veulent très drôles et qui ne le sont pas : plaisanteries sur commande, fabriquées dirait-on par ces tâcherons du rire qui alimentent de la lugubre façon qu'on connaît les grandes machines-à-dérider de la radio (au Canada, d'ailleurs, tout comme aux USA). Pour l'œil, Morgan est inexistant. Gestes gauches, raideur, voix déplaisante... c'est un horrible acteur : débit monotone et vulgaire, *gags* et *jokes* antédiluviens, face inexpressive... un sinistre amuseur.

Pour que le plaisir soit vraiment sans mélange, on nous le présente dans un film qui pourrait être, qui mérite d'être un laissé-pour-compte d'Abbott et Costello ! C'est l'histoire d'un provincial de South Bend, Indiana, qui vient avec sa famille se brûler les ailes aux flammes de néon de la métropole. Il paraît que la version originale, œuvre de l'humoriste Ring Lardner, eut un succès fou chez nos voisins. Il faut donc croire que le cinéaste s'est permis, comme de coutume, d'expurger le roman à sa guise. Chose certaine, ce qui en reste, *night-club* et champ de courses, quiproquos et humour rococo, n'est fait que des fadaises et des idioties d'un burlesque de vingtième ordre. Avec cela, une prétention qui va jusqu'à laisser entendre que « voici quelque chose de nouveau en fait de comédie » ! En fait de nouveauté, pour moi, vive toujours le Charlot des *Temps modernes* !

Quelques scènes vaguement réussies, pourtant : satire à peine esquissée, et d'ailleurs trop facile, des années 20, surtout d'un certain théâtre noble et pompeux que Montréal et Québec ont bien connu.

Vilain cadeau que la radio a fait à Hollywood, en lui refilant ce Morgan d'occasion. Ce qu'on doit tout de même rigoler dans les studios radiophoniques. Tant pis pour l'écran, mais pour les micros, quel bon débarras !

*   *   *

On pourrait encore dire un mot du film de Bette Davis, *June Bride*, et de celui d'Alan Ladd, *Beyond Glory*. L'un est une comédie genre sophistiqué, ou plus exactement *slick* : c'est-à-dire un feu roulant de réparties qui glissent sur l'épiderme, qui sont justement faites pour glisser, sans mordre. Le second est un hymne à la gloire de l'académie militaire : le drapeau, les sonneries, les petites misères et les petites grandeurs d'un héros au cours de sa fabrication en série…

Et puis, en troisième semaine, *The Paleface* : ce bon gros Bob Hope, flanqué du buste (soigneusement camouflé, cette fois) de Jane Russell ! Pas d'erreur, c'est le carême !

L'ONF à l'honneur

Les seuls films canadiens de classe internationale sont les documentaires de notre Office national du film. Ces bandes sont partout fort applaudies et quelques-unes des plus réussies ont décroché des prix dans les grandes compétitions de l'écran.

Saturday Night, sous la signature de son correspondant à Washington, nous apprenait récemment un nouveau succès de l'ONF. Comme nous sommes en pays bilingue (et que c'est moins fatigant !), je cite le texte anglais :

DES DEUX, JE PRÉFÈRE LE VRAI

*The Dominion of Canada performs at least once a week one major U.S.
television networks […]. This may appear strange, when Canada has yet
to have her national initiation into the wonders of video…*

*The reason is simple. Television is still experimenting. Live talent shows are
extremely costly, and in order to keep up a continuity of programming,
where there are no sponsors, the video people have fallen back onto film
libraries for inexpensive solution…*

*That is where Canada's National Film Board and privately produced travel
educational and public relations films come into the picture. Because of the
wealth of Canadian film material to be had and because Canada is a gene-
rally popular subject with Americans, Canadian scenes are becoming extremely familiar to millions of Americans who have yet to set foot on the soil
of the Dominion.*

*This is an appropriate time to pay tribute to the excellent job that Canadian
films are doing.*

En attendant qu'on en puisse dire autant de nos grandes productions, hourra pour ces messieurs du « sujet court » !

* Biographie-éclair que je puise – je vous le donne en mille – dans un récent
Sunday Magazine du solennel *New York Times*.

(18 mars 1949)

Voyage au fond de l'abîme

(*The Snake Pit*)

Jusqu'au fond, vraiment ? Au plus intime de ce monde étrange et effrayant de la folie ? J'ai beau – on fait ce qu'on peut ! – n'être pas grand connaisseur, je dirais que non… Seul un poète géant, et qui serait fou, pourrait nous plonger au cœur de cet univers inconnu que nous côtoyons et où certains d'entre nous sont, paraît-il, destinés à finir leurs jours ! Un tel homme, d'ailleurs, ne serait pas écouté, puisqu'on dirait en rigolant d'un air supérieur : « Bah ! c'est un fou ! »

À toutes fins pratiques, donc, le dernier film de Fox doit constituer à peu près ce qu'on peut faire de mieux dans ce domaine peu fréquenté. Sous l'indispensable prétexte de l'intrigue, on découvre un puissant reportage qui, pour être habilement mené, en ménageant sans cesse l'intérêt par un rythme plein de rebondissements, ne s'agriffe pas moins à la réalité d'un ongle aigu et cruel : un reportage dont quelques scènes cliniques ont l'audace d'être hallucinantes comme les abstractions d'un peintre détraqué.

The Snake Pit est à mon sens un document de grande classe sur l'un des sujets les plus complexes, les plus ardus que l'on puisse aborder. Ce film, je le sais, doit son existence à un livre. Les producteurs n'ont eu qu'à suivre honnêtement, en braquant leur caméra aux bons endroits, la marche attrayante d'un *best-seller*. Cette honnêteté, pourtant, ce respect pour l'œuvre écrite, est si rare à Hollywood qu'il en faut bien dire un mot. De plus, chacun sait que l'enfer de l'écran est pavé des meilleures intentions – ce qui nous incite à souligner

VOYAGE AU FOND DE L'ABÎME

la maîtrise peu ordinaire des moyens du cinéma que révèle cette adaptation.

D'un autre côté, j'ai vu trop de bandes hollywoodiennes pour croire un instant au souci d'apostolat social de la compagnie Fox ou de M. Darryl Zanuck. Hollywood ne fait pas l'opinion, ne joue pas les chefs de file. Hollywood suit, ne fabrique jamais une marchandise qu'une fois le marché soigneusement reconnu, évalué. Hollywood est fabricant d'*entertainment,* et non d'idées, encore moins de consciences sociales. C'est comme ces films qu'on nous promet en ce moment sur le problème nègre : ils marqueraient plus d'audace s'ils ne venaient après tous ces discours sur les droits civils qui n'ont tout de même pas empêché M. Truman d'être élu !...

Quoi qu'il en soit, et malgré le sourire que provoquent les motifs apostoliques du producteur, *The Snake Pit* ne saurait faire que du bien. On y aperçoit cet abandon honteux, ces conditions subhumaines dans lesquelles la société fait vivre des milliers de gens qui sont très exactement ses victimes... Victimes d'un travail abrutissant, de familles désaxées, de tout un mode de vie qui affiche le dédain le plus profond pour les faibles et les handicapés.

... Peu après son mariage, Virginia Cunningham (Olivia de Havilland) devient folle. À l'asile, elle a la chance peu commune de tomber entre les mains d'un psychiatre hors de pair (Leo Genn), qui poursuivra son mal jusqu'à la racine la plus lointaine, jusqu'à cette première et imperceptible brisure qui s'est produite au temps où sa patiente n'était qu'une petite fille comme les autres. Cette analyse nous permet d'assister à des séances d'électrochocs, à des injections de « sérum de vérité », à des plongées vertigineuses dans un subconscient malade. Puis nous suivons rapidement, beaucoup trop rapidement, la guérison, ce traitement fait avant tout de doigté et de prudence infinie... Jusqu'au jour où, soudain, dans ce cercle ultime de l'enfer qu'est la salle des parfaits insensés (la « fosse aux serpents » du titre), la jeune femme se découvre capable de voir et de juger son entourage, d'en avoir pitié.

Il est admirable que la raison qui revient se trahisse ainsi sous la forme de la bonté. Admirable et troublant, car si nous avons vraiment là un aspect essentiel du bon sens, quelle camisole de force ne faudrait-il pas à notre siècle de bêtes sauvages !... Pour cette leçon qu'il nous donne, on accepte cet épilogue sur commande, ce *happy ending* qui est à Hollywood ce qu'était à Chantecler[1] le soleil – « Toi sans qui les choses ne seraient que ce qu'elles sont ! » J'admets volontiers que la folle guérisse, puisque c'est possible ; mais j'aurais préféré qu'elle ne guérît pas, puisque c'est plus courant et que c'eût été, par conséquent, un tableau plus vrai et jusqu'au bout sans complaisance. Dans cette autre production fameuse de Zanuck, *Gentleman's Agreement,* on se heurtait déjà au rideau souriant : ce qui empêche, hélas, que pour les antisémites comme pour les fous la guérison soit toujours exceptionnelle. L'optimisme à tout crin du bon *businessman* préfère l'exception ; mais c'est aux dépens du bon reporter.

Il demeure que *The Snake Pit* est pour Hollywood un film d'une franchise et d'une vérité incroyables. L'atmosphère étouffante d'un asile surpeuplé, les faiblesses et les travers bien compréhensibles d'un personnel insuffisant et mal payé, toute la lamentable complexion sociale de la folie est dépeinte crûment, brutalement, de façon à faire sursauter le moins éveillé des spectateurs. La reconstitution de cette vie en marge de la vie – les nuits coupées de clameurs rauques, la salle des « fous finis », la soirée de danse, la vision surréaliste de la « fosse aux serpents » – est l'œuvre d'un metteur en scène à la fois très habile et supérieurement doué : Anatole Litvak.

Quant aux interprètes, il n'en est pas un qui ne soit excellent. J'ai dans la mémoire une foule de silhouettes frappantes : la chanteuse qui gémit « *I'll be going home* », une vieille sorcière de cauchemar qui danse comme un pantin déchaîné, une jeune fille aux terribles yeux vides qui joue une folle homicide… Il y a les impeccables personnages du mari (Mark Stevens), de l'amie (Celeste Holm) et surtout du médecin, sobre et parfaitement assuré… Et, prodigieuse, il y a Miss de Havilland qui défend ici l'un des rôles les plus malaisés qui soient, un rôle qu'un rien ferait sombrer dans le ridicule. Avec quelle superbe éloquence et quelle retenue aussi, quelle économie de grande artiste, elle a su incarner cette créature pitoyable ! Qu'il suffise de dire que, pas une seconde, on n'a

---

1. Il s'agit d'un coq, personnage principal de la pièce du même nom créée en 1910 par Edmond Rostand.

VOYAGE AU FOND DE L'ABÎME

l'impression d'être en présence d'une actrice. Ce serait, dans n'importe quel emploi, une remarquable performance. Dans la peau d'une folle, c'est tout simplement un miracle de naturel, c'est-à-dire la rencontre d'un talent souverain et d'une formidable conscience artistique.

(1er avril 1949)

La belle Antinéa, non platonique

(Siren of Atlantis)

De tout temps l'hypothétique Atlantide a troublé l'imagination des hommes. C'est ainsi qu'avant M. Pierre Benoit, avant même Hollywood et María Montez, il y eut Platon :

> Cette île était plus grande que la Libye et l'Asie réunies… Or, dans cette île Atlantide, des rois avaient formé un empire grand et merveilleux. Cet empire était maître de l'île tout entière et aussi de beaucoup d'autres îles et de portions de continent. En outre, de notre côté, il tenait la Libye jusqu'à l'Égypte et l'Europe jusqu'à la Tyrrhénie [Italie occidentale]. Or, cette puissance ayant une fois concentré toutes ses forces, entreprit, d'un seul élan, d'asservir votre territoire et le nôtre et tous ceux qui se trouvent de ce côté-ci du détroit. C'est alors, ô Solon, que la puissance de votre cité fit éclater aux yeux de tous son héroïsme et son énergie. Car elle l'a emporté sur toutes les autres par la force d'âme et par l'art militaire…
> Mais, dans le temps qui suivit, il y eut des tremblements de terre effroyables et des cataclysmes. Dans l'espace d'un seul jour et d'une nuit terribles, toute votre armée fut engloutie d'un seul coup sous la terre et de même l'île Atlantide s'abîma dans la mer et disparut.

À peine ce texte de *Timée* était-il établi que les coureurs de ruines se mettaient en quête. Des pyramides à Casablanca, de Madère aux Canaries, avec acharnement ils ont fouillé les sables du désert et les profondeurs de la mer. En vain. Quelque huit mille ans après sa « liquidation », Atlantis tenait mordicus – et pour moi, je la comprends – à sa tranquillité…

Enfin Pierre Benoit vint… Ce qu'aventuriers et archéologues et sourciers ne parvenaient pas à repérer, en deux temps ce grand Hollywoodien de Paris l'a déniché sans peine. Et là, sous notre nez, pardessus le marché, à quelques heures de chameau d'un poste de la Légion, non loin d'une des pistes les plus passantes du Sahara !

Je me rappelle, très vaguement, ce roman dit d'aventures. J'ai parcouru naguère, d'un pas traînant, ce coin vivant (si peu) d'Atlantide que M. Benoit nous a décrit avec un strict minimum d'invention, et j'y ai rencontré cette Antinéa qui en est reine, créature non plus de Platon mais d'André de Lorde.

Et maintenant je viens de voir – surtout, ne me demandez pas pourquoi ! – le film que Hollywood a tiré de ce maigre feuilleton. Je crois, ma parole, que *Siren of Atlantis* est plus moche encore que l'*Atlantide*… Je suppose que ç'a l'air bien naïf d'être ainsi déçu par une production « spectaculaire », par une œuvre d'écrivain-tâcheron. C'est que nous avons là un admirable sujet de film, une légende à la fois juste assez précise et assez brumeuse, que l'on peut arranger à sa guise : un mythe immense et prestigieux, qui a fait rêver des générations d'enfants et d'hommes faits ; un grouillement incroyablement lointain et troublant de cités et d'êtres fabuleux, où le moindre cinéaste digne de ce nom devrait trouver les moyens de nous émerveiller…

Les auteurs de *Siren of Atlantis* n'y ont, eux, trouvé que la fable piteuse de M. Benoit. C'est toujours aussi plat, aussi vide, et de plus c'est ridicule. Jean-Pierre Aumont et Dennis O'Keefe sont insignifiants comme leurs personnages ; la sanguinaire Antinéa de María Montez est superbe – tant qu'elle n'ouvre la bouche… Décors, costumes et tout ce qu'englobe le mot d'*atmosphère* montrent qu'on est toujours riche à Hollywood et que l'argent y tient toujours, dès qu'on le lui permet, lieu de talent et d'imagination. Bref, le plus lourd des dormeurs, dans le plus pédestre de ses songes, nous recréerait une Atlantide autrement trépidante que celle-là.

On nous donnera un jour le roman et le film d'Atlantis, qui ne seront ni l'un ni l'autre faits par des *mass-producers*. En attendant, si d'aventure cet antique mystère vous attire, lisez plutôt *Timée,* et aussi

Critias. Et je ne pense aucunement à la philosophie : c'est comme romancier et dialoguiste que Platon enfonce chaque jour davantage nos Pierre Benoit et nos Hollywood… Et comme scénariste donc !

Oscar voyage
Et c'est pas trop tôt !

Les Oscars, on le sait, sont des statuettes en or que distribue chaque année un organisme hollywoodien pompeusement baptisé Academy of Motion Picture Arts and Sciences. Il y en a pour tout le monde : du scénariste au décorateur, et du metteur en scène à l'acteur de composition. Jusqu'à cette année, toutefois, dans cette société isolationniste et surtout furieusement protectionniste qu'est Hollywood, tout le monde ne pouvait signifier qu'américain. C'est ainsi que, depuis 1927, l'Oscar des Oscars (le meilleur film de l'année) n'avait pas une seule fois franchi la frontière.

Or, l'autre semaine avait lieu l'Oscar Night de 1948. Ô surprise ! ô merveille ! D'accord avec les critiques, mais pas du tout d'accord avec le *box-office,* l'Académie accorde son super-Oscar au meilleur film : *Hamlet,* production anglaise ; l'Oscar numéro deux au meilleur interprète : Laurence Olivier, sujet de Sa Majesté ; et plusieurs autres de ses précieuses statuettes (costumes, chorégraphie, etc.) aux gens d'*Hamlet* encore et de *The Red Shoes,* autre film anglais !

(Parmi les lauréats américains : les producteurs de *The Search,* admirable tableau de l'enfance européenne tourné en Europe, et les deux Huston, Walter et John, père et fils, pour *The Treasure of the Sierra Madre.* À *Monsieur Vincent,* un Oscar spécial : le meilleur film en langue étrangère.)

Bien entendu, les *businessmen* de Californie sont furieux. Sauf les patrons de Jane Wyman *(Johnny Belinda),* qui rapporte à son studio le titre de meilleure interprète féminine de 48. Tous les autres magnats font de terribles colères et jurent qu'ils viennent de financer le travail de l'Academy (leur propre créature, mais qui prend à leurs yeux figure de monstre de Frankenstein) pour la dernière fois. Car aux États-Unis, l'attribution d'un Oscar peut décupler le public d'un film. Et une telle

LA BELLE ANTINÉA, NON PLATONIQUE

multiplication du public de *Hamlet* n'entre évidemment pas dans les vues de Metro ou de Paramount !

Donc, il faut se presser de féliciter l'Academy de Hollywood, qui se révèle tout à coup pleine d'une audace et d'un courage insoupçonnés et qui, partant, n'en a sans doute plus pour bien longtemps !

(8 avril 1949)

Ainsi parla Napoléon-Sacha…

(*Le Destin fabuleux de Désirée Clary*)

« Un film de Sacha Guitry, lit-on au générique (en majuscules gigantesques), conçu, réalisé, mis en scène et interprété par lui-même. » C'est-à-dire le meilleur et le pire, plaisir et crispation, envie folle d'applaudir, démangeaison de siffler, même de gifler…

C'est un plaidoyer *pro domo,* une élucubration monarchiste, de l'égomanie et de l'exhibitionnisme, c'est un scintillement verbal et un montage d'une étourdissante ingéniosité, c'est une fresque somptueuse et l'évocation réussie d'une grande époque, du drame et de la comédie à la Guitry…

C'est – simple prétexte – l'histoire peu banale de deux petites bourgeoises de Marseille, Julie et Désirée Clary, qui devinrent : celle-là reine de Naples et puis d'Espagne, celle-ci fiancée de Napoléon puis épouse de Bernadotte et reine de Suède. Jusqu'à quel point l'Histoire est-elle romancée et dégénère-t-elle en « une histoire » ? Je n'en sais trop rien et, je l'avoue sans vergogne, m'en soucie fort peu. Laissons au bon roi Gustave, entre un set de tennis et des travaux d'aiguille, le soin de venger s'il y a lieu l'honneur de son arrière-grand-père. Le soin, par exemple, de nier que la reine Désirée, sa bisaïeule, ait été jusqu'à la fin, et bien qu'abandonnée pour les charmes créoles de Joséphine, amoureuse de Napoléon ; le soin, encore, de prouver que Bernadotte ne fut pas cet ambitieux, républicain d'occasion, « roi en attendant » et rival envieux de l'empereur, que l'écran nous montre assez antipathique. Peu m'importe à moi. Je ne demanderai certes jamais à Sacha Guitry de m'enseigner l'histoire de Suède, et celle de France encore moins !

Ce n'est pas chez lui non plus – et voilà qui est plus grave – qu'il faut aller puiser ses idées politiques. Car Sacha, engagé jusqu'à... l'extrême droite, mène grand train le procès de la démocratie républicaine. Oh ! celui de l'Empire également et même, quoi qu'il dise (par l'image sans complaisance qu'il nous laisse du gros Louis XVIII), celui de la monarchie : M. Guitry, c'est l'homme « qui est contre ». Mais avant tout, immédiatement, contre la République.

Animosité qu'il exprime d'ailleurs, comme il fallait s'y attendre, en mettant tous les atouts de son côté. Comme porte-parole, il s'offre Napoléon et ajoute ainsi à ses arguments plutôt frêles tout ce poids de légende et de gloire, cette nostalgie tenace des jours bien révolus (chacun son tour, après tout !) où « la France occupait l'Europe »...

— La République est morte, déclare en substance son Napoléon, elle s'est tuée elle-même. Et puis après ? La France est toujours là. On commet souvent cette erreur de confondre le sort d'un régime avec celui de la nation...

Mais ici encore, nous allons sortir de notre propos. Que l'auteur tire de ces indiscutables prémisses des conclusions qui les dépassent (et que 1800 et Bonaparte soient pour lui 40 et Guitry), à d'autres de s'en préoccuper ; que Sacha en ait contre un régime qui l'a choyé, à d'autres de s'en indigner. Pour moi, je note simplement que la République française a chez elle, comme chez nous, de farouches ennemis, mais que là-bas, pas du tout comme chez nous, il s'en trouve parmi eux qui sont gens d'esprit et d'imagination. Sur ce, glissons...

Il nous reste maintenant, dans ce film multiforme, à goûter le roman historique superbement coloré et costumé, habilement découpé et monté avec un art peu commun, cet art qui n'est je crois qu'à Sacha, de l'effet imprévu et de la transition narquoise.

D'une manière amusante et à la fois des plus ingénieuses, *Le Destin de Désirée Clary* se divise en deux époques.

D'abord c'est un conte de fées, qu'un Guitry-narrateur nous évoque à son bureau, la cigarette au bec, en feuilletant un album : images familières, souriantes, d'une enfance heureuse, d'une jeunesse qui vit sans y prendre garde les derniers sursauts de l'Ancien Régime... Désirée petite fille, dans les bras robustes du sergent Bernadotte ; Désirée jeune fille, dans les bras maigres et nerveux d'un caricatural Bonaparte. Joie de retrouver, sous ces cheveux plats, un Jean-Louis Barrault au sourire-tic, aux gestes-déclics, qui nous donne de Napoléon jeune un portrait joliment balancé, juste à mi-chemin entre le cocasse et l'inquiétant : César à peine sorti de l'œuf, gauche et frénétique, enfantin et terrible, et surtout pressé, très pressé...

Et puis soudain, nous revoici dans le cabinet de l'auteur. C'est, comme il dit, l'intervalle. Pendant lequel dix ans vont s'envoler...

— Geneviève Guitry, dit Sacha à celle qui faisait une attrayante Désirée de dix-huit ans, voulez-vous passer votre rôle à Gaby Morlay ? Et vous, Jean-Louis Barrault, poursuit-il en se levant, acceptez-vous de remettre le vôtre à l'auteur ?...

Deuxième époque. Un Napoléon-Sacha remarquable de « présence », la mèche sur le front, bedonnant, irascible et génial, toujours méfiant, enterrant d'une phrase la République, laissant tomber du pli amer et cruel de ses lèvres tout un lot de mots typiquement sachaguitriques et qui pourraient être, du moins dirait-on, typiquement napoléoniens !

Vie de famille de l'Empire : le brave Joseph, qui trouve inconvenant de se faire appeler Altesse, les silhouettes sinistres de Fouché et de Talleyrand, la troupe rutilante et pas encore dégrossie des nouveaux maréchaux. Série de tableaux brefs, colorés et signés, éclairés chacun d'une réplique ou d'un commentaire plein d'ironie. À cette chronique irrespectueuse, comme toujours Sacha excelle.

Vie intime de son héroïne, en revanche, amour refoulé de Désirée pour Napoléon, vieillesse paisible de Désirée et de Bernadotte sur le trône de Suède : scènes froides, aussi bien campées, aussi spirituellement dialoguées que les autres, mais glaciales. Il manque là, partout, cette chaleur, cette affection vivifiante que Sacha ne prodigue jamais qu'à un seul personnage : le sien.

Et, constant, magistral, ce rythme qu'à première vue on dirait heurté, mais qui est un très souple, très savant et jamais banal enchaînement, qui a même le chic suprême de paraître improvisé. Ce don du rythme, ce secret de vie cinématographique, qui est sans doute ce qu'il faut d'abord noter et admirer chez Sacha Guitry, monteur de films.

Même s'il faut, ce faisant, subir le Sacha qui vous accueille en ces termes : « Bonnes gens qui m'écoutez… », c'est-à-dire manants, petits roturiers que j'éblouis, etc. Mais il ne faut pas lui en vouloir : sans lui, notre siècle qui n'est déjà pas si gai serait encore bien plus triste.

(15 avril 1949)

La comédie du country-club

(A Letter to Three Wives)

La comédie de Hollywood n'est d'ordinaire qu'un simple divertissement : elle se permet les ficelles, abuse du comique de situation et confond sans vergogne le *gag* avec l'esprit : bref, le gros rire est son dieu et Abbott et Costello, ses prophètes.

Le plus souvent on y évite comme la peste tout ce qui n'est pas *entertainment* à l'état pur. C'est dire qu'on y ferme les yeux sur la vie, puisque le moindre quart d'heure d'observation nous découvre que le rire n'est jamais loin des larmes et que le cocasse côtoie infailliblement les choses sérieuses. Le producteur n'entend le mot de *distraction* qu'au sens le plus servilement étymologique : il faut tirer le client du quotidien, loin des soucis et des calculs familiers – et pour plus de sûreté, pour être bien certain de ne pas rater un coup, le haler si possible tout à fait hors du réel…

Il fallait donc une audace assez peu commune, une dose de culot proprement anti-hollywoodien pour tourner un film comme *A Letter to Three Wives*. Car on y trouve, à tous les moments de la plus divertissante comédie, une foule de traits brefs et mordants, de trop courtes échappées sur le pathétique de quelques existences-49 et quelques portraits rapides de types américains qui sont d'une indiscutable authenticité.

Nous voici dans une banlieue métropolitaine, bien au-delà des usines et des faubourgs ouvriers, dans cette aimable ceinture de larges avenues bordées d'arbres et de cottages, où vit, centrée sur le country-club, la société suburbaine : *contract bridge* et cocktails, valets en livrée

LA COMÉDIE DU COUNTRY-CLUB

et dîners-danse ; pas tout à fait le *high life,* mais pas le moins du monde, non plus, le pétrin du populo. Ce que nos voisins appellent la « haute classe moyenne ».

Trois couples typiquement américains (j'abhorre ce piteux adverbe qui n'est, neuf fois sur dix, qu'un raccourci de paresseux, mais je crois que, pour une fois – la dixième ! – voilà vraiment quelques créatures qui vivent « typiquement » à la *yankee,* et qui ne sauraient vivre autrement)… Un riche héritier, jeune *businessman* plein d'avenir et sa femme, petite campagnarde qu'il a connue pendant la guerre, sous l'uniforme égalitaire des WAVES[1] ; et puis un *college professor* marié à une fabricante de feuilletons radiophoniques : elle s'est mise à pondre ces idioties dans l'unique intention d'élargir un peu le budget familial et maintenant, bien entendu, se prend au sérieux puisqu'elle gagne trois fois plus d'argent que lui ; enfin, le *self-made-man* massif et fruste, dynamique « géant de demain » qui s'est laissé conduire chez le pasteur par une jolie fille pas bête dont les faveurs n'étaient qu'à ce prix…

Par un procédé qui, à défaut de vraisemblance, ne manque pas d'ingéniosité, l'auteur va demander à ces trois couples de nous jouer quelques scènes de leur vie réelle… Juste à l'instant où elles partent en excursion sur le fleuve, un messager remet aux trois jeunes femmes une lettre – une lettre de leur commune meilleure amie.

« Adieu. Portez-vous bien. Je pars avec l'un de vos maris ! »

Quel mari ? Le mien, peut-être ? Ce matin, justement… Examens de conscience, longs retours en arrière.

Le triptyque est bien construit. Les tableaux sont disposés en gradation ascendante, nous présentant d'abord le cas de la campagnarde ingénue, qui se demande si sa gaucherie et son inquiétude jalouse n'auraient pas suffi à dégoûter son élégant époux. La caméra glisse, sans appuyer ; sans appuyer suffisamment, car il y a là matière à toute une enquête sur cette fameuse « réadaptation » dont parlent pieusement tous les bonimenteurs d'après-guerre.

---

1. Acronyme de Women Accepted for Volunteer Emergency Service, « femmes acceptées pour le service d'urgence volontaire », soit la branche féminine de la réserve de volontaires de la Navy pendant la Seconde Guerre mondiale.

250 LUMIÈRES VIVES

Le duo de la « romancière » du micro et de son professeur est déjà mieux étudié. On écoute avec plaisir quelques répliques cinglantes, et toute une scène où deux spécimens horriblement vrais de l'espèce « radio d'agence et de savon » se font décortiquer sous nos yeux.

Le fin du fin, la superbe trouvaille de ce film, c'est pourtant l'idylle sans fleurs et sans phrases, la « fréquentation » brutale et à la fois grouillante de sous-entendus du *self-made-man* et de la jolie fille qui sait ce qu'elle veut. Pauvreté affreuse et voulue du dialogue, plénitude éloquente des silences, bruits stridents, vulgarité du *slang* et des décors, rythme trépidant et *yankee*-pour-rire de chaque séquence : ce passage est un véritable morceau d'anthologie. Il est de plus admirablement interprété par Paul Douglas, un acteur de Broadway dont c'est, je crois, le premier rôle au cinéma, et par Linda Darnell, qui n'était jusqu'à présent qu'une affolante *pin-up*, et que voilà tout à coup actrice de premier plan.

Il faut cependant reprocher à Joseph Mankiewicz, scénariste et metteur en scène (donc, ce qui est très rare à Hollywood, vraiment auteur du film), de s'en être tenu à son propos avec une fidélité quelque peu excessive, étriquante. Le titre a beau nous annoncer une « vie de famille », on pourrait déborder avec profit ces cadres rigides du salon et du country-club. Pas une fois le professeur n'apparaît en classe, ni le *businessman* à son bureau. Personnages bien croqués, mais auxquels il manque une dimension…

Un film qui n'en est pas moins de classe : de la classe de *The Philadelphia Story*, par exemple, ou des bons films de Preston Sturges – c'està-dire la meilleure classe de comédie américaine.

N. de l'A. – Ah ! oui, lequel des trois maris a pris la clé des champs ? Aucun, ma foi (j'allais dire hélas), car on a cru, puisque après tout c'est Hollywood, qu'il fallait que tout finît bien…

(22 avril 1949)

Pour compléter le *Petit Larousse*

(D'homme à hommes)

Connaissez-vous Henri Dunant ? J'avoue que pour moi, jusqu'à ces tout derniers jours, il était un illustre inconnu. Même, je n'avais pas lu ces deux lignes que lui consacre parcimonieusement le *Petit Larousse illustré* : « DUNANT (Jean-Henri), philanthrope suisse (1828-1910), l'un des fondateurs de la Croix-Rouge. »

Contemporain de l'insipide et désastreux Napoléon III (pour celui-ci, soixante et une lignes de texte et une belle photo, comme de bien entendu !), Dunant me semble aujourd'hui avoir été l'un des hommes les plus remarquables et les plus franchement, les plus complètement admirables de son époque.

Près d'un siècle avant nos pacifistes de salon et de parade et les douteux Congrès de la paix de 49, aux plus beaux jours de Bismarck et du « petit » Napoléon, au temps des grands frissons patriotiques et de *La Dernière Classe,* ce Suisse obscur eut – et, paraît-il, le premier – le culot de partir en guerre contre la guerre.

Ce qui est mieux encore : en bon citoyen qu'il était de la pratique Helvétie, il ne se contenta point de plaidoyers et d'oraisons, mais prenant le monde tel qu'il est, il décida de faire quelque chose, tout de suite, sans attendre l'an 2000. Il avait vu la guerre en Italie. Comme tous ceux qui l'ont rencontrée face à face, il en connaissait la hideur invraisemblable, cet horrible gaspillage que des imbéciles (qu'ils aient parfois du génie ne change rien à l'affaire) qualifient de grandiose : *Comme c'est beau, une ville – ennemie – qui flambe à l'horizon !* Il avait constaté quel faisceau de misères et de souffrances, quels amas de crasse et de sang caillé, il faut aux poètes et aux peintres de batailles pour camper une belle toile rutilante et un chant bien sonore : c'était l'époque où, officiellement (tandis que maintenant du moins, quand ça se produit, c'est plus discret), on fusillait les prisonniers trop encombrants, on achevait les blessés ennemis et se souciait aussi peu que pas de ses propres éclopés.

À ces malheureux que la « civilisation » de 1860 (nos grands-pères, s'il vous plaît !) laissait crever au bord des routes, Dunant voua toute son existence. Il les soigna d'abord, tant bien que mal, avec des moyens de fortune, pendant la guerre d'Italie. Puis, sa renommée se répandant, il écrivit un livre, des douzaines d'articles et des milliers de lettres, assiégea avec rage, avec ténacité, et des années durant, la conscience de l'Europe entière.

Son argent (et à l'occasion, celui des autres), son temps, sa santé y passèrent. Il dut affronter des hostilités et des sourires, secouer à lui seul cette masse lourde et gluante qu'est la froide indifférence des gens. Il peina, pria, tempêta, vécut comme un moine et mourut misérable – mais avant la fin, il put voir, en pleine expansion, déjà reconnue et solidement établie, cette grande œuvre humaine qu'est la Croix-Rouge.

Dans l'asile de vieillards où il avait dû se retirer, il eut le bonheur – qui jamais, depuis lors, n'a été si pleinement mérité – de recevoir le prix Nobel de la paix.

*　　*　　*

Je ne m'excuse pas de ce résumé plutôt longuet. Cette vie d'apôtre mérite d'être racontée au moins aussi souvent que toutes ces carrières belliqueuses, que tous ces Frontenac et ces Nelson, ces Hitler et ces Napoléon, dont on nous gave à l'école et, plus tard, dans les journaux.

Aussi bien le grand mérite de monsieur Christian-Jaque (et des Nations Unies, qui ont patronné le film) réside-t-il tout simplement dans cette inspiration qu'ils ont eue de retracer en détail une histoire honteusement ignorée. Pour ce qui est du résultat-cinéma, de ce film *D'homme à hommes* que nous venons de voir, c'est un peu moins heureux. C'est peut-être qu'un tel grand sujet est un maître exigeant et qu'un demi-succès ne saurait en aucun cas lui suffire. Mais je suis porté

POUR COMPLÉTER LE *PETIT LAROUSSE*

à croire qu'ici, c'est plus précisément la propre personnalité de Christian-Jaque et de sa vedette, Jean-Louis Barrault, qui leur joue, et à nous aussi, un mauvais tour.

Christian-Jaque est un magistral « orateur », un Démosthène ou un Victor Hugo de la caméra. Il a l'art du grand spectacle, le don du vacarme, le sens des formes amples et des couleurs tapageuses. Ses champs de bataille sont presque historiques. Il fallait de cela, bien sûr, puisqu'il s'agit d'un « à-côté », hélas, de la guerre. Mais il n'y a, quasiment, que cela. La vie intime, la vraie vie de penseur et d'homme souffrant d'Henri Dunant nous apparaît, par contraste, tout étriquée ; ou encore, ce qui pis est, toute déformée, soufflée : cette séquence tintamarresque du cauchemar, par exemple, qui ne déparerait pas un mélo « psychanalytique » de Hollywood[1] !

Quant à M. Barrault, il est trop intelligent. Son Dunant est tout entier pesé, calculé, réglé. Il s'emporte logiquement et ne pleure qu'avec un air de savoir ce qu'il fait. C'est du merveilleux travail d'acteur, puisqu'il y passe tout de même, malgré ce filtre glacial d'art et de réflexion, un peu de cette passion flambante que fut la vie de Dunant. Il ne reste pas moins que, souvent, on troquerait volontiers la violence cérébrale et les tremblements étudiés de Barrault contre une performance chaude et charnelle, à la Fresnay. (Justement, pourquoi les producteurs n'ont-ils pas songé qu'il n'y avait qu'un cheveu – du saint en habit au saint laïque – entre Monsieur Henri et Monsieur Vincent ?)

Il reste également que ce film à moitié réussi est une belle et bonne action. Et ceci, quoi que puissent dire les esthètes à la manque, n'a certes pas moins d'importance que cela.

(29 avril 1949)

---

1. Entre autres films, Lévesque pense peut-être à *Spellbound* (1945) d'Alfred Hitchcock, où une séquence de rêve fut conçue par Salvador Dalí.

Au royaume de la grisaille

(c'est-à-dire chez nous)

À Ottawa, on a remis ces jours derniers quelques « prix de consolation » à un groupe de cinéastes canadiens. Maigre événement, en effet. Pas la moindre préparation publicitaire, un pâle morceau d'éloquence ministérielle et puis, dans les journaux, une couple d'insignifiants paragraphes.

Voilà qui est bien de chez nous. Bon nombre d'observateurs étrangers remarquent, et, au péril de leur vie, certains de nos compatriotes vont répétant, que le Canada est un pays assez incolore.

L'ensemble du pays est fait de lignes sans imprévu et de teintes neutres, nordiques. La ville moderne n'est qu'un affreux ramassis de cubes rougeâtres ou grisâtres ; et ces reliques trop rares que sont les vieilles rues et les vieilles demeures (par exemple à Québec) disparaissent l'une après l'autre, victimes du « progrès ». Quant aux gens, quant à nous tous, il faut bien admettre que les idées neuves, l'audace, l'humour, que tout ce qui est bordé par le mot d'*originalité* semble être notre moindre défaut…

S'il existe un type canadien, il faut sûrement lui reconnaître comme attributs : une certaine lourdeur d'esprit et de langage, une sereine et confortable affection pour les lieux communs et les platitudes bien-pensantes, un constant souci de ne pas trancher sur le voisin. Bref, une méfiance congénitale à l'égard de l'inédit, du surprenant, et surtout une sainte terreur de tout ce qui « ne fait pas sérieux ». (Songez, par exemple, que nos mangeurs de romans populaires dévorent des tonnes de Simenon et de Dashiell Hammett, d'Agatha Christie et de Maurice Leblanc,

AU ROYAUME DE LA GRISAILLE

mais que nous n'avons *pas un seul* inventeur d'histoires policières ; en revanche, que de romanciers « sociaux » et de poètes « nationaux », que d'essayistes, que de critiques, que de gens sérieux en un mot !)

Prenez Montréal, dont on dit souvent que c'est une ville américaine. Rien n'est plus faux, sauf peut-être de parler de deuxième ville française du monde… Quoi que nous en ayons, Ville-Marie n'a ni le pétillement facile, ni l'esprit vif, ni la souriante tolérance de Paris ; non plus que la frénésie d'ambition, la rage de nouveauté ou le sens barnumesque des grands et petits New York d'outre-45e. Montréal, c'est une bonne grosse cité, sympathique, hypocrite, un peu gênée aux entournures, essentiellement prudente et « comme il faut », qui *placote* de métro[1] et, dans la plus franche atmosphère de bilinguisme intégral, vivote culturellement. Quoi de plus typiquement canadien ?

*   *   *

Donc, l'année 48 du cinéma canadien a été enterrée l'autre jour, à cette mode de par chez nous, sans tambour ni trompette, dans le gris.

La pauvreté indéniable de notre production – pauvreté d'argent et d'esprit – suffit-elle à justifier l'allure miteuse de l'événement ? À mon humble avis, au contraire.

Au contraire, puisqu'il n'est pas de meilleure façon de perpétuer cette médiocrité que de reprendre tous les ans une telle cérémonie qui n'a aucun sens, ne soulève aucun intérêt et donne ce résultat strictement mérité : une sèche dépêche dans quelque obscure colonne de quotidien. Quiconque a vu, comme moi, une ou deux de ces bandes primées sait très bien qu'il s'agit, non pas des films les meilleurs, mais bien les « moins pires » de l'année[2]. Élus par quel jury ? D'après quelques critères ? Dieu seul le sait, et les quelques illustres inconnus qui sont chez nous ses prophètes cinématographiques !

---

1. En 1949, les journaux rapportent les discussions autour d'un projet de métro à Montréal.

2. Remarquons cependant que le prix du « meilleur film amateur » a été remis cette année-là à *Mouvement perpétuel* de Claude Jutra, avec Michel Brault à la caméra.

Il serait pourtant si facile d'accrocher l'œil du public. Un concours, un vrai concours organisé, qui ait des règles sévères et la moindre publicité bien faite. Auquel on n'accepte, non plus n'importe quoi, mais les seuls films qui révèlent un minimum d'intelligence appliquée. Un concours où l'on ne proclame jamais de « film de l'année » que s'il s'agit bien d'une production remarquable, soutenant la comparaison avec les plus belles bandes étrangères.

Et pour de tels films, un prix qui vaille vraiment la peine qu'on en parle, qui ait une valeur publicitaire.

Impossible, dites-vous, exagéré ? Pourquoi ? Parce que – encore et toujours – c'est le Canada, je suppose, et que ça ne se fait pas, puisque ça ne s'est jamais fait… L'Espagne franquiste décerne chaque année à ses meilleurs cinéastes trois ou quatre grands prix fort impressionnants. Et si vous préférez un exemple plus démocratique, sachez que le petit Danemark consacre lui aussi plusieurs milliers de dollars chaque année à l'encouragement de sa production nationale.

Le cinéma, fils du siècle, est aujourd'hui le grand centre de distraction et, pour des millions de gens qui ne lisent pas ou plus, l'unique centre de culture. Or, déjà la production privée (c'est-à-dire toute la production sauf le superbe travail documentaire de l'Office national du film) est sous la coupe de quelques *businessmen* entreprenants pour qui le cinéma n'est, en tout et pour tout, qu'une question de piastres et de *cents*. Il ne s'agit pas de dédaigner bêtement le côté affaires ; il s'agit de souligner ce fait désastreux qu'en ce moment tout le monde au Canada, excepté à l'ONF, ne tourne qu'en fonction de profits et pertes. Ajoutons, hélas, que la plupart de ces producteurs ne dépasseraient pas, même à Hollywood, le niveau des classes B ou C ! Ailleurs, et je répète : même à Hollywood, une vieille guerre se dispute depuis toujours entre le cinéma-art-honnête et le cinéma-simple-*business*. On dira que le *business* l'emporte plus souvent qu'à son tour. Soit. N'empêche que des films récents tels que *The Search* et *The Treasure of the Sierra Madre* dénotent quelques soucis qui débordent largement le guichet mesquin du *box-office*… Chez nous, je ne vois encore rien venir (et après tout, voilà bien sept ou huit ans que ça dure) qu'une désespérante série de comédies à quiproquos et de feuilletons éternellement ajustables, adaptables et lamentables.

AU ROYAUME DE LA GRISAILLE

Je sais, je sais, il est très rare que le sens artistique et la bosse des affaires se rencontrent chez un même individu, ou dans un même groupe d'individus. Je sais, ceux qui ont l'art de dénicher des capitaux ont parfaitement le droit de les dépenser à leur guise. Je sais, ceux qui auraient quelque chose à faire dire à la caméra, quelque chose d'original et de frappant, ne connaissent rien d'ordinaire au langage tout aussi complexe des mises de fonds et des échéances. Je sais qu'il n'est plus de mécènes…

Faisons – quatre raisons de plus pour qu'on fasse – un petit effort, pour qu'on ait au moins le bon sens d'encourager ceux qui, d'aventure, pourraient survivre à cette sélection du dollar.

Les Oscars et les Grands Prix ne me jettent pas dans un enthousiasme délirant. Mais s'il n'y a vraiment pas autre chose, alors vive l'Oscar et le Grand Prix ! Vive le jury exigeant et la récompense substantielle, que l'on n'accorde, s'il le faut, que tous les dix ans !

Sinon… eh bien, sinon, comme hier et comme aujourd'hui, vive le film étranger !

(6 mai 1949)

La culture à grand spectacle

(*The Red Shoes*)

The Red Shoes est le *nec plus ultra* du film conventionnel – ce que je n'entends pas le moins du monde dans un sens péjoratif. Je veux dire simplement qu'on y trouve une magistrale exploitation de quelques formules classiques du cinéma à succès. L'intrigue est plutôt simpliste et ne fait qu'effleurer les personnages, la caméra et le dialogue travaillent en surface avec complaisance sur ces luxueux accessoires du film spectaculaire : des costumes à faire rêver les femmes, la féerie des décors et un choix de paysages qu'on voudrait découper et coller illico dans son album.

Mais cette machine éblouissante, construite d'après les plus purs canons hollywoodiens, évite aussi complètement que possible l'air puéril, l'infantilisme dont souffrent tous les « grands *shows* » de Metro et de Paramount. Dans le cadre ordinaire de Betty Grable et des *girls,* de la musiquette et du tout-est-bien-qui-finit-bien, les Anglais – ces diables d'hommes ! – font entrer sans trop d'avaries Léonide Massine et un superbe corps de ballet, la magie du grand art et un rideau barbouillé de sang. Je leur lève mon chapeau !

Le film prétend nous raconter la vie triomphale (Londres, Paris, Monte-Carlo : admirables cartes postales) et tragiquement courte de Vicky Page, première ballerine de la troupe Lermontoff. C'est là, d'ailleurs, cette partie-fable, la faiblesse de l'œuvre. Il s'agit en bref de la vieille souque-à-la-corde entre la carrière et l'amour. Lorsque après des années d'études et d'obscurité Vicky connaît la gloire, au même instant elle devient amoureuse. Que choisira-t-elle ? Symboliquement le *climax*

LA CULTURE À GRAND SPECTACLE

nous donne la réponse : son art, mais elle en mourra… Ce *climax,* c'est le ballet des Souliers rouges, tiré d'un conte d'Andersen : un cordonnier offre à une jeune fille des souliers magiques, qui l'entraînent dans une danse infernale et sans fin ; toute une soirée, toute la nuit, dans le bal, puis à travers la ville déserte, elle danse sans répit ; implacables, les souliers diaboliques ne s'apaisent qu'au moment où, épuisée, elle s'affaisse et meurt d'avoir trop dansé… De même, Vicky amoureuse danse et dépérit et puis, enfin, pour achever assez artificiellement le parallèle, repousse son amant et, de désespoir, se jette sous un quelconque rapide de la Côte d'Azur.

Mélo. Ramené sur ce plan de pseudo-réalité, le fantastique de la légende s'estompe, s'amenuise, n'est plus qu'une invention superficielle et assez invraisemblable. Il n'est rien qui se transpose si mal qu'un conte de fées. Disons toutefois qu'on s'en tire ici avec un maximum d'habileté et un minimum de fausses notes. Et, ce dont Hollywood n'aurait jamais été capable, sans aucun ridicule.

Mais la merveille du film, c'est le spectacle, une suite étincelante de scènes dont le luxe inouï n'étouffe nullement la beauté ni la très sûre élégance : tout ce qui, pour les amateurs d'intrigues, constitue les à-côtés…

Notons en premier lieu ce quart d'heure de plaisir sans mélange, la danse des Souliers rouges : voici la technique savante et les trouvailles sensationnelles de la *musical comedy,* voici le plateau illimité, sans cour ni jardin, que fournit la caméra, mis au service d'un thème passionnant, d'une vraie musique et de grands artistes. Résultat : indescriptible, il faut le voir… ce passage, à lui seul, mériterait au film une place dans les cinémathèques – quoi que puissent clamer les chevaliers irréductibles du « ballet en cage ».

Et puis encore, cette foule de tableaux rapides, d'un coloris et d'un rythme sans pareils, dont on ferait sans peine un documentaire de haute culture et (les deux, hélas, vont si rarement ensemble au cinéma… et parfois ailleurs) de haut intérêt : le débraillé des coulisses, la tension et les crises de nerfs des générales, le miracle d'une première sans accroc, la gaieté insouciante des départs en tournée… Toute la « cuisine » d'un art prestigieux, vue et interprétée par la plus impressionnante des équipes.

260 · LUMIÈRES VIVES

Scénario et mise en scène : Powell *(Colonel Blimp)* et Pressburger. Musique : par la Philharmonique de Londres. Costumes : Jacques Fath. Distribution : Massine (incroyable cordonnier de *Red Shoes*), Anton Walbrook, Marius Goring, Ludmilla Tcherina (la séduisante ballerine d'*Un revenant*) et Moira Shearer. Cette dernière, qui incarne l'infortunée Vicky Page, est première ballerine au Covent Garden de Londres : beauté rousse aux traits délicats, d'une grâce déliée, elle campe avec tout juste un soupçon de gaucherie une délicieuse ingénue, et danse, bien entendu, comme la Muse descendue sur terre.

Un film à voir. À revoir.

Honni soit qui mal y pense

Le divorce de Jeanne d'Arc ? Comme la grande « romance » de Rita Hayworth et du prince Aly Khan est bien un peu passée, les reporters de l'Ancien et du Nouveau Monde se sont mis à épier l'idylle d'Ingrid Bergman et de Rossellini (auteur de *Rome...* et de *Sciuscià*[1]). Ayant plaqué, elle son mari et lui Anna Magnani, ils coulent dans une villa de Stromboli des jours tissés de longs soupirs, de prises de vues, d'éclairs de magnésium et de communiqués sensationnels : la *vie ouverte...*

*   *   *

Et tu, mi Tyrone !... Il n'y a pas quatre lunes, l'adonis Tyrone Power épousait le plus catholiquement du monde, dans un Saint-Pierre de Rome grouillant de *bobby-soxers* en délire, la jolie starlette Linda Christian. Le voyage de noces est à peine terminé que les journaux d'Europe parlent déjà de bisbille conjugale. Ce qui nous rappelle qu'au cours d'une audience le pape demandait au nouveau remarié :

— Et vous, mon fils, que faites-vous dans la vie ?

— Je suis acteur de cinéma, Très Saint-Père.

---

1. Voir la note 1, p. 159.

LA CULTURE À GRAND SPECTACLE

— Acteur ? Oh ! c'est un métier bien dangereux pour la paix de l'âme…

Pour une fois, nul besoin d'*ex cathedra* pour être infaillible.

∗　　∗　　∗

L'immortel Adolf… Il paraît que Jean Marin, brillant cinéaste français (son documentaire *L'Eau lourde*[2] est très applaudi outre-Atlantique), se propose de filmer une biographie du feu Führer. Une bande truffée de scènes inédites, puisque, d'après *Carrefour*, « toutes les cinémathèques privées des nazis ont été mises à sa disposition ». Titre envisagé : *Confession des enfants de c… du siècle…*

∗　　∗　　∗

Du micro au plateau, plus ça change plus c'est pareil… *Cheu nous*, on doit en effet commencer bientôt le tournage de *Rue principale*, à moins que ce ne soit *Le Curé de village* ou *Jeunesse dorée*. Après quoi, nous aurons *Un homme et son (2e) péché*, à moins que ce ne soit *Métropole* ou *Grande sœur*. Après quoi l'on fera peut-être du cinéma… En attendant, ne manquez pas demain, chers spectateurs, la suite des passionnantes aventures de… Québec Productions !

∗　　∗　　∗

L'Achat chez nous (section des belles étiquettes)… Son *Gros Bill* terminé, Renaissance Films part en France tourner *Docteur Louise*. Metteur en scène, scénariste, cameraman, techniciens, plateaux, musique, décors, costumes, extérieurs : français. Plus deux acteurs canadiens. Ce

---

2. *La Bataille de l'eau lourde* (1948), réalisé par Jean Préville, n'est pas à proprement parler un documentaire. Faisant alterner images d'archives et reconstitutions, le film est basé sur une mission de sabotage durant la Seconde Guerre mondiale, et certaines personnes y jouent leur propre rôle.

qui, dans la pré-publicité, fait « un film canadien tourné en France »...
Tu parles ! Comme qui dirait que je suis chinois parce que je sais prononcer *Mao Tsé-toung* !

(13 mai 1949)

De la couleur avant (et au lieu de) toute chose

Les films « typés » sont un peu comme les mauvaises nouvelles ou les cargos du temps de guerre : ils naviguent toujours de conserve.

Simple coïncidence ? Phénomène épidémique ? Clause secrète des contrats de distribution ? Quoi qu'il en soit, on constate qu'un western traîne infailliblement dans son sillage quelques-uns de ses congénères, qu'un *murder movie* ne va jamais sans trois jumelles et qu'une comédie bouffe forme presque toujours convoi avec une couple d'autres excitants au gros rire d'identique farine. Pourquoi ? Mystère. Mystère et saturation...

C'est ainsi que nous venons de vivre, à Montréal, la quinzaine polychrome. Je compte neuf de ces productions bariolées qu'on appelle du « glorieux » Technicolor et une autre qui affiche ce faux pastel baptisé « ravissant » Cinecolor – qualificatifs *copyright*, soit dit en passant.

Dix films. Orgiaques débauches de jaunes, de rouges et de verts, criards, fulgurants. Et puis quoi encore ? Beaucoup d'argent, trop d'argent ; et c'est tout, ou peu s'en faut.

S'il est une chose en effet qui caractérise toutes ces bandes multicolores, qui en soit en quelque sorte le dénominateur commun, ce ne saurait être que cela : elles ont coûté très cher.

On a l'impression que ça doit se passer à peu près comme ceci... Le *producer* se dit : « Il me faut un film du tonnerre de Dieu, quelque chose d'hénaurme et de sensationnel, pour engraisser un peu mon *box-office*. Or, dans ce monde où grâce au Ciel je fonctionne, dans ce monde hollywoodien dont les cinq continents sont la profitable banlieue, l'argent est roi. Comme on dit chez nous, l'argent parle, ou encore, pour en gagner beaucoup, il en faut beaucoup dépenser. Donc, ce qu'il me faut, c'est un film dispendieux. Et tout le reste n'est que vanité… »

Il se peut, bien sûr, qu'à l'origine de l'une quelconque de ces épopées en Technicolor, il y ait une idée un peu plus complexe, une intention vaguement désintéressée. Mais sur l'écran tout est noyé dans le luxe et le spectaculaire, et le plus souvent dans un mauvais goût de nouveau riche. Il faut employer au mieux, c'est-à-dire sans gaspiller un dollar de leur effet garanti sur le populo, ces coûteux procédés de coloration. Sujets et développements doivent être dignes d'un tel étalage : tout ce qui est humain, mesuré, sensé, véridique ou vraisemblable, est étranger à ce milieu.

À preuve… Songez à *The Red Shoes,* à ce drame poids plume qui chemine le long des superbes séquences-à-spectacle, à cette tragédie tirée par les cheveux qu'on s'escrime à « faire passer » à force d'habillage, de maquillage et de cabotinage (rappelez-vous à ce propos l'exhibitionnisme frisant le ridicule du discours final d'Anton Walbrook).

À preuve… Dans *Words and Music,* l'admirable danse apache de Vera-Ellen et de Gene Kelly, le charme exotique et la voix prenante de Lena Horne ; et puis, en revanche, toute cette baroco-biographie des musiciens Rodgers et Hart, vide, saccharifiée, désertique ; et – insondable stupide dramatique, profond calcul de *businessman* – le gosse Mickey Rooney aussi mal à l'aise que possible dans la peau d'un homme hanté par le spectre de la mort…

À preuve : ce western mal foutu, puéril, que devient, sous le pinceau de Madame Natalie Kalmus, la naissance pittoresque et violente du *Canadian Pacific*…

Bref, la couleur coûte cher, et à cause de cela justement elle appauvrit tous les films qu'elle barbouille. *Color by Technicolor* : marque certifiée d'extravagance et d'immanquable bêtise… C'est l'une des formes les plus hurlantes de cette mortelle plaie d'argent dont souffrent Hollywood et, si vite contagionnés, les plateaux britanniques de M. Arthur Rank.

In absentia

> Peu après la première Grande Guerre, un Français de dix-sept ans, Raymond Radiguet, écrivit *Le Diable au corps,* un roman qui fit sensation dans les milieux littéraires. C'est le récit d'une aventure 14-18 : l'amour d'un adolescent et d'une jeune femme dont le mari est au front…
> Voici maintenant que dans un film de Claude Autant-Lara, nous retrouvons toute la psychologie aiguë de ce livre… La passion chauffée à blanc qui fait le rythme du film donne aux histoires d'amour habituelles du cinéma un air d'enfantine banalité…
> Le film colle fidèlement à l'œuvre dont il s'inspire… Gérard Philipe est éminemment croyable… Micheline Presle, remarquablement jeune et jolie… Jean Debucourt, étonnant… Photographie de grande classe…

(Ainsi parla, dans le *New Yorker,* le critique John McCarten d'un film que nous ne verrons sans doute pas et qu'on applaudit en ce moment dans « la 2ᵉ ville française du monde » : New York.)

Carnet mondain

Vendredi prochain, à Cannes, devant un iman solennel, au milieu d'une foule cosmopolite, le prince Aly Khan et la ci-devant Mrs. Orson Welles (Rita Hayworth) vont régulariser leur situation. La mariée portera une robe d'un bleu très pâle, ce que le journal *France-Soir* appelle le « bleu glacier ». Noces de guerre froide…

M. Robert Choquette est, dit-on, sur le point d'annoncer l'engagement de son premier-né, *Le Curé de village,* par la compagnie Québec Productions. *Nihil obstat,* monsieur l'abbé, *otium cum dignitate…*

La naissance du cinéma canadien, du vrai, qui sera digne de figurer en bonne place sur l'écran international, est par ailleurs renvoyée aux calendes grecques.

(20 mai 1949)

Ruy Blas

Pour son malheur, ce grand poète, ce dramaturge puéril et terrible qu'est Victor Hugo est tombé sous la patte de l'habile remmancheur de thèmes et raccommodeur de vieux lyrisme qu'est Jean Cocteau.

Le fruit bâtard de cette jonction malencontreuse, *Ruy Blas*, est un film à grand spectacle, jolis costumes et insignifiance consommée, que je n'infligerais pas à mon pire ennemi. Pour un hugolâtre, va sans dire, c'est du supplice chinois.

Chacun sait, par exemple, qu'en fait de psychologie, de science des reins et des cœurs, Victor Hugo se situe à quelques paliers au-dessous de Molière et de Freud, peut-être même plus bas que Dale Carnegie… Qu'il suffise de dire que M. Cocteau respecte manifestement toute l'indigence des personnages ! Pendant quelque deux heures nous vivons – nous, oui ; eux, pas – en compagnie de Ruy Blas et de la reine, des « dons » Salluste et César : ils pérorent, intriguent, explosent, s'adorent, se haïssent, s'entretuent sous nos yeux ; et que nous reste-t-il de ce vacarme et de ce grouillement d'êtres soi-disant passionnés ? Rien. Moins que rien : un lourd ennui et une lassitude d'avoir cherché en vain à saisir, à cerner un peu ces falotes créatures, que toutes leurs outrances n'empêchent pas d'être affreusement irréelles.

Comme est irréelle aussi, invraisemblable et fausse, cette Espagne dont Hugo ne s'est fait qu'une idée simpliste, pêle-mêle de souvenirs d'enfance et de brumeuses images d'Inquisition et de Cid Campeador. Or, l'Espagne du film, luxueusement décorée et attifée, sérieusement « arrangée », est, si possible, moins croyable encore. C'est une caricature qu'un marchand d'Épinal, pour l'embellir, aurait drôlement peinturlurée.

RUY BLAS 267

Au moins, si la bande sonore nous restituait quelque chose de la magnificence verbale du colosse romantique, mais non, jamais de la vie ! Véritable Electrolux du chef-d'œuvre, M. Cocteau aspire toute la poésie, toute l'éclatante polyphonie et le rythme puissant qui faisaient à _Ruy Blas_, sinon une atmosphère espagnole, en tout cas une superbe atmosphère hugolienne... En sabrant les tirades sonores et en décarcassant les mètres, en modernisant toutes ces vieilleries, M. Cocteau n'épargne, toujours, que le défaut de l'original : cette grandiloquence que la beauté du vers faisait passer, que la banalité de ce dialogue-ci ne fait qu'accuser.

On viendra nous parler d'artistique simplicité. Mais il ne s'agit pas, comme dans _La Belle et la Bête,_ d'un conte de fées... Ici, c'est plutôt de pauvreté, et même de pure bêtise qu'il faudrait parler. Petit respectueux que je suis, jamais je n'oserais, de si loin que ce fût, dire de telles choses à un type comme M. Cocteau ! Et pourtant, jusque dans les pires adaptations de Hollywood, donc n'ai-je vu massacrer une œuvre avec tant de maestria et, apparemment, de sereine inconscience.

Faut-il ajouter qu'en Ruy-Blas-_cum_-don César, le beau Jean Marais est doublement mauvais (et qu'en hauts-de-chausses noirs, cet assez fade adonis étale témérairement des flûtes de cagneux) ? Que la jolie Danielle Darrieux – moins jeune, hélas, et bien entendu, que naguère – n'est pas plus faite pour jouer les reines d'Espagne que nos feuilletons radiophoniques pour devenir de beaux films ?...

... Et que, si d'aventure Jean Cocteau se mêle un jour de consulter les tables et les esprits, comme s'y adonnait jadis le pauvre Hugo, il ferait mieux de ne jamais crier : « Es-tu là, Victor ? » Derechef il en ouïrait, ou je me trompe fort, tout un lot de vertes et de pas mûres !

L'ombre du grand Olivier

Dans le film de Korda, _The Angel with the Trumpet,_ nous reverrons quatre brillants artistes qui collaborèrent avec Laurence Olivier au succès de _Hamlet_ : l'ex-reine Gertrude Eileen Herlie ; l'ex-roi Claudius Basil Sydney ; Norman Wooland, qui faisait un merveilleux Horatio ; et enfin Anthony Bushell, ci-devant co-producteur, qui cette fois cumule les emplois d'interprète et de metteur en scène. _The Angel...,_ reprise anglaise d'un vieux film viennois, nous brossera un tableau inévitablement « un peu court » de l'histoire d'Autriche depuis 1882 jusqu'à la fin de la dernière guerre.

C'est également dans un prochain film de Korda, *The Cure for Love*, que nous retrouverons pour la première fois depuis *Henry V* la séduisante ingénue Renée Asherson qui, avant d'incarner la princesse Katherine, n'avait jamais tenu que des rôles de jeune Cockney ! Soit dit en passant, ce film sera la première œuvre d'un metteur en scène du nom de Robert Donat…

Et, entre parenthèses, tout ceci est tiré du *New York Times* : ces gens-là ont des correspondants, je ne vois pas pourquoi on n'en profiterait pas !

Dans cette même feuille supérieurement informée, j'apprends que Greta Garbo s'apprête enfin à faire sa rentrée à l'écran ; et je constate du même coup que ses patrons, les frères Warner, ne perdent rien de leur affection pour les sentiers bien battus : le premier « véhicule » de la Garbo nouvelle ne serait autre, en effet, qu'un replâtrage *made-in*-Paris de *La Duchesse de Langeais* (Balzac, via Giraudoux).

(3 juin 1949)

L'embarras du choix

Soudain, après l'une des plus lamentables quinzaines que nous ayons de longtemps vivotées, une foule de titres prestigieux étincellent côte à côte ces jours-ci sur notre petit Broadway.

Vaches maigres, et puis grasses, et maigres de nouveau, et ainsi de suite *ad infinitum*. C'est le cycle de l'écran, presque aussi invariable que celui de la Lune, en deux temps bien distincts : une éclipse faite de toutes les mocheries, et tout à coup, ronde et pleine, une riche semaine comme celle qui s'achève.

Comprenne qui pourra cette alternance. Pour moi, comme tous les amateurs de cinéma, je me contente de la subir, sans trop y penser : c'est notre pluie et notre beau temps à nous…

Or donc, dans ce monde douillet et « climatisé » où nous vivons, il faisait grand soleil cette semaine – un magnifique soleil stylisé, qui dardait sur nos grêles épaules de ronds-de-cuir à temps perdu un irrésistible faisceau de sept rayons-au-néon. Sept ! Et tous, à des degrés divers, brillants, chauds, ravigotants…

D'abord – à tout seigneur… – le dernier Jouvet, *Les amoureux sont seuls au monde*. Scénario d'Henri Jeanson, c'est-à-dire du plus ingénieux fabricant de répliques à-la-Jouvet qui ait jamais fonctionné. Si Dieu et *Le Clairon* nous prêtent vie, nous en reparlerons.

Ailleurs, une reprise qui s'imposait : celle de la familière et chatoyante fresque parisienne (Paris populaire, Paris du métro et des tickets, au lendemain de la Libération) au centre de laquelle Becker a campé le couple éminemment sympathique d'*Antoine et Antoinette*.

Hollywood, pour sa part, nous offre un choix de trois films qui reposent enfin les yeux de cette orgie de *technicolors* dont nous sortons à peine (et où il faudra bientôt se replonger, n'ayez espoir !). Vive donc le blanc et noir, et vivent aussi les films qui ne débordent pas la chaussure hollywoodienne, dont les auteurs ne s'acharnent pas à étaler de pseudo-talents aux dépens de ceux, très réels et très beaux, que le Ciel leur a donnés !…

Champion, qui raconte la grandeur et la décadence d'un boxeur, est justement de ces films-là – nerveux, bandé, brutal comme un direct à la mâchoire, et musculeusement interprété par Kirk Douglas.

Command Decision (adaptation d'un des trois ou quatre meilleurs romans de guerre américains) aborde un autre thème que seuls les gens d'outre-45e sont capables de traiter – parce qu'eux seuls, entre autres choses, en ont vraiment les moyens. C'est le drame du siècle volant, le drame des vingt mille avions et du « bombardement stratégique », et le drame personnel de ces hommes – en qui l'on découvre avec surprise des types comme les autres – qui tiennent entre leurs mains la vie précaire ou la mort instantanée d'une ville, de tout un peuple. Jetant bas l'épais camouflage du *red tape* et des plantons rébarbatifs, la caméra nous fait vivre ainsi une heure étonnamment tendue et poignante dans un quartier général qui est sans doute bien moins fictif que l'auteur, par souci de discrétion, ne prétend. Un sujet que l'on peut, maintenant que Goering et sa Luftwaffe ne sont que cendres et poussières, qualifier de typiquement américain : aussi ces *Yankees* typiques, Clark Gable et Van Johnson, y sont-ils parfaitement à leur aise…

Et dans *Enchantment,* encore on trouve les traces d'un irremplaçable don hollywoodien : celui d'avoir de l'argent… et celui, autrement rare, de le dépenser à bon escient ! Ce film de Goldwyn respecte, trop même à certains moments, l'allure gentille et jamais pressée du « rythme londonien ». Angleterre prise sur le vif, telle qu'en elle-même, et personnifiée par cet Anglais plus anglais que le roi qu'est David Niven…

Cette semaine, toujours, réapparition sur nos écrans (comme elle reparaît aussi, grâce à nos peurs et à nos bêtises, sur la scène du monde) de l'éternelle Allemagne, de cette Allemagne qu'on ne comprendra sans doute jamais. Un film sauvage qui s'intitule – avec honte ? avec fierté ? – *Les assassins sont parmi nous* et qui décrit les névroses un peu tardives d'un ex-surhomme… Nous y reviendrons.

Mais ce qu'il faut d'abord et surtout retenir de cette éblouissante « programmation », c'est à mon sens la superbe bande suédoise, *Torment*.

C'est le talent qui manque le plus

Acteurs qui nous sont inconnus, langue rude que le texte surimprimé traduit (et trahit) au petit bonheur, étrangeté de tel décor, de certaines coutumes…

Ces handicaps, terribles pour les adorateurs de toujours-pareil que nous sommes, n'empêchent que *Torment* nous empoigne dès le début et nous « a » jusqu'à la fin.

En synopsis, rien de plus simple que ce film. C'est la peinture magistrale de ce maelström – tourbillon puissant et ténébreux traversé de cauchemars et coupé de catastrophes – qu'est une âme d'adolescent. L'étrange complexe que font les derniers sourires de l'enfant insouciant et les premières poussées, violentes, incontrôlables, des passions et des drames adultes. Il y a là des plaies vives, des cris, de la mort et, derrière un rideau qu'on ne déchire jamais tout à fait, le mystère de ce second enfantement, de cette naissance à l'état d'homme fait qui donne à l'adolescent son air d'être inachevé, travaillé par de sombres orages.

Un film qui n'est rien moins que régional, par conséquent, qui nous plonge au cœur de la plus universelle des tragédies. Et qui s'avère un guide hors de pair. Tous, dans ces longues échappées de nuit pleines de noir et d'horreurs opaques, nous retrouvons l'optique vicieuse et torturée de l'âge ingrat. Dans les séquences consacrées au cours de latin, surtout, pénibles, haletantes, dominées par la figure monstrueuse d'un pion sadique, le cinéaste a capté le quintessence inquiète et douloureuse de ce *no man's land* de la vie…

Du générique, je ne me rappelle – on le comprendra sans peine – que le nom d'Ingmar Bergman, auteur du scénario original[1]. Pour réa-

---

1. Réalisé en 1944 par Alf Sjöberg, ce film intitulé *Hets* en suédois est le premier scénario écrit par Ingmar Bergman, deux ans avant son premier film. Mentor de

272 LUMIÈRES VIVES

liser un tel film, et pour décrocher le Grand Prix au Festival de Cannes, il fallait également un excellent metteur en scène et de remarquables techniciens.

C'est-à-dire, en un mot, qu'il fallait du talent : et tout d'abord cette base solide, ce substratum du talent qu'est le gros bon sens...

Pour voir le sujet magnifique qu'on possède là, tout près, au bout de son nez : bon sens.

Pour savoir prendre telle qu'on la voit la réalité de tous les jours, pour oser se résigner à exploiter ce filon sûr, à n'en pas sortir : bon sens.

Et puis, pour allumer dans ces fagots de notre rue la vie nouvelle, mystérieuse de l'œuvre d'art – alors du talent, des dons, du génie, tout ce que vous voudrez.

... Le bon sens, le talent, voilà ce que nos entrepreneurs de *business* cinématographique n'ont pas encore découvert. De méchants scénarios, qui ne sont pas vraiment de chez nous, oui ; de boiteuses mises en scène, des montages bousillés par une mégalomanie micro-hollywoodienne ou par de non moins baroques mesquineries, oui encore. Mais ce que les Suédois, eux, ont trouvé tout de suite, non !

Pourtant, les Suédois ne sont ni plus riches, ni plus nombreux, ni (sauf erreur) plus intelligents que nous. Mais j'ai cru discerner, en voyant *Torment,* que leur cinéma n'est pas uniquement, exclusivement centré sur la recette à calculer, sur les profits et pertes. Les auteurs de *Torment* ont songé avant tout à faire du vrai, du bon cinéma ; et, comme il arrive souvent dans ces domaines où l'esprit a tout de même autant à dire que le livre de caisse, le reste leur est donné par surcroît.

Chez nous, le livre de caisse a parlé seul jusqu'ici. Et « le reste », tout aussi bien que l'essentiel, continue de briller par son absence.

(10 juin 1949)

---

ce dernier, Sjöberg était un grand metteur en scène de théâtre et il réalisa une vingtaine de films. Aujourd'hui méconnu, il fut le premier cinéaste à gagner deux fois la Palme d'or (à l'époque, le Grand Prix) à Cannes, pour ce film et pour *Mademoiselle Julie* (1951).

A Connecticut Yankee

Une demi-mesure seulement. Plus et mieux, tout de même, que ce à quoi on pouvait s'attendre.

Hollywood, en effet, peut être la capitale de tout ce qu'on voudra, sauf du bon goût, de l'invention délicate et de la finesse d'esprit – soit trois choses dont la vraie, l'authentique fantaisie a besoin pour être.

Aussi n'est-ce pas de fantaisie qu'il s'agit, mais bien de ce produit breveté, typiquement hollywoodien, qu'on appelle *fantasy*. Ç'a beau s'écrire et se prononcer à peu près de la même façon, ce n'est surtout pas la même chose.

Qu'est-ce alors ? Eh bien, c'est *A Connecticut Yankee*[1]... C'est-à-dire tout d'abord du spectacle, du luxe, de la « grosse argent » qu'on dépense sans compter en décors, en costumes, en pellicule tapageusement technicoloriée. Et puis, c'est encore de la variété à haute pression (plus on en met, plus il en faut), un méli-mélo de trouvailles et de platitudes, un rythme endiablé, qui, ne conduisant nulle part, nous y mène cependant au grand galop !... C'est enfin – en théorie et parfois, comme ici, en pratique – un thème ingénieux qui, à lui seul, nous assure un honnête minimum de rigolade.

À l'aurore du siècle mécanique, *circa* 1905, supposons qu'un Henry Ford en herbe, bricoleur, expert en teuf-teuf et un tantinet nombril du monde, supposons, dis-je, qu'un tel numéro reçoive un grand coup sur la tête, s'endorme en comptant les chandelles et qu'à trente-six il se

---

1. Le titre complet est *A Connecticut Yankee in King Arthur's Court*, adapté d'un roman du même titre de Mark Twain publié en 1889.

274 LUMIÈRES VIVES

réveille dans une forêt anglaise de 528, au temps, qu'on nous dit, du bon roi Arthur... Vous voyez ça d'ici : ce n'est pas génial, mais c'est gentil.

En explorateur de la quatrième dimension, Bing Crosby, entre deux chansons, a malin et facile plaisir à semer la pagaye autour de la Table ronde : frottant des allumettes, enseignant le jazz aux musiciens de la cour, se battant en duel avec un lasso, offrant à la belle princesse cette merveille qu'était au VIe une épingle à couche, il remporte, on le conçoit sans peine, un succès très précisément fou.

Mais la drôlerie du film n'est pas dans ces effets tout cuits, tous prévus, qu'on voit venir de loin et d'ailleurs multipliables à l'infini. Ni dans la mince personnalité de Bing, qui est bien le plus brave et le plus « nature » des types de Hollywood, qui est aussi le plus rudimentaire des acteurs...

Ce qu'il faut voir, c'est la bonne gueule ahurie et les yeux ronds de William Bendix, et l'indescriptible allure qu'il confère à la plus cliquetante des armures moyenâgeuses ; ce qu'il faut entendre, c'est sa voix de stentor enroué, débitant avec l'accent de Brooklyn de nobles répliques pré-shakespeariennes !

Et le fin du fin (si fin, même, qu'il se perd un peu dans tout ce gros sel), c'est le roi Arthur de ce grand acteur qui a nom Sir Cedric Hardwicke : un bon vieux bonhomme à barbe blanche, à rhumatisme, à pif écarlate, qui a dès longtemps oublié sa légende, n'aime plus que ses aises, a une sainte horreur des courants d'air et une humeur invariablement massacrante – bref, la plus hilarante, la plus aimable et la plus *British* des caricatures...

En tout cas, pour mon humble part j'ai assez bien ri, je dois même avouer qu'ayant vu naguère, dans un jumeau de ce film-ci, le colon Fernandel à la cour de François Ier, je n'avais pas ri davantage. Et pourtant, Dieu sait qu'il ne saurait y avoir, pas plus au Bon Parler français qu'au Comité permanent de la Survivance, plus farouche conscrit de la « culture française » que votre serviteur...

*   *   *

Décidément, ça n'a pas été la semaine des gens sérieux : nous avons eu, aussi, la visite de *Mr. Belvedere (Goes to College),* cette magistrale composition d'un gentleman élégant, talentueux, imperturbable, que Clifton Webb a rendu célèbre il y a deux ans, dans *Sitting Pretty*. Cette fois, la comédie est un peu ténue, mais Mr. Webb, tout seul, vaut bien le prix d'un billet.

Quant à *Tarzan,* qui s'appelle désormais, dans le privé, Lex Barker, le voilà qui cherche au cœur de la jungle une version africaine de la fontaine de Jouvence. Pauvre Johnny Weissmuller, lui que de tous les Tarzan je préférais, s'il avait pu la faire, cette découverte – avant de se mettre à faire du ventre !

Autant de têtes...

Pourquoi, depuis 45, les comédies (et les drames, également) des cinéastes italiens sont-elles plus souvent qu'à leur tour admirables ? Voici une réponse de Bosley Crowther, du *New York Times* :

> Cette comédie si humaine, si poignante, dont nous régalaient naguère Chaplin et quelques maîtres français, elle ne se retrouve plus aujourd'hui que dans les films italiens... Ce n'est pas le hasard qui nous permet ainsi de goûter dans les meilleures comédies italiennes toute la tristesse et l'ironie cruelle de la vie... Les talents se sont vus soudain désenchaînés, tout à fait libres puisqu'on pouvait tourner des films à bon marché ; sans compter que, ces dernières années, les Italiens n'ont fait que pâtir et perdre jusqu'à leur ultime illusion : ce n'est qu'à ce prix qu'ils ont acquis la profondeur et la maturité qu'on admire dans leurs films...

Comme il fallait, aussi, avoir pâti avant de pouvoir écrire *Le Misanthrope.*

*   *   *

Et quant à Hollywood, pourquoi s'acharne-t-il à faire si piètre figure ? Le dramaturge américain William Saroyan, de passage à Paris, donne au reporter des *Nouvelles littéraires* cette explication d'artiste et d'homme sensé :

La crise du cinéma américain s'explique aisément : un film devrait être une œuvre conçue et dirigée par un seul homme ayant des préoccupations artistiques ; or c'est l'œuvre de plusieurs hommes d'affaires guidés par des considérations absurdes : l'âge ou le contrat d'une vedette, les recettes d'un film analogue, etc.

Et nunc, erudimini, ô minuscules Hollywoodiens de chez nous !

La plus brûlante des actualités a retenu, par ailleurs, notre *Herald* montréalais pendant tout un long feuilleton qui s'intitulait : « Rita et son Prince, leurs vies, leurs amours »… Le dernier chapitre de cette œuvre éperdument historique nous apprenait, entre autres choses, que la belle Rita est retournée à l'école, car

> de toutes les langues qu'il parle, c'est le français qu'Aly adore. Aussi Rita prend-elle des leçons de Mlle Jeannette, professeur au Collège Sévigné… Celle-ci a déjà enseigné à son élève comment il faut dire : Aly, je vous aime… De plus, Rita, qui achève la lecture du *Comte de Monte-Cristo,* va bientôt aborder les lettres d'amour de Napoléon à Joséphine…

Pas d'erreur, Mlle Jeannette connaît ses classiques !

*   *   *

Enfin, dans le solennel *Saturday Night,* où l'on a toujours les deux pieds bien posés sur le plancher des vaches, Frederic Edge consacre une longue étude un peu diffuse au cinéma canadien – une étude où je relève cette idée, qui n'est donc pas tellement baroque :

> *Canadian film producers have had to content themselves* […] *with an occasional "shot in the dark" – a production with a skimpy budget, which has aimed at becoming an international hit. Such a hit, experts claim, would put Canada in the international Cinema spotlight. It only takes one outstanding film, they say, to make a movie industry in any country. They cite Italy's* Open City…

En d'autres termes (comme je me permets, du fond de mon ignorance, de le soupirer parfois et encore l'autre jour, en parlant de *Torment,* le beau film suédois), un seul film de calibre international, c'est-
à-dire un seul film simplement mais vraiment bon, ne vaudrait-il pas
mieux que tous ces navets dont on essaie de nous gaver, ces navets dont
la culture, si je comprends bien ce qu'on nous annonce – et je crois,
hélas, que j'ai bien compris –, promet d'aller toujours s'intensifiant ?

(17 juin 1949)

Cinéma des Boulevards

Pour nous qui sommes loin, c'est le cinéma qui a la tâche de résumer le moins mal possible tout l'art dramatique français de notre époque. Une tâche dont il s'acquitte, justement, avec un succès, à tout le moins documentaire, qui est fort heureux. La plupart des grands noms du théâtre contemporain, de Baur à Barrault, en passant par Jouvet et Guitry, Fresnay et Raimu, ont aussi leur place au tout premier plan sur les plateaux.

C'est peut-être là, d'ailleurs, ce qui fait presque toute la différence entre l'écran français et l'américain. Aux États-Unis, tout un continent sépare Hollywood de Broadway – le drame vivant du drame en boîte, l'homme de théâtre de l'homme d'affaires, la vocation d'artiste de l'art de faire fortune ; et, comme les mondes de Kipling, il semble bien que « *ne'er the twain shall meet* ».

Tandis qu'en France, vieux pays macéré par l'Histoire, pays tout d'une bouchée, il n'est pas vingt-cinq capitales, ni même deux – il n'est que Paris. C'est à Paris qu'on vient chercher un nom, qu'on l'impose et le garde. Deux tables à une terrasse de café sont d'ordinaire tout le mur qui se dresse entre les deux carrières d'un même homme. Le cinéma, là-bas, est né et se nourrit toujours de la scène ; et là, aussi, la scène ne dédaigne pas de se sustenter un peu à la table bien garnie des producteurs. Le théâtre est trop riche et trop fort pour y perdre à ce passe-temps ; le cinéma, par contre, y gagne des dialogues charnus, des interprètes superbes et toute cette maturité que Hollywood, simple *boomtown* sans racines, n'atteint que rarement et qu'accidentellement.

N'importe que nous ne voyions en ces gens que des stars parlant français – que nous ignorions les grandes carrières théâtrales de Baur et Fresnay, ou d'Edwige Feuillère, que Pagnol ne soit pour nous qu'un

CINÉMA DES BOULEVARDS

scénariste et que les mises en scène historiques de Jouvet nous demeurent inconnues. Du moins l'écran nous permet-il de faire leur connaissance, de suivre un aspect, si mineur soit-il, de leur activité. Ça nous donne l'impression toujours agréable d'être vaguement « au courant »…

∗   ∗   ∗

Cette petite dissertation m'oblige maintenant à glisser en deux mots sur le dernier film de Jouvet : *Les amoureux sont seuls au monde*. J'en suis bien aise, car ce n'est pas là précisément ce qu'on appelle un grand sujet…

Un triangle – un simple, banal petit triangle, tout ce qu'il y a de plus Bernstein : le compositeur célèbre, l'épouse bien-aimée et la petite pianiste jolie comme un cœur (« jolie petite garce », dira Jouvet, moins galant et plus précis), amoureuse, comme il se doit, du Maître. Et puis le *deus ex machina* qu'est inévitablement, dans les histoires de cette farine, le cher vieil ami, le « cher vieux » qui s'acquitte – avec oh ! quelle élégance – de l'emploi d'entremetteuse…

Mais, pour servir ce sujet réchauffé, quelques éléments de grande classe : l'exquise frimousse éveillée de Dany Robin, deux ou trois rôles de soutien remarquable et, bien entendu, Jouvet.

Jouvet, toujours pareil et qu'on ne voudrait surtout pas retrouver changé, si peu que ce fût – Jouvet, très grand artiste qui s'amuse, en nous amusant, à se fourvoyer ici, entre deux Molière, sur les boulevards… du cinéma. Moins bien servi, pourtant, et par ses répliques et par toute la pâleur de son personnage, que dans *L'Étranger* ou *Quai des Orfèvres*.

Menue monnaie

Raccourci… Aux États-Unis les deux plus gros salaires de 48 ont été versés, de nouveau, à un couple typique du *business-world* hollywoodien : chez les femmes, 200 000 dollars à la *glamour-girl* Betty Grable ; et chez les hommes, quelque 700 000 dollars au magnat Skouras. Tout Hollywood est dans ces chiffres et ces noms : *glamour* et *business, sex-*

appeal et recettes – pour Metro, Fox et leurs émules, les deux piliers de l'Art...

Sans commentaire... Texte d'une publicité (électorale) dans *L'Action catholique* du 18 juin : « Gracieuseté de M. Edmond Paquet, candidat officiel prog.-cons. dans Québec-Ouest – ce soir, à Notre-Dame-de-Pitié, présentation du film *La Forteresse* et autres sujets comiques... »

(24 juin 1949)

Bogart-le-bon, et du meilleur

(Knock on Any Door)

Humphrey Bogart, qu'on avait accoutumé de voir toujours dans la peau un peu bien monotone du vilain (ou comme on dit outre-45e, du « lourd »), a trouvé sans quitter Hollywood son chemin de Damas.

Depuis *Key Largo,* si je ne m'abuse, il a dû « faire le bon » au moins deux ou trois fois ; et très honnêtement. Mais dans cette veine édifiante, ce qu'il a réussi de mieux – et ça, j'en suis sûr – c'est tout simplement d'avoir un emploi dans le film qu'on vient de nous offrir sous un titre fort bien trouvé : *Knock on Any Door.*

Pas un chef-d'œuvre. (On dit toujours ça, je me demande pourquoi – car vous et moi, nous aurions de la peine à expliquer ce qu'est, et n'est pas, cet oiseau rare de l'écran. Enfin, disons tout de même : pas un chef-d'œuvre…) Pas un film « historique » non plus – adjectif que j'entends dans le sens hollywoodien : grand déploiement, tapage, consommation de vedettes… Mais en revanche, une pellicule dont pas un pouce n'est gaspillé, une bande nerveuse, tendue, où l'on ne trouve ni un mot ni une image de trop.

Économie : le moindre défaut de Hollywood. D'autant qu'il s'agit d'une sorte d'*exposé,* d'une de ces intrigues para-documentaires, d'un de ces cas-problèmes sociaux où le sentimentalisme américain, et particulièrement californien, ne manque jamais une occasion de s'étaler, de larmoyer. Ici, bien au contraire, aucun superflu, pas une goutte d'eau de rose.

Dieu sait pourtant si le sujet s'y fût prêté ! C'est l'histoire d'une vie faussée au départ et, en même temps, le portrait ni flatté ni chargé de ces écoles, dites de réforme, où s'achève trop souvent et devient irrémédiable la déformation des jeunes – qu'ils soient des USA, d'ici ou d'ailleurs.

L'occasion était on ne peut plus propice de jouer sur la corde de l'indignation vertueuse, de partir en guerre (c'est si facile, si peu dangereux et si « bien vu ») contre la société, le siècle, tout le tralala… Non. Il y a des scènes nettes et durement – mais jamais rageusement – découpées. Une éloquence d'autant plus persuasive qu'elle paraît s'ignorer, qu'elle sourd de l'écran, s'amplifie doucement et implacablement d'une séquence à l'autre. Le réquisitoire social est là, d'autant plus fort qu'il se refuse le pathos élimé des réformateurs professionnels.

Inutile d'ajouter que les interprètes sont excellents. Excellents, eux aussi, sans avoir l'air d'y tâcher. J'ai nommé Bogart, puisque le star-système lui donne la tête d'affiche. En avocat houspillé – un peu tard – par sa conscience, Bogart est d'ailleurs plus que convenable. Mais les vrais protagonistes du film sont deux jeunes gens, Allene Roberts et John Derek. Ce dernier, surtout, campe son personnage de *lost generation* avec une vigueur et une simplicité dépouillée assez extraordinaires.

Knock on Any Doors : une seule vedette « garantie », un budget modeste, pas un soupçon de Technicolor – donc, on en parlera le moins possible. Dommage, car c'est un bon film : un film qui a quelque chose à dire et qui le dit de l'exacte manière qu'il fallait.

Son Excellence l'ONF
Ambassadeur du Canada

Voici, de nouveau, la saison des festivals : Cannes, Venise, Bruxelles et, cette année, Édimbourg. Voici, donc, le temps de remercier encore le Ciel (et, ma foi, le gouvernement) de nous avoir donné l'Office national du film !

L'ONF nous apprend ces jours-ci qu'il a prié quelques-uns de nos producteurs dits privés, ou dits commerciaux, de l'accompagner à ces grands congrès du cinéma international. Jusqu'ici, pas de réponse. Et il faut bien dire, hélas, que ça vaut mieux comme ça. J'aime mieux, quant à moi, être à jamais représenté par des « sujets un peu courts » que d'être daubé copieusement pour ces films longs, plats et vides, auxquels Hollywood donnerait à peine sa cote C, et qui ne sont même pas, vraiment, de chez nous.

Laissons aux documentaires souvent splendides, toujours honnêtes et soignés, de l'ONF cette ambassade délicate. Les faits canadiens, la réalité toute nue sont plus éloquents que toutes ces méchantes fables. Un jour viendra sans doute où quelqu'un découvrira soudain l'art de faire parler aussi la fiction. Mais en attendant notre premier romancier de la caméra, vive le bon, le simple reporter[1]... !

(1er juillet 1949)

---

1. Cette métaphore du « romancier de la caméra » rappelle la fameuse « caméra-stylo » qu'Alexandre Astruc utilise dans *L'Écran français* du 30 mars 1948 pour décrire le cinéaste, pleinement auteur de cinéma, qu'il appelle de ses vœux.

Les souliers rouges de Fred Astaire

Voici de nouveau, après une longue séparation, le fameux couple Fred Astaire-Ginger Rogers. Long, mince et souple comme un fil, la face osseuse béant d'un vaste sourire de carnivore, depuis la dernière fois Fred n'a pas changé, sauf qu'il a perdu encore quelques douzaines de cheveux. Ginger, elle, a vieilli – du visage, mais ses jambes sont toujours aussi agiles et ses répliques nous parviennent plus sûres et plus justes qu'au temps de sa fraîche jeunesse...

Le film s'intitule *The Barkleys of Broadway*. Il prétend décrire la grandeur tapageuse et les petites misères de deux enfants chéris du Great White Way : lui ne pense qu'à chanter et danser, l'exubérance criarde de la *musical-comédie* lui est aussi indispensable que l'air qu'il respire ; elle, par ailleurs, a la déveine de trouver sur son chemin un ténébreux dramaturge *(from Paree),* qui lui fait la cour, lui raconte qu'elle est au fond une sublime actrice, lui offre un rôle (Sarah Bernhardt, ni *plusse* ni *moinssse*) – enfin bref, qui passe à un cheveu de rendre la pauvre fille irrémédiablement folle. Au bout du compte, bien entendu, tout s'arrange et les gentils Barkley s'adorent et re-dansent avec plus d'entrain que jamais.

Le chroniqueur de notre *Herald* montréalais proclame avec ravissement : « Ginger et Fred ont toujours le feu sacré... C'est leur meilleur film à tous deux, depuis des années. » Rien de plus juste.

En revanche, l'aimable porte-plume du *Devoir* s'en va grommelant dans sa barbe : « Scénario absolument ridicule... Le film resterait ceci ou cela, sans un passage, presque un incident, que je considère personnellement révoltant. » Brr ! Il est vrai qu'au *Devoir* tout le monde a mangé du lion cette année ; mais quand même, rien de plus exact...

Ambivalence, tout simplement, d'un même film. Cas typique d'un phénomène que l'on constate tous les jours et qui fait, par exemple, qu'une bande fort applaudie en Europe paraîtra suprêmement moche à des spectateurs new-yorkais ou torontois. Et vice-versa.

Pour un Français (de France ou de chez nous) on imagine mal quelque chose de plus crispant que cette caricature d'écrivain français faiblement animée par un insipide acteur du nom de Jacques François. Il est blond, maigre, triste, langoureux, très Romantisme décadent, fade *usque ad nauseam* et se mêle, avec un air de n'y pas toucher, d'écrire une pièce sur Sarah Bernhardt : pâlotte ironie – ou, ce qui est plus probable : éternelle bêtise – hollywoodienne. Il y a là, encore, un cocasse tableau de pseudo-Conservatoire et surtout une *Marseillaise* parlée et décarcassée en *high-school French,* qui ont l'art de taper atrocement sur les nerfs. Que ces foutaises puissent vous gâter tout le film, je ne le crois pas. Sans doute eût-il mieux valu inventer un dramaturge belge et faire chanter à Ginger Rogers *La Brabançonne* : du moins l'accent serait-il moins *discutableuque...*

N'allons pas oublier, pourtant, que pour un Américain, « Aux armes citoyens », en français comme en volapuk, n'est rien qu'une petite *exotic touch* – quelque chose de très distingué, ma chère... Ça lui donne l'impression que Hollywood est toujours le grand centre de l'esprit. (Évitons surtout de faire nos « culturels » et disons qu'il s'agit de l'Américain très moyen, comme il pourrait s'agir du Français de même calibre.) En particulier, n'allons pas conférer à cette intrigue de guingois une importance qu'elle n'a pas : dans un film bruyant et polychrome comme celui-ci, la fable n'est jamais qu'une corde grossière, invariablement la même, dont le producteur se sert pour relier tant bien que mal ses séquences spectaculaires.

Or, celles-ci sont à coup sûr ce qu'Astaire et Rogers ont fait de mieux depuis une infinité de lunes. Il y a bien ce tableau qu'on pourrait intituler *Idylle dans les Highlands,* où le patois écossais, les couplets et les mouvements sont également plats et laborieux. Mais il y a aussi trois ou quatre numéros superbement enlevés, dont le rythme est incomparable ; entre autres celui qu'on a tiré d'une des meilleures chansons de Gershwin.

Et, mieux encore, vous me direz des nouvelles de ce *ballet-tap*, le clou du film, où l'on retrouve Astaire en cordonnier aux prises avec tout un escadron de souliers diaboliques – parmi lesquels on remarque (vous l'aviez deviné ?) une paire de godillots rouges. Ça vous rappelle quelque chose ? Moi, ça m'a rappelé un récent et luxueux film anglais, qui était plein de mérites mais trop long et emberlificoté – et j'ai, ma foi, le culot de préférer le ballet express de Fred Astaire à la superproduction de M. Arthur Rank…

En d'autres termes, pour les ignares sereins de mon espèce, *The Barkleys of Broadway* est une occasion de perdre une couple d'heures le plus agréablement du monde. Et d'écouter chemin faisant une *Marseillaise* qui n'est pas piquée des vers, je ne vous dis que ça !

(8 juillet 1949)

Cette attente nous tue…

(si l'on peut dire)

Il suffit d'avoir survécu à la dernière quinzaine de nos écrans pour savoir qu'en aucun pays, pas plus en France qu'à Hollywood, il n'est de climat tout à fait inapte à la maturation du navet.

Il suffit par ailleurs d'avoir vivoté ensemble les quelques dernières (et premières) années du cinéma canadien pour savoir tout aussi bien que la culture intensive des crucifères ne suppléera jamais la brusque éclosion d'une seule de ces fleurs chatoyantes, seules fortes et seules vraies quoique à nos yeux mal entraînés elles semblent toujours un peu irréelles, et dont aucun ciel, non plus, ne possède l'exclusivité.

Que de mots, ma foi, que d'adjectifs, au fait que de minable prudence, pour emmitoufler cette vérité toute simple et nue : si tant est que nous devions avoir un cinéma canadien, il nous faut de bons films – c'est-à-dire des productions d'un tout autre calibre que les trois dont j'ai comme vous, hélas, claire souvenance, et que je ne nommerai pas !

Et si jamais le cinéma canadien doit se tailler une place sur l'écran international, l'expérience des autres nous permet d'affirmer qu'il lui faudra d'abord ce précurseur, ce briseur de barrières et d'indifférence : un grand, un très grand film. Une hirondelle ne fait pas le printemps (M. St-Laurent *dixit*) – mais un seul *Rome, ville ouverte* a fait, vraiment fait et imposé le cinéma italien de l'ère post-Benito.

Attardons-nous un moment sur ces sommets. Quel peut être le secret d'un film tel que le chef-d'œuvre de Rossellini ? Malaisé à dire, puisque rien n'a le don de paraître si facile, après coup, qu'une grande œuvre. Essayons quand même. Et d'abord, déblayons le terrain :

• ce n'est pas l'argent. *Rome* a coûté trente mille dollars (je peux vous citer un de nos « moindres efforts » qui a engouffré quinze fois plus) ;

• ce n'est pas le spectacle, le *show,* tout ce déploiement surfait qui n'est au fond qu'un art de bagatelle. *Rome* se passe terriblement de colifichets ;

• ce n'est pas non plus la magie de la vedette, ce prestige soufflé au pneumatique de la réclame. J'ai sous la main un palmarès fort complet du cinéma mondial, dressé en 45, où Rossellini et Anna Magnani brillent par leur absence…

Alors quoi ? Alors ceci, en tout cas :

Un sujet, une « pâte à film », une vraie matière première – aucune œuvre, nulle part, jamais, ne saurait se passer d'avoir quelque chose à dire, mais à crier, à hurler, à pleurer, à rigoler bien fort ou à murmurer tout bas, qu'importe ?

Et puis, des mains de bon ouvrier, des mains souples et dures, qui savent y faire – même en littérature, les amateurs qui se « classent » sont des exceptions : sur les plateaux encombrés du cinéma, dans ce mécanisme chaque jour plus complexe, les amateurs sont fichus a priori.

Quelque chose à dire, savoir s'y prendre : est-il rien de plus banal ? Nous avons tout cela. Les sujets, ils sont là, partout, légion, au bout de mon nez et du vôtre. Et le métier, là encore, au terme de l'effort le moindrement honnête.

Aussi manque-t-il quelque chose. Quelque chose d'essentiel, et qu'il est vraiment trop facile d'appeler le je-ne-sais-quoi. Talent ? Oui, talent, sans lequel tant de beaux sujets sont bousillés. Inspiration ? Oui, inspiration, dont l'absence fait ramper tant d'hommes par ailleurs excellemment équipés.

Autrement dit : *le talent qui flambe…* Et comment le talent s'allume-t-il ainsi ? (Comment l'homme s'allume-t-il toujours !) Je ne trouve qu'un tel feu, qu'une étincelle, qui vaut d'ailleurs pour tous les brasiers : l'amour.

Il faut aimer ce qu'on veut faire, aimer ce qu'on va faire, aimer ce qu'on fait – et même, je crois bien, en dépit des déceptions, aimer ce qu'on a fait !

Or, l'amour en ce moment ne risque de rien consumer autour de nos caméras ! Si jeunes (c'est du moins ce qu'on se plaît à dire) et déjà si vieux ?

On va tourner un autre film, le quatrième de nos « parlant français ». Communiqués, contrats, *intervious*, tam-tam. Tout cela est fort bien. Fièvre convenue, pas le moins du monde contagieuse.

Mais la vraie fièvre, celle qui s'attrape, qu'on voudrait tous attraper une bonne fois ? Telle vedette de ce film pas encore né : « Oh ! moi, vous savez, le cinéma... » Moue et haussement d'épaules. Tel autre *intéressé* : « Le scénario ? Oui, pas mal ; ça ne casse rien. Ce qu'il y a de mieux, c'est la dernière réplique. » Geste des mains qui s'étalent pour décrire une passable moyenne...

On va donc tourner *Le Curé de village*. Auteur justement réputé, excellente distribution, etc. Mais si, déjà, on ne l'aime guère, ce pauvre film, comment diable voudrait-on que nous, plus tard, nous l'aimions davantage ?

(29 juillet 1949)

Guerre d'autrui tu ne prendras

(Le Bataillon du ciel)

Ce film m'a d'abord rappelé un éloquent article qu'une revue parisienne consacrait récemment à l'inexistence de l'aérotechnique française – et au rôle actuel de l'aviation en France : celui d'un petit marché faiblard des avionneries anglaises et américaines…

Il faut bien admettre que cette grande guerre des machines – le conflit planétaire de 40-45, avec ses meutes de blindés, ses bombardements dits « stratégiques », sa liquidation totale de l'individu et, parfait *climax,* l'impeccable, la scientifique inhumanité d'Hiroshima – n'a pas été une guerre française.

La France a vécu l'affreuse et très *personnelle* expérience de la défaite et de l'occupation. Et dès lors sa guerre, la seule qu'elle ait vraiment connue, a été l'effort obscur et la sourde usure des maquis ; une guerre essentiellement morale, individualiste ou, pour user d'un terme à la mode, psychologique. Cette guerre-là ne dépasse jamais la mesure de l'homme, quoi qu'elle force souvent ce dernier à dépasser ce qu'il croyait être sa taille : pour s'en convaincre, il n'est que de voir, dans l'admirable film qu'est *La Bataille du rail,* l'attaque à coup de trique d'un énorme train blindé nazi !

Mais dans l'autre guerre, celle qui a déferlé sur le monde entier et dont les maquis ne sont que d'héroïques à-côtés, la France n'a été cette fois qu'une sorte de *silent partner.* Elle n'y a joué qu'un rôle des plus épisodiques : le symbole de Gaulle, l'épopée Leclerc, excentrique et plutôt accessoire, quelques navires accrochés à la Royal Navy, quelques unités armées et habillées par les Américains…

Aussi les grands documents de cette guerre, ceux qui nous la restituent telle quelle, confuse et à la fois incroyablement précise, vacarme global d'armes et de moteurs complexes étouffant la pauvre clameur humaine, ne sont-ils pas écrits en français. Auprès de la *Croisade* d'Eisenhower et du *Montgomery* de Moorehead, tels commentaires de tel général français n'auront jamais qu'un air étriqué de *digest*-à-l'usage-des-débutants. Vis-à-vis de *The Naked and the Dead* de Mailer (avec toute sa gaucherie brutale) ou de *Stalingrad* de Plievier (avec toute sa lourdeur minutieuse), quel roman français placerait-on ? *Le Silence de la mer* ? Comme ça ne pèse pas lourd ! C'est la *short-story* régionaliste d'une tragédie universelle…

De même que *Le Bataillon du ciel* n'est qu'une image régionaliste et qui, pour cela sans doute, reste curieusement décevante. Il s'agit d'une unité de parachutistes : entraînement, nerfs qui se tendent, craquent ou tiennent le coup, et puis la chute brusque, les gueules cassées, le joyeux gaspillage d'hommes…

Film de Joseph Kessel. D'un auteur, par conséquent, pour qui le siècle volant n'a plus guère de secrets. Dialogue nerveux, quelques personnages durement charpentés, nombre de séquences admirablement brèves et nettes. Et, sans cesse, une espèce de rictus, de courant d'ironie à peine souterrain *(Comme ils sont bêtes, tout de même, ces pauvres hommes !)*, qui est à mon sens le meilleur élément du film… Pourtant, ce n'est pas ça, pas tout à fait. Il y a, non pas dans les détails où ça se verrait, mais dans le rythme et toute l'atmosphère de l'œuvre – où ça se sent, un gauchissement indéfinissable, une irréalité. On ne saurait mettre le doigt dessus, ni dire pourquoi on refuse de se laisser « avoir ». Mais l'on sait quand même qu'un tel malaise n'est pas, tout entier, la faute de Pierre Blanchar !

À mon humble avis, ce dont il souffre surtout, et pernicieusement, ce malheureux *Bataillon,* c'est de ce grand mal français des années 40, qui est d'avoir été absent des Marne et des Verdun de la dernière. Rien ne sert cependant de courir après la guerre d'autrui : ça ne donne ni de bons livres, ni de bons films, ni rien, que du mauvais sang… Et l'on comprend mal qu'il puisse être si pénible – lorsqu'on a Turenne, Napoléon et Foch – de murmurer tranquillement, et même avec un soupir de soulagement profond : Chacun son tour. (Pauvre Garry Davis, ils n'essaiment pas vite, tes citoyens du monde !)

Quoi qu'il en soit, *La Bataille du rail,* image d'une guerre restreinte mais bien française, est un chef-d'œuvre. Tandis que *Le Bataillon du ciel,* cette échappée hâtive sur un firmament de guerre globale, est une manière de faux.

Pourquoi diable aussi (entre autres choses) cette fête au village, qui sautille, sans l'ombre d'une sentinelle, au milieu d'une affaire de vie et de mort ? On dira : Ça fait très chic. Ou encore, inévitablement : Très français… Moi, je dis : Très « amateur » – comme un peu tout le film.

Les petits malheurs

The Fountainhead : d'un horrible *best-seller* on tire un film horrible. Dans une glu tenace de péripéties idiotes, d'arguments spécieux et de « vérité » typiquement hollywoodienne, sous une pluie serrée de lieux communs, Gary Cooper souffre comme un damné : apôtre et martyr de l'architecture moderne ! Et vive, ma foi, le style rococo !

Un homme et son péché : les *producers* « acceptent » officiellement de passer le film au Festival de Cannes… Et tous les critiques, tous ceux qui « pour encourager les nôtres » avaient salué la première à grand renfort de bravos, poussent soudain des cris d'horreur. Tiens, tiens, il existe donc telle chose qu'un bon-film-à-Montréal qui doive être aussi un bon-film-ailleurs ?…

(12 août 1949)

Talleyrand (Sacha)

Il est une chose que je regrette amèrement : de n'avoir pas, juste avant de tomber entre les griffes de ce *Diable boiteux,* parcouru avec attention la plus solide, la plus sérieuse, la plus irréfutable biographie de M. le prince de Talleyrand. Un peu comme il est indiqué, paraît-il, de bien apprendre sa religion avant que de se fourvoyer en pays infidèle...

Je pourrais alors mener le procès du film : vous dire tout ce qu'il y a de pur Sacha dans ce Talleyrand, peut-être aussi (pourquoi pas, après tout ?) ce qu'il y eut de pur Talleyrand dans le Sacha des années 40. Car c'est là désormais tout ce qui semble passionner les « pour » Guitry : non pas la valeur dramatique de son œuvre, ni l'art merveilleusement spirituel de l'amuseur, non plus que la suprême habileté de l'acteur et du technicien. Non – depuis 45, c'est le personnage politique, l'homme compromis, que l'on discute, que l'on voue aux gémonies ou qu'on défend avec timidité, avec moult restrictions, pour l'amour de l'esprit français...

— Que vaut cette pièce ?

— Rien : Sacha « kollaborait »...

— Ce film a-t-il quelque intérêt ?

— Oui, sans doute, mais prenez-y garde : ce n'est au fond qu'un cynique *pro-domo*...

Justement, *Le Diable boiteux* serait un tel plaidoyer. Sous la perruque de l'immortel diplomate, il n'y aurait plus qu'un Sacha houspillé, qui tâche à justifier ses relations avec les sous-ordres de Stülpnagel et qui, ce faisant, trahit, déforme, « arrange » ignominieusement son illustre sujet. Vrai ou faux ? Je suis bien aise d'avoir à confesser une sereine ignorance, qui m'épargne, et à vous aussi, l'oiseuse besogne qu'est l'exégèse solennelle et cherche-pou d'un spectacle divertissant.

Que m'importent, qu'importent à 99,9 % des spectateurs les attitudes politiques d'un type que nous ne connaissons – mais alors, comment donc ! – que comme homme d'esprit ? On ne va pas voir un film de Sacha pour sonder le destin de la IVe République, ni pour recréer le problème d'éthique strictement personnel qui se posait là-bas chaque fois qu'on avait à saluer (ou à ignorer, ou à emm…) un sous-off des troupes hitlériennes. Guitry, dit-on, a reçu des nazis le plus courtoisement du monde. Ses ennemis, que son insolente et durable fortune lui a faits innombrables, le traitent aussitôt de vendu. Lui rétorque, en quatre ou cinq cents pages bien documentées *(Quatre ans d'occupations)*, qu'il n'a jamais vu, rencontré, reçu d'Allemands qu'afin de servir quelque ami ou concitoyen menacé ; et avec un joli culot sachaguitrique, il ose ce rapprochement : Goethe, à un moment donné, n'a-t-il pas ainsi « collaboré » avec la dictature napoléonienne… ?

Donc, Sacha se défend, et d'impressionnante façon. Que ses mésaventures de suspect et ses « soixante jours de prison » lui aient dicté le sujet du présent scénario, rien de plus probable. Qu'il trouve son profit à nous camper un Talleyrand citoyen modèle, qui jamais ne sabote un régime, ne trempe dans un complot et ne négocie avec l'ennemi, qu'avec cette constante préoccupation : le bien-être de la France – rien de plus évident. Mais qu'il ait du même coup faussé l'Histoire et que son Talleyrand gauchisse irrémédiablement, cela je l'ignore et, qui plus est, je m'en moque.

Car ce Talleyrand, historique ou fictif, est un plaisant, subtil et attachant personnage. Il a des mots qui vous ravissent d'aise, des mots-massue, des mots-épingle, et aussi des mots de simple bon sens, qui sont tous à retenir et qui presque tous mériteraient d'avoir été dits. Il y a chez ce Talleyrand toute l'élégance du grand seigneur et la ruse savante du grand politique, double et brillante façade qui parfois cache, mais n'infirme jamais la sincérité (ou « les » sincérités) du grand patriote.

Joué, superbement joué, mieux joué peut-être qu'aucun autre rôle par Guitry, Talleyrand est ici d'une prodigieuse crédibilité. Pas une faiblesse, ni pour l'œil ni pour l'oreille. Chaque parole et chaque geste, jusqu'au moindre grognement, jusqu'au plus mince détail de l'allure et de la démarche, ajoutent à cette impression de vécu. Surtout, il faut souligner l'art admirable que Sacha déploie pour vieillir son homme, le réglage et le fini parfaits de ces étapes qui mènent Talleyrand de la cinquantaine robuste aux quatre-vingts ans édentés et perclus. Qu'il suffise de dire que Pierre Fresnay n'a pas conduit son Monsieur Vincent aux portes du tombeau avec une vérité beaucoup plus hallucinante.

Il est, au fait, si vivant, ce machiavélique personnage, que l'Histoire – et là, sûrement – s'en trouve quelque peu maltraitée. Lui, qui ne vécut à son aise qu'en coulisse, occupe ici toute la scène ; et tous les autres, qui firent jadis tant de bruit, rentrent dans la pénombre. Napoléon lui-même (à qui Sacha, dans *Désirée Clary,* prêtait de si divertissants propos) n'est plus qu'un fantoche violent et cruel, « agi » par ses caprices. Maréchaux d'empire, gens du peuple, jolies femmes, etc. – de toute cette galerie, seules trois silhouettes ressortent vraiment, mais avec quel amusant relief : Louis XVIII, Charles X, Louis-Philippe : minables créatures, fossoyeurs mi-conscients et vaguement résignés de leur branlante monarchie, joli *digest,* en trois capsules, de la fin des Bourbons...

N'empêche que je regrette de n'avoir pas lu d'abord cette biographie sérieuse. Maintenant j'hésite. Le Talleyrand de Sacha est d'un tel pittoresque, si plein de vie, si « sympa » ! S'il fallait que l'autre, le vrai (mais sait-on jamais ?), ne fût plus rien de tout ça...

(9 septembre 1949)

Une Afrique en plaque[1]

Rope of Sand est plutôt un méchant film. C'est, plus précisément, une de ces productions à la fois grossières et prétentieuses qui ont l'air de croire que, dans un cadre suffisamment exotique et lointain, platitude devient synonyme de simplicité, et confusion, de profondeur.

Il s'agit d'une sombre (elles sont toujours sombres, ces histoires-là) et morbides (comme si morbide égalait extraordinaire) et assez idiote aventure au pays du diamant. Dans un coin perdu du *veld* sud-africain, au cœur des sables brûlants se trouve, paraît-il, une veine diamantifère d'une richesse fabuleuse. Un seul homme (Burt Lancaster), guide pour touriste et chasseur de grands fauves, en connaît le lieu exact. Et ce secret, deux types fort dangereux cherchent à le lui dérober : l'un (Paul Henreid) est, comme il se doit, un Allemand d'une brutalité sadique, chef de police d'une *company-town* étouffante ; l'autre (Claude Rains), personnage très distingué, très comme il faut, est un suave requin de la haute finance. Une femme (Corinne Calvet), poule de luxe des boîtes de Capetown, commencera par « collaborer » avec ces derniers, puis soudain – prise de remords ? Touchée par la grâce ? On n'en sait trop rien et peu importe – elle ira rejoindre le pauvre solitaire pour filer avec lui un amour modeste mais sans reproche. Au bout du compte, ils partiront ensemble Dieu sait où, après avoir déjoué toutes les embûches,

---

1. Peu usitée aujourd'hui, l'expression *être en plaque* signifie « porter au bras la plaque de commissionnaire, autorisation d'exercer cette profession » (CNRTL). Lévesque évoque peut-être les « plaques de lanterne de projection » utilisées, jusque dans les années 1950, lors des conférences illustrées, notamment sur l'Afrique, qu'on donnait dans les maisons d'enseignement.

emportant pour tout butin un seul et unique diamant : ce qui assure à la fois le triomphe de la vertu sur le vice, et de la pauvreté honnête sur l'argent-cause-de-tous-les-maux. Noble dénouement. Noble histoire…

Noble insignifiance. Toute la bâtisse est boiteuse, car le personnage de la demi-mondaine miraculeusement convertie, qui en est, qui en devrait être le fondement dramatique, n'est pas le moins du monde vraisemblable ; ni vrai. Les autres créatures du film sont d'ailleurs d'identique farine : unidimensionnelles, sans aucune consistance, sans le moindre intérêt. Leurs gestes ne mènent à rien, leurs propos sont d'une rare banalité. En quelques scènes falotes, en quelques répliques gentiment ineptes, c'est ainsi par exemple qu'on pose et qu'on expédie en cinq secondes le problème le plus terrible, le seul problème de toute l'Afrique australe : celui de douze millions de Noirs et de mulâtres brimés face à deux millions de Blancs tout-puissants et inquiets. À quoi les *producers* répondraient peut-être : Mais il nous indiffère totalement, le problème africain ! Il n'est là, et si peu, qu'en guise de couleur locale !… Ce qui nous rappelle que les Hollywoodiens se sont aussi mêlés, ces derniers temps, de faire des comédies burlesques dans le décor apocalyptique d'une Allemagne en ruine. Tout cela se vaut – ne vaut pas cher…

On nous dit, avec grande fierté, que *Rope of Sand* est le frère jumeau du fameux *Casablanca,* qui fit jadis tant de bruit au début des années de guerre. Mêmes inventeurs, mêmes interprètes (Rains, Henreid et le pittoresque Peter Lorre, qui nous revient ici en philosophe décavé et pouilleux, chevrotante Cassandre d'un bar de la brousse)… Même enchevêtrement de péripéties mal raccordées et de pseudo grande aventure. Je n'avais guère aimé *Casablanca* ; après dix années qui ont été une orgie d'aventures, d'aventures vécues qu'aucun romancier, qu'aucun cinéaste n'aurait osé inventer, cette copie au petit pied n'a plus rien de valable.

Techniquement, *Rope of Sand* n'est pas de meilleure qualité. La photo est crue, sans nuance. Les extérieurs s'acharnent à blanchir et délayer tout le paysage, au point qu'on se croirait au pays du soleil de midi, où les rayons ne sont jamais obliques, où l'ombre n'existe pas. Quant aux intérieurs, ils sont invariablement ténébreux, suivant cette autre vieille formule du cinéma de troisième ordre : noirceur égale angoisse et mystère…

Quant à Miss Calvet – dont la grosse caisse de Paramount veut nous faire une seconde Rita Hayworth (et puis après !) –, son emploi stupide et des costumes disgracieux la desservent admirablement. Elle s'en tire, tant bien que mal, plutôt mal que bien, avec aplomb, vacuité et un certain *sex-appeal* – bref, l'équipement typique de la *glamour-girl* hollywoodienne. Ni plus, ni moins.

(16 septembre 1949)

Et voilà *Le Gros Bill*…

Un film, c'est avant tout un divertissement, une distraction, une « évasion » – appelez ça comme vous voudrez, en bon canayen (c'est-à-dire : pas tout à fait celui du *Gros Bill*) on dit simplement que ça change le mal de place. Le rôle premier du cinéma – du cinéma populaire, et pour l'instant il n'en est à vrai dire point d'autre – est de faire oublier la salle et le fauteuil et les embêtements du bureau, le voisin qui fleure l'ail et la voisine qui sent trop bon – bref, de me faire sortir de moi-même… Le film qui remplit bien cet emploi aura beau souffrir par ailleurs de tous les vices, ce n'est pas absolument un navet. Celui, par contre, qui ne parvient pas à m'avoir, qui me laisse penser aux courses du lendemain, je sais qu'en dépit de tous les fignolages et de toutes les prétentions, il ne vaut pas cher.

(Au fond, c'est la même chose au théâtre ou quand on lit un roman. Mais ce sont là des genres nobles, qui ont des lettres de noblesse, des traditions, où la sottise et la fatuité ont eu, par conséquent, le loisir de s'incruster. On oubliera volontiers que le roman est une histoire écrite, la pièce, une histoire mimée et parlée : à force de recherche et d'art – ô art ! que de crimes… –, on arrivera à n'avoir plus la moindre histoire à raconter, à étouffer l'histoire. On dit : littérature, et les gens s'inclinent, c'est un grand mot. Le cinéma n'a pas encore appris de grands mots et parfois, devant tel roman « couronné » ou telle pièce portée aux nues, je me demande si c'est un tel mal. Du moins, le cinéma n'a-t-il pas, non plus, de canons ni de bonzes qui lui ordonnent *ex cathedra* d'embêter les gens, pour le plaisir… pour l'Art. À l'écran, jusqu'à nouvel ordre, l'ennui est mortel.)

Tout cela pour vous dire avec ménagement que je regrette, que je suis confus, mais que, sauf tout le respect que je dois à certains amis, très exigeants, je n'ai pas dormi au *Gros Bill* de Renaissance Films. Beaucoup moins (disons-le tandis que nous y sommes) que je ne craignais… Car il y avait ce titre plat, illogique, bébête, grossièrement commercial[1], ce titre à vous donner par avance la nausée de M. Sartre !

Il y a encore (cette fois, vidons le sac) un triste scénario comique, genre Labiche-*from*-Québec. Voici, en deux mots, et on n'en parlera plus : un jeune Franco-Américain du Texas, héritant de la ferme ancestrale, vient découvrir à Saint-Gatien la neige, la méchanceté des hommes et, bien entendu, l'amour. Longs quiproquos linguistiques, fragile chaînette de péripéties niaises et atrocement raccordées, canevas de burlesque-théâtre sur lequel on tâche à peindre toute une fresque laborieuse de cet intuable, de cet horrible Canada-de-Maria-Chapdelaine. Car on y tâche, et d'arrache-pied, au point d'immobiliser le film tout le long d'interminables et oiseuses séquences à Pittoresque : la danse carrée à la cuisine (on n'y coupe pas, *remember Un homme et son péché*!), la réunion des Dames de Sainte-Anne (ridicule trop facile et gauchement exploité), et puis une multitude de scènes qui traînent chacune après elle une queue de dix ou quinze secondes dont la seule raison d'être (et ce n'en est pas une) est de « faire » très canayen, très couleur locale…

Dialogue terne. Qui se veut pétant de couleur et de mouvement, je le sais, comment diable ne le verrais-je pas ! mais terne et lourd. C'est le langage populo tel qu'on le parle à CBF ou CKAC, pour Rinso ou Campbell, du populo de primaire pressé (car il faut du goût et du soin pour transposer, faire éclater la musique paysanne) ; c'est du toc d'habitant, ce n'est pas du tout ça. Il n'est que de voir la pauvreté de ces longs passages où les campagnards du film causent en petit nègre avec le gars du Texas – et d'imaginer le sort homérique que ferait à une telle situation le moindre habitant digne de ce nom !

---

1. Il semblerait que ce titre « grossièrement commercial » fasse référence à la chanson « Le gros Bill » (1949) de la Française Lily Fayol, une chanteuse fantaisiste populaire dans l'après-guerre, notamment à Montréal, où elle fut la vedette principale du Café de l'Est en mars 1949.

L'habitant de roman-savon : voilà également le mal dont souffrent la plupart des interprètes. Ils sont là une vingtaine, avec chacun sa façon d'agir ou de parler *comm-par-cheu-nous*. Roucoulements montréalais, grasseyements québécois, et même çà et là, croyez-le ou non, une pointe (Radio-Théâtre, cette fois !) d'accent parisien… Madame Alarie et M. Guèvremont sont d'heureuses exceptions ; Madame Béliveau serait tordante si elle avait vraiment un rôle à jouer ; M. Yves Henry (le Gros Bill) est remarquablement bien ; Mlle Letondal, dès qu'elle n'a rien à dire, est bien aussi, et fort jolie. Les autres ne nous laissent pas oublier une seconde que leur seul maître fut un aveugle micro…

*   *   *

Et pourtant, je n'ai pas dormi. Il y a dans ce film une vie, une sorte de gaieté bon enfant que tous les défauts ne parviennent pas à étouffer. Une santé – je crois que c'est à peu près le mot – que je n'ai trouvée dans aucune autre de nos productions du terroir.

La photo est soignée ; la caméra de M. Bachelet déniche des plans et des angles, de jolis détails et des panoramiques qu'on ne nous avait jamais donnés, qu'on n'avait pas pris la peine de nous donner. Quelques scènes d'hiver, surtout, sont d'une vérité, d'une netteté qui touche à la perfection.

Je ne m'y entends pas le moins du monde en musique, et me contenterai de ceci : celle que M. Blackburn a composée pour *Le Gros Bill* est sans doute la seule que j'aie entendue chez nous qui soit de la vraie, de l'authentique musique de cinéma. Il est vrai que M. Blackburn a travaillé pour l'Office national du film, qui est le seul endroit du pays où l'on sache y faire…

Enfin, je m'en voudrais de ne pas souligner toute cette magnifique séquence de la drave. La rivière qui bouillonne et scintille, le pas impérial des lourds chevaux, les *lumberjacks* brandissant leurs gaffes comme des soldats leurs fusils – et la musique qui sautille, gronde ou rugit avec un parfait à-propos –, tous ces mouvements sobres, presque stylisés, rythmés comme un ballet : en un mot, cette séquence est le premier bout de vrai cinéma qu'on ait tourné au Canada.

C'est peu, dites-vous ? Moi, je trouve que c'est énorme. Et rien que pour ça, vive *Le Gros Bill* ! (Non, mais ce titre, quand même…)

(23 septembre 1949)

À l'écran : le sentimental Dur-à-Cuire[1]

La dernière bouffonnerie de Bob Hope, *Sorrowful Jones,* est du Damon Runyon lessivé pour la clientèle de famille.

Feu Damon Runyon, on le sait, était le plus fameux chroniqueur, l'Homère et l'Aristophane en *sport-jacket* de Broadway. Biographe de héros et d'épaves, de tous les *characters* de cette avenue affreuse et fascinante.

Il s'agit en l'occurrence d'une de ses créatures les mieux connues : un *bookmaker* rêche et grippe-sou, qui détrousse la veuve et l'orphelin, fait à grands coups de massue la cour aux femmes, et qu'une petite fille candide amollira et fondra comme neige au soleil. Cœur d'or et cuir d'hippopotame : c'est la chanson qu'aime se chanter Broadway…

Gags et *jokes* en averse : plus d'effets pour l'oreille que pour l'œil – Bob Hope est avant tout une vedette de radio. Et puis une fillette charmante, Mary Jane[2], qui ne fait pas oublier les beaux jours de Shirley Temple. (Car ce film a déjà porté le nom de *Little Miss Marker.*)

(30 septembre 1949)

---

1. La majeure partie de cette chronique, intitulée « Un p'tit malheur », est consacrée au théâtre ; nous n'avons gardé que la partie portant sur le cinéma, avec son intertitre.

2. Il s'agit de la jeune actrice Mary Jane Saunders, née en 1943.

L'éternelle triade

Les Condamnés : deux hommes, une femme. C'est la bonne vieille recette dont nos pères se régalaient : nous en faisons nos beaux dimanches et nos successeurs aussi s'en contenteront.

Deux hommes, une femme – deux femmes, un homme (ou même, *horresco referens!* trois hommes, ou trois femmes) : c'est le premier impair, l'impair de base, pourrait-on dire. L'opération la plus simple et la plus courante de toute l'algèbre humaine. C'est à partir de là qu'il y a une inconnue : A plus B (qui, tout seuls, donnent les contes de fées et les romans de Delly) plus X (et voilà le drame !)…

On moque les triangles plutôt fatigués du théâtre des boulevards. On fustige vertueusement leurs petits vices commerciaux et superficiels. Et comme toujours, l'on saute trop volontiers à des conclusions débordantes. Nos Caton, qui disent ou écrivent : *triangle* avec de manifestes haut-le-cœur, oublient sans doute que le *Partage de midi* de Claudel en est un et que *Polyeucte,* ma foi, en est un autre !

Ce n'est pas l'amour en trois personnes qui est stupide, puéril, usé jusqu'à la corde ; c'est tel ou tel écrivain, qui en fait une plate et vide formule – et tel critique, également, qui fait mine d'ignorer (ou ce qui est pis, ignore vraiment) qu'il n'est pas de nombre, pas même de sujet, qu'il n'y a, en réalité, et n'y aura jamais que des auteurs. Eux seuls sont intelligents ou stupides, mercantis ou honnêtes gens. Le sujet n'est rien.

✳   ✳   ✳

Dans *Les Condamnés,* le triangle est d'un dessin bourgeois. Il est fait de petitesses et de préoccupations vaguement sordides. Un philanthrope, Crésus des temps nouveaux, est l'époux d'une jolie femme, le protecteur et le mécène d'un jeune médecin très brillant. Or, ô surprise ! ces deux-ci le trompent, non sans une certaine prudence – la femme pesant tous ses atouts, le médecin n'oubliant pas une seconde qu'il pourrait risquer sa carrière.

Et brusquement, dans ce groupe plutôt mesquin, une présence nouvelle, une présence qui manque rarement son effet : la Mort, la Mort lente et sournoise, qu'on voit s'approcher… Le mari, le *businessman* sec et tiré à quatre épingles, cet être jusque-là un peu risible se métamorphose en personnage tragique. Habilement, de jour en jour, il s'empoisonne. C'est sa femme qui le veille, c'est l'amant qui le soigne ! À mesure qu'il dépérit, les langues courent, toute la ville en parle. En se tuant, il se vante…

On risque gros à vouloir ainsi égaler des créatures médiocres – qu'on a, dès l'abord, soigneusement installées au niveau le plus bas de Tout-le-Monde – aux grands monstres sacrés. Et dans le fait, ces *Condamnés* sur pellicule ne seraient pas eschyliens, ni shakespeariens. Ils resteraient même un fort pauvre mélo, n'étaient les passables interprétations d'Yvonne Printemps (mais où est le Printemps de Sacha ?) et de Roger Pigaut, et surtout la puissance hallucinante de Pierre Fresnay.

✳   ✳   ✳

Vérité de l'ensemble, vérité du moindre détail, jusqu'au clignement d'yeux, jusqu'à la dernière syllabe de chaque parole – vérité minutieusement étudiée, établie, et qui dépasse infiniment ce que peuvent donner un métier superbe et beaucoup de compréhension. Car la vérité dramatique de Fresnay est de plus humaine et vivante, chaude. C'est l'acteur qui entre, je crois, avec le plus d'abnégation, de parfait oubli de soi, dans chacune des peaux innombrables qu'on lui demande d'endosser.

Ce mari trompé, ce cocu tragique, qu'un rien d'indifférence eût fait ridicule, il palpite d'une vie puissante, qui n'a rien de mécanique ou de contenu. Il est là, il vit simplement – comme vous et moi, aussi croyable que vous et moi…

Et quand il meurt, tout le long de cette interminable agonie d'empoisonné, c'est comme si l'ambiance, comme si l'odeur et le poids bien caractéristiques d'une mort d'homme émanaient de l'écran et flottaient partout dans la salle. On croit respirer, de son fauteuil, l'exacte et horrible moiteur d'une chambre mortuaire.

Supposons qu'un autre grand acteur, Jouvet, nous ait campé ce même personnage – Jouvet qui, lui, ne s'abdique jamais… Il nous eût rendu le plus brillant, le plus inattendu, le plus « Jouvet » des derniers soupirs. Et l'on s'exclamerait, en applaudissant à tout rompre :

— Cette mort, comme c'est bien Jouvet !

Tandis qu'en voyant mourir Fresnay, on murmure, en frissonnant :

— Cette scène, comme c'est bien la mort !

*   *   *

Ce film se dénoue par un autre suicide. Atterrée par la mort atroce de son mari, dont elle se sent coupable, Yvonne Printemps déchire et jette au feu un bout de papier qui la disculpe ; puis, téléphonant au commissariat :

— C'est moi, dit-elle, qui l'ai tué. Moi seule.

Drôle de finale ! Tous les remords du monde – toute la logique facile d'un scénariste pressé, qui veut enfoncer là, sans trop se fouler, un grandiose dernier clou – ne font pas avaler cette scène.

Mieux que dans aucune loi formelle, on découvre alors dans son propre malaise, dans son recul ou son haussement d'épaules, toute la bêtise du suicide (mais « bêtise » est une calomnie : les animaux, justement, ne sont pas si bêtes)… D'un suicide, en tout cas, comme celui-ci, *ex abrupto*, de génération spontanée. Pur, enfantin gaspillage d'un geste inouï, le seul geste par lequel l'homme puisse vraiment se dresser, en le singeant, contre le Ciel.

(7 octobre 1949)

Simple comme un Chef-d'œuvre

(Home of The Brave)

Ce n'est pas un film comme les autres. Si peu comme les autres que je me surprends en train de me demander si c'est bien du cinéma que j'arrive…

La chaleur que l'on sent même dans les meilleures productions a toujours quelque chose de convenu – on discerne, si vaguement que ce soit, les calorifères de l'intelligence, du métier et de la technique… Ici, plus de tuyaux ni de conduits ; rien qu'une fournaise ardente, qui flambe pendant deux heures avec une même intensité, qui vous happe – et vous brûle.

Est-ce ingénieux ? Habile ? Bien logique et bien scientifique ? Voilà qui m'est transcendentalement égal ! Vous trouveriez dans *Home of the Brave* une foule d'erreurs, de défauts, des points noirs de toutes sortes, j'en serais pas tellement surpris. Tout ce que je sais, c'est qu'on ne songe pas, encore haletant, possédé, à épouiller un chef-d'œuvre.

Car voici peut-être la clameur humaine la plus déchirante qu'ait poussée le cinéma. À coup sûr la copie la plus atrocement, la plus magnifiquement conforme que j'aie vue de notre époque – et qui parvient à nous réconcilier quelque peu avec nous-mêmes : une telle barbarie collective a sa grandeur, qui est là sur l'écran, et cela n'a rien pour déplaire aux enragés de surhommes (ou de sous-hommes, la confusion est si facile) que nous voilà tous, plus ou moins, devenus ; et surtout, qu'au plus creux de la jungle, pour y mieux souffrir, l'individu n'arrive pas à atrophier les antennes les plus sensibles, les fibres les plus ridiculement vulnérables de son humanité, n'est-ce pas plus grandiose encore, autrement significatif, et n'en sommes-nous pas tous en quelque sorte ennoblis ?

Oui, l'homme, ce curieux animal, est ainsi fait ; et *Home of the Brave*, qui nous le démontre avec la simplicité du bistouri débridant une plaie, est avant tout un film vrai... Peu importe que vous ignoriez où se trouve Guadalcanal, continuez même de croire que « *nigger* », en américain, est un petit nom doux – ça n'a aucune importance. Qui a déjà vu souffrir un homme, un homme se désagréger jusqu'à pleurer comme un enfant, ne saurait s'y tromper. Quoique cela non plus, à y bien penser, ne soit pas indispensable : un drame aussi ramassé, aussi nu que celui-ci vous empoigne et vous secoue avec une force que nul chiqué au monde, si brillamment orchestré soit-il, n'atteindra jamais.

*   *   *

Il s'agit de cinq hommes – un officier, quatre soldats – et d'une mission périlleuse qu'ils ont remplie derrière les lignes japonaises, dans une île du Pacifique.

Cinq hommes – un nègre, quatre Blancs : le grand problème américain, par conséquent ; et aussi (comme dans toutes les œuvres supérieures, où les cas particuliers ne sont jamais qu'un tremplin), une bonne part de ce que le cœur humain peut recéler de tendresse, de beauté et de laideur.

Cinq hommes, bourreaux et victimes, des durs et des faibles, mais tous malades, qui s'en vont cultiver leurs microbes dans un huis clos presque aussi désespéré que celui de Sartre – et un sixième, le médecin qui, au retour, les oblige froidement à se disséquer sous nos yeux... Et que nous révèle l'opération ? L'un, le plus gentil, le plus « naturel » de tous, y est resté – malheur aux innocents ! Les seuls qui s'en tirent sans la moindre avarie : la canaille à peine consciente et l'officier, pure machine superbement réglée – ceux qui possèdent déjà la Terre ! Et le plus malmené, enfin, celui dont la bêtise et la cruauté des autres ont fait une loque : le nègre – car, c'est encore un jardin de bêtes sauvages que ce monde où nous sommes, où l'on continue comme jadis, comme à jamais, à déchiqueter, à crucifier...

Donc, encore un film de guerre ? Oui, et le plus nerveux, je crois, le

SIMPLE COMME UN CHEF-D'ŒUVRE

plus terrible de tous. Encore un film anti-préjudice ? Oui, sauf qu'on n'y prêche pas, on y saigne. Et encore, encore un film de psychiatrie ? Pas le moins du monde, car le psychiatre, ici, n'a pas qualité de héros, ni même d'acteur, il n'est qu'une sorte de reporter « spécialisé ».

Vous voulez plus de détails ? Un résumé, peut-être, de l'intrigue ? Par malheur, ce qui seul est « intrigant » dans ce film, c'est la capacité de souffrance de l'homme, le don inouï qu'il a de l'infliger, de l'endurer. Cela se résume aussi mal que possible. Cela n'est fait que pour être vu et entendu ; et vécu…

*   *   *

Voici en effet le film que l'on vit. Pas un spectacle, pas même un de ces spectacles réussis que l'on qualifie de réalistes ou de néo-réalistes – mais une expérience bien personnelle, qui diffère d'un fauteuil à l'autre. Une expérience violente, faite de chocs aussi élémentaires que l'amour, la haine, la mort. Pendant ces deux heures, quoiqu'on en ait, on ne regarde pas, on n'assiste pas vraiment, on « est »… On est ce guetteur japonais qui, touché, dégringole de son arbre comme un fruit piqué des vers ; on est l'Américain horrifié qui rampe et, les yeux fous, poignarde cette chair molle ; on est le prisonnier, la bête traquée dans les hautes herbes, que l'ennemi va faire mourir à petit feu ; on est ce sergent dont la voix sèche, sardonique, évoque la femme qui l'a plaqué ; surtout, on est le nègre pantelant, ce brave garçon comme les autres, pour qui, simplement parce qu'il est noir, la guerre n'est plus que le moindre de tous les maux…

Justement, c'était une gageure peu ordinaire de vouloir combiner ces deux thèmes puissants et familiers : le Noir devant le Blanc, l'homme face à la guerre. Mais l'on est parvenu à les croiser, à les fusionner si parfaitement qu'une chose admirable – et sans doute imprévue – se produit : la guerre est soudain ramenée à sa taille véritable, qui est celle d'un fléau aveugle, impersonnel, d'un mal complémentaire, si j'ose dire ; tandis que le vrai mal, le mal suprême et racine de tous les autres, nous apparaît dans toute la perfection de sa hideur, qui est l'inhumanité très individuelle de l'homme – cette vieille pensée du Latin terre à terre, que des soucis trop cosmiques voudraient nous faire oublier !

Aussi le point culminant de ce film – si l'on peut isoler une enjambée de ce galop terrible – ne sera-t-il pas le flamboiement liquide d'un *Sten gun* à travers les buissons ni le rivetage détraqué d'une mitrailleuse, ni même le hurlement bestial de l'homme qu'on torture. Le mystère étouffant d'une forêt tropicale, l'acier noir d'un *PT boat* se profilant sur une mer glauque, toute une armée qui grouille à l'arrière-plan – tout cela n'est que décors et accessoires ; tout cela est merveilleusement vu, découpé, monté. Mais pour moi, le sommet de ce film, l'instant qui nous mène le plus loin, comme un vrai voyage au cœur de l'homme, c'est une séquence de quelques vues à peine : d'une voix d'enfant perdu, le nègre qui appelle son camarade, et le mourant qui surgit ; le nègre le berçant dans ses bras, et puis, tout à coup, le geste brutal de l'homme qui aperçoit contre lui la mort, la chose immonde qui n'est plus humaine ; et aussitôt le remords, et la berceuse qui reprend, sauvage, dans un sanglot, comme un chant funèbre…

*   *   *

Œuvre d'inconnus quasi parfaits. Trois acteurs remarquables jouent les rôles du médecin, du sergent et du soldat Finch. Le nègre Mossie est incarné par un interprète de très grande classe. L'auteur se nomme Arthur Laurents, et c'est bien entendu une nouvelle société, pas une grande corporation, qui a « osé » le laisser dire…

Pas de stars, aucun tam-tam, mais un film qui anéantit la production courante de Paris et de Rome aussi bien que celle de Hollywood – et devant lequel on rougit, plus rouge que jamais, de nos petites fabrications-à-ficelles de la Côte-des-Neiges et d'autres lieux[1]…

Un film, *Home of the Brave,* auquel je serais simplement, humblement heureux d'avoir attiré une personne de plus.

(21 octobre 1949)

---

1. Sur le chemin de la Côte-des-Neiges, à Montréal, se trouvaient les studios de Renaissance Films.

Pour voir les lions, c'est trois heures

(Fabiola)

Que de mots ! Que de mots et de frais inutiles !

S'il est vrai que les sermons les plus courts sont les meilleurs, *Fabiola* ne fera certes pas de convertis. Et comme, par ailleurs, le « montage » du cinéma est à peu près l'équivalent du « nombre[1] » littéraire (agencement harmonieux, rythmique, sans bavure), il faut bien ajouter que ce film est lâchement monté, écrasé sous sa propre masse, et que le nombre y dégénère en simple avoir-du-poids.

Pour un spectacle comme pour un livre, longueur et brièveté sont choses relatives. Nous savons tous des bouquins de six cents pages qui sont trop courts ; et certains films « en deux époques », tels *Gone with the Wind* et *Les Enfants du Paradis,* parviennent à vous laisser un délicieux petit goût de revenez-y.

Mais lorsque s'achève *Fabiola,* quand surgissent enfin, après vingt bonnes minutes de tension genre western anté-revolver, les porte-*labarum* de Constantin, on n'a plus guère la force que de dire ouf, le soupir de l'homme qui attendait un direct au cœur et à qui l'on a surtout donné le mal de tête.

Non pas que ce film soit tout navet. Quelques scènes de Catacombes, quelques grands concours de peuple ont sans doute la couleur

---

1. Le nombre oratoire, soit la « répartition des sons, des accents, des syllabes longues ou brèves, des éléments de la phrase, propres à conférer à la langue des qualités de rythme, de mélodie, d'harmonie » (CNRTL).

312   LUMIÈRES VIVES

et la vie que durent avoir les premiers temps de l'Église, les derniers de Rome. Le martyre de Sébastien, malgré le ronflement interminable de son prologue oratoire, est racheté par un remarquable envol de flèches…

Il y a encore d'impressionnantes façades que baigne un soleil évidemment méditerranéen, de jolies tirades édifiantes, de hurlants appels au populo (comme quoi la démagogie ne fut pas inventée à Québec), des grouillements de pouilleux, des luxes de bourgeois, des chevauchées volées à Gustave Aimard, des clameurs et des sanglots, des chars, des prétoires décadents gardés par d'« athlétiques prétoriens », sans compter un stock incroyable de toges et de tuniques, de robes et de sandales, toutes plus authentiques les unes que les autres…

De tout cela, il reste une impression de trop-plein, comme une indigestion d'Antiquité. Le drame de Fabiola – l'épreuve, le doute, l'amour humain (torrides étreintes d'avant l'ère chrétienne, sur un sable gentiment païen), et puis l'angoisse, et puis l'illumination, et puis enfin le sacrifice sublime –, cette évolution très orthodoxe de la belle patricienne est irrémédiablement noyée dans le flot d'un *March of Time* consciencieux.

Ce délayage est-il indigne du cardinal Wiseman ? L'assez vague souvenir que j'ai de ce roman de collège me porte à croire qu'au contraire, l'auteur a précisément le sort cinématographique qu'il méritait. Il me souvient d'un livre qui serait d'un archéologue, d'un reporter, d'un orateur sacré, mais pas d'un romancier, d'une sorte de Défense et Illustration de l'an 300, où la pauvre et fière Fabiola n'était qu'une héroïneprétexte. Je veux bien : mais tel, assurément, est le film qu'on en tire, et telle aussi la Fabiola qu'on nous y propose.

Une grande et médiocre production, par conséquent, appliquée, respectueuse et pédestre, dans laquelle une foule d'excellents interprètes font un honnête travail qui, lui non plus, ne casse rien…

De tous, ce sont les lions incontestablement, toute une meute de lions superbes, que j'applaudirai d'abord. Après trois heures de verbiages et de méli-mélo, cette entrée majestueuse et souple du roi des animaux a quelque chose de l'apparition d'une grande vedette qui se serait fait attendre jusqu'au dernier acte ! La sobriété terrifiante et un peu blasée (« Encore cette vieille rengaine ! » ; « Allons-y, puisqu'ils

POUR VOIR LES LIONS, C'EST TROIS HEURES 313

aiment ça… ») avec laquelle ils s'acquittent de leur emploi et font jaillir une semence de chrétiens fournit d'ailleurs le moment le plus spectaculaire et la plus vigoureuse séquence du film…

Après les lions, on remarquera messieurs Salou et Michel Simon. Henri Vidal, qui a un physique de jeune premier, ne sait diable trop comment en tirer parti. Quant à Michèle Morgan, qui a non seulement le physique, mais tous les moyens d'une grande actrice, elle campe une Fabiola-*from*-Hollywood à qui, j'en ai bien peur, feu le cardinal Wiseman eût refusé mordicus son *nihil obstat*!

(28 octobre 1949)

Plaisir d'Allemagne

(Les Aventures de Münchhausen)

Le Germain, surtout, n'est pas un être léger… Nous qui sommes nourris de jugements français, nous lui reconnaissons bon nombre de qualités admirables : la méthode, la ténacité, la discipline – mais de qualités simplement aimables, si peu que pas. Et particulièrement qu'on ne parle jamais, à propos de l'esprit allemand, d'autre chose que de lourdeur !

La vive et gentille étoile de la fantaisie ne doit briller que sous un ciel gréco-latin (ou par extension, par politesse, laurentien : le pas ailé de Louis Fréchette, par exemple, et la grâce attique de certains de nos critiques et romanciers…) !

Ç'a été une spécialité française – à laquelle l'Allemagne n'a pas manqué d'ailleurs, depuis Frédéric, de « kollaborer » de son mieux – d'assimiler tous les Allemands à l'épaisseur prussienne : de faire passer le pas de l'oie pour la seule authentique démarche allemande. La grandeur de Beethoven et l'élégance de Schumann ? Exceptions, c'est la mystique mugissante de Wagner qui est allemande. La flèche vertigineuse de Cologne ? Accident, il n'y a que la défunte Wilhelmstrasse (avec son bunker ensanglanté) qui soit d'Allemagne. Et Nuremberg, patrie de Dürer ? Nuremberg, ville de jouets ? N'y pensez pas, n'y pensez pas trop, il ne reste plus que le Nuremberg des Hitlerjugend et des stades de folie collective ! Et la Pinacothèque de Munich ? Balayée, *kaput* ! rien ne compte désormais que l'ex-Braunes Haus, au coin de la place…

Je veux bien. C'est tellement plus simple (et plus courant), à notre époque de diktats et d'engagements massifs, de voir les hommes et les peuples tout blancs ou tout noirs : tous nazis (même le commandant de U-Boot qui remorque des embarcations de sauvetage jusqu'aux Açores), tous démocrates (même les cagoulards enragés du Ku Klux Klan)…

Donc, l'Allemagne est toute Prusse – quoique Hitler fût autrichien, et cette Allemagne est maudite pour l'éternité. Ils sont là quatre-vingts millions de Barbares, tous, sans exception, des SS et des tortionnaires et surtout, car cela nous permet de les juger de si haut, tous d'indécrottables lourdauds…

Mais alors, qu'est-ce donc que ces *Aventures fantastiques du baron Münchhausen* ? Rien, bien sûr. Presque rien, je l'avoue. Un simple film, qu'on dit allemand. C'est un conte extraordinaire, sautillant, souriant, dont les séquences s'enchaînent à la diable, comme pour souligner dans un clin d'œil : Vous savez, ce n'est pas sérieux… Donc, ça ne saurait être allemand ? Ces noms, parfaitement inconnus ici, de scénariste, de metteur en scène, d'interprètes, sont de faux noms germaniques ? Et le nom de cette firme allemande, qui devait être au générique mais qu'on a soigneusement effacé, c'était un pseudo ?… Car c'est gentil tout plein, c'est léger : après une foule de rigides mélos hollywoodiens et de comédies musicales bien convenues, après la lourdeur impressionnante (et gréco-latine) de *Fabiola,* au milieu de la mousse épaisse de nos *Cathédrales* et de nos radio-ciné-feuilletons, c'est comme une bulle de savon, toute en transparence et en irisation, qui nous repose enfin la vue et l'ouïe.

Mais ce n'est pas allemand. Parce que si ça l'était, même cette petite chose de rien du tout, ça compliquerait trop la vie. N'allons pas gâter ce concept précieux, inaltérable, jalousement entretenu, de « l'ennemi traditionnel » (ce titre que porta jadis, de Jeanne d'Arc à l'Entente cordiale, la perfide Albion : une bagatelle de cinq cents ans… Et vivent, divers, successivement sincères, tous les nationalismes – avec ceux qui n'en voient plus clair, et ceux qui en vivent, et ceux qui en meurent !)…

*   *   *

Comme dirait l'autre, ne dramatisons pas. Münchhausen n'est pas sérieux. C'est l'amuseur, le j'm'en-foutiste intégral, le séducteur, celui que voudraient être les hommes et à qui rêvent les femmes. Il est né, tout là-bas, à l'aube du XVIIIe siècle – il a vu le monde entier et les planètes, toutes les cours et les alcôves, toutes les batailles et les bombances. Cagliostro lui a confié le secret de l'éternelle jeunesse. Alors que son ami Casanova vieillit (ils se connurent un jour chez une jolie femme, dans le même placard !), lui demeure toujours vert... et galant. Il verra Marie-Antoinette et Napoléon, Bismarck et Foch : il aura sans doute assisté à la libération de Paris et à la chute de Berlin – car c'est tout récemment, attendri par un premier amour durable et vieillissant, qu'il a soudain décidé de mourir comme les autres... « Et ils furent très heureux, et moururent ensemble. »

Scènes fantastiques : l'anneau qui vous rend invisible, le voyage sur un boulet de canon, le courrier qui fait Stamboul-Vienne (aller-retour) en une heure... Mais le truc n'est jamais souligné, jamais exploité avec ce souci de perfection technique qui solennifie horriblement telle « féerie » de Metro ou de Paramount. Ça demeure jusqu'au bout un jeu de société, le sourire du magicien bien à l'aise, et non pas le rictus épuisant de l'homme fort ou du professionnel des prodiges mécaniques.

Pour moi, dans ce grouillement de séquences divertissantes, j'ai goûté surtout l'amoralité et le luxe de Catherine de Russie (elle avait là-dessous, le savait-on ? les jambes de Betty Grable), la barbarie splendidement drolatique de la cour du Sultan (et son eunuque qui n'a pas TOUT perdu) et, enfin, le séjour dans la Lune (où nos jours terrestres deviennent des années). Rien de tout cela ne donne l'impression qu'on se bat les flancs pour être ingénieux – on l'est, sans effort, sans sueur, le plus agréablement du monde.

Comme sont agréables aussi, et reposants après les orgies de Technicolor criard auxquelles nous avons à survivre, la douceur et les dégradés subtils de cet Agfacolor *not-made-in-Hollywood* ! Pour la première fois depuis longtemps, j'ai vu, dans les canaux de Venise, une eau qui n'était plus atrocement, « glorieusement » bleue, mais glauque et un peu sale, comme toute eau qui se respecte.

Au milieu d'une foule d'excellents interprètes, d'une théorie de fort jolies femmes (et qui dit encore, après avoir admiré cette impératrice et cette princesse, que les Allemandes ne sont que lourdes, elles aussi ?), se détache un acteur de grande classe : il se nomme Hans (ou Franz)

Albers[1], je crois, et son faciès racé, son regard incroyablement hypnotique nous donnent un irrésistible baron Münchhausen.

Au fait, la seule faiblesse, la seule grossièreté patente de ce film, c'en est le dialogue français. Il est pesant et gauche, comme tous les doublages du cinéma, comme presque toutes les traductions. C'est ainsi qu'en français, même Goethe sera toujours illisible...

Pour se consoler de la statue

L'autre jour à Montréal, afin de pacifier quelques dévotes scandalogènes, la police a dû « arrêter » et « écrouer » une œuvre d'un jeune sculpteur canadien : trois nus, ultra-modernes pourtant, taillés d'un seul tronc d'arbre[2]. Pour les photographes, il a même fallu passer un caleçon au plus « indécent » des trois personnages ! C'est rigolo, certes, et c'est triste – mais...

L'autre mois à Rome, foyer de la civilisation, la police de l'honorable Mario Scelba raflait dans les rues des centaines d'affiches « indécentes » : la Vénus de Botticelli servant à annoncer un quelconque festival... Et le lendemain, le juge d'instruction demandait aux agents, avec indignation, pourquoi diable ils n'avaient pas coffré en même temps cet obscène dénommé Botticelli ! Oui, mes frères, à Rome !

Et tandis que nous y sommes... C'est à Paris, capitale de la culture, que pas un seul journal quotidien, sauf erreur, n'a mentionné la mort de Ginette Neveu, la plus grande violoniste française, autrement qu'en fort modestes caractères, sous les manchettes monumentales qui pleuraient la mort de Marcel Cerdan... Et c'est à Paris, il faut également le dire, que les critiques tapent comme des sourds sur la pièce fameuse de Tennessee Williams, traduite par messire Jean Cocteau sous le titre : *Un*

---

1. Son nom est Hans Albers (1891-1960).

2. Il s'agit de *La Famille* (1949) de Robert Roussil qui, laissée par le sculpteur sur le terrain du Musée des beaux-arts de Montréal, provoqua un scandale. Le peintre Paul-Émile Borduas venait, en octobre 1948, de perdre son emploi à l'École du meuble. Au plus fort de l'obscurité duplessiste, on ne plaisantait pas avec l'art moderne.

tramway nommé Désir. Informité, crient-ils, et incohérence du Nouveau Monde ! Mais aucun de ces dignes messieurs, que je sache, n'a souligné ce que les Américains leur ont tout de suite fait remarquer : qu'entre le texte Cocteau et le texte Williams, il y a la différence de presque toute une pièce ! L'an dernier, certains critiques new-yorkais s'étaient pourtant donné la peine de noter que *Les Mains sales* de Sartre n'étaient pas sorties indemnes, elles non plus, de celles du traducteur ! Vieille courtoisie américaine...

L'Amérique a tout de même du bon. Malgré le confort...

(25 novembre 1949)

Index des noms de personnes

A

Abbott, Bud, 124, 168-169, 233, 248
Aimard, Gustave, 88, 312
Alarie, Amanda, 301
Albers, Hans, 316
Alekan, Henri, 198, 203
Alfa, Michèle, 27
Allyson, June, 210
Aly Khan, 260, 265
Ameche, Don, 32
Andersen, Hans Christian, 141, 259
Anderson, Maxwell, 143-144, 212
Andrews, Dana, 7, 94
Anne d'Autriche, 208, 210
Anouilh, Jean, 20, 51, 52, 197
Aragon, Louis, 96
Arden, Eve, 99
Armstrong, Louis, 222
Arthur, Jean, 150-151
Asherson, Renée, 268
Astaire, Fred, 284-286
Aubert, Lenore, 168
Aumont, Jean-Pierre, 241
Avon, Suzanne, 187, 218
Aylmer, Felix, 156
Ayres, Lew, 223

B

Bacall, Lauren, 6, 143
Bachelet, Jean, 301
Balzac, Honoré de, 35, 208, 268
Barker, Lex, 275
Barrault, Jean-Louis, 156, 246, 253, 278
Barrymore, Ethel, 179-180

Barrymore, Lionel, 143
Bataille, Henry, 20
Baur, Harry, 51, 141, 196, 278
Baxter, Anne, 115
Becker, Jacques, 159-161, 200, 203, 269
Beethoven, Ludwig van, 314
Bel Geddes, Barbara, 26, 110
Béliveau, Juliette, 301
Bendix, William (Bill), 227, 230, 274
Benoît, Pierre, 241
Bergen, Edgar, 111
Bergman, Ingmar, 271
Bergman, Ingrid, 12, 29, 114, 121-123, 191, 213-214, 260
Bernadotte, 244-245
Bernhardt, Curtis, 90
Bernhardt, Sarah, 151
Bernier, Jovette, 126
Bernstein, Leonard, 279
Bickford, Charles, 224
Bizet, Georges, 195
Blackburn, Maurice, 301
Blakeney, Olive, 185
Blanchar, Dominique, 112
Blanchar, Pierre, 112, 223, 291
Blyth, Ann, 77
Boehm, Sydney, 90
Bogart, Humphrey, 6, 101, 143-144, 281-282
Bogeaus, Benedict, 131
Botticelli, Sandro, 317
Boyer, Charles, 66, 75-76, 121-123, 128, 132, 179
Brackett, Charles, 147, 151
Brontë (sœurs), 180
Brooks, Hazel, 32, 45
Buffalo Bill, 90
Bushell, Anthony, 267

C

Cabana, Laure, 187, 219
Cagney, James, 227, 229-231
Cagney, Jeanne, 227, 230-231
Cain, James M., 34-35
Caldwell, Erskine, 132, 137
Calhern, Louis, 123
Calvet, Corinne, 296, 298
Camus, Albert, 217
Canonge, Maurice de, 55
Capone, Al, 144
Capra, Frank, 24-25, 45, 103-105, 106, 161, 188
Carné, Marcel, 113
Carr, Sam, 92
Cerdan, Marcel, 317
Chaney, Lon, 168
Chaplin, Charlie, 30, 47, 62-63, 113, 137, 169, 204, 229, 234
Chapman, Marguerite, 90
Charensol, Georges, 199
Charland, Hector, 186, 218
Charles II (roi d'Angleterre), 54
Charles VII (roi de France), 214
Charpin, Fernand, 120
Chevalier, Maurice, 55
Chopin, Frédéric, 72
Choquette, Robert, 265
Chostakovitch, Dmitri, 62
Christian, Linda, 260
Christian-Jaque, 59, 195-196, 225, 252-253
Christie, Agatha, 254
Clair, René, 65, 113, 226
Clary, Désirée, 244-247
Clary, Julie, 244
Claudel, Paul, 20, 304
Clément, René, 79-81, 85, 123, 144, 159, 202, 225
Clouzot, Henri-Georges, 200, 222
Cobb, Lee J., 57
Cocteau, Jean, 20, 44, 61, 65, 123, 142, 205, 266-267, 317
Coëdel, Lucien, 194
Colbert, Claudette, 31
Colman, Ronald, 83-85
Conrart, Valentin, 226
Conte, Richard, 50
Cooper, Gary, 72, 188, 220, 222, 292
Cortés, Hernan, 56

Costain, Thomas, 56
Costello, Lou, 124, 168-169, 233, 248
Coward, Noël, 28, 155
Cromwell, Oliver, 54
Crosby, Bing, 12, 147, 204, 274
Croset, Paule, 54
Crouse, Russel, 102, 106
Crowther, Bosley, 275
Cukor, George, 84-85
Cummings, Robert, 31
Cummins, Peggy, 164-165

D

Dalio, Marcel, 80
Dall, John, 207
Dante Alighieri, 5
Darnell, Linda, 250
Darrieux, Danielle, 141, 267
Daudet, Alphonse, 127
Davis, Bette, 101, 161, 234
Davis, Garry, 291
Day, Josette, 44
De Bergh, Joanne, 50
De Corsia, Ted, 118
De Havilland, Olivia, 237-239
Del Río, Dolores, 23, 86
Delannoy, Jean, 223
Delly, 223, 304
Demazis, Orane, 120
DeMille, Cecil B., 72, 112
Démosthène, 253
Derek, John, 282
Dickens, Charles, 22
Dietrich, Marlene, 75-76, 150-151
Dior, Christian, 220
Disney, Walt, 18, 113
Donat, Robert, 268
Doncoeur, Paul, 12, 191
Donlevy, Brian, 36, 77
Dorsey, Tommy, 222
Dos Passos, John, 96
Dostoïevski, Fiodor, 34, 206-207
Douglas, Kirk, 270
Douglas, Melvyn, 170
Douglas, Paul, 250
Doyle, Conan, 34
Dreyer, Carl T., 192
Drury, Drummond, 187

INDEX DES NOMS DE PERSONNES

321

Druzhnikov, Vladimir, 28
Ducaux, Annie, 2
Dumas, Alexandre, 53, 54, 193, 208-209
Dunant, Henri, 251, 253
Dunne, Irene, 1, 111
Durbin, Deanna, 9
Dürer, Albrecht, 314
Du Veuzit, Max, 223
Duvivier, Julien, 141, 197-198, 203

E

Edge, Frederic, 276
Eisenhower, Dwight, 291
Eisenstein, Sergueï, 60-62, 113, 192
Engstrand, Stuart, 132
Eschyle, 81

F

Fabre, Saturnin, 27
Fabrizi, Franco, 97
Fairbanks, Douglas, 210
Fairbanks, Douglas Jr., 54, 174
Farrow, John, 139
Fath, Jacques, 260
Faure, Renée, 196
Fernandel, 48, 134, 274
Ferrer, José, 214
Feuillère, Edwige, 141, 278
Feyder, Jacques, 58, 65, 113
Field, Sid, 16, 48
Fitzgerald, Barry, 118
Flaherty, Robert, 158
Flynn, Errol, 50, 175, 181
Fonda, Henry, 26, 87
Fontaine, Joan, 147-148
Forbes, Kathryn, 109
Ford, Glenn, 193-194
Ford, John, 86-87, 88, 113, 155, 204, 229
François, Jacques, 73, 285
François-Joseph Ier (empereur d'Autriche), 147
Franz, Eduard, 94
Fréchette, Louis, 314
Frédéric II (roi de Prusse), 314
Fresnay, Pierre, 27, 51, 52-54, 120, 203, 212, 253, 278, 295, 305-306
Frontenac, Louis de Buade de, 252

G

Gabin, Jean, 27
Gable, Clark, 111, 115, 142, 175, 270
Galsworthy, John, 163-164
Garbo, Greta, 84, 100, 112, 173, 268
Gardner, Ava, 27, 55
Gardner, Earl S., 34
Garfield, John, 45, 69-70
Garson, Greer, 181
Genn, Leo, 237
Germain, Nicole, 187, 218
Gershwin, George, 286
Gide, André, 22, 223-224
Gilbert, W. S., 88
Giraudoux, Jean, 268
Goddard, Paulette, 72, 129
Goethe, Johann Wolfgang von, 294, 317
Goldwyn, Samuel, 73
Goodman, Benny, 222
Gordon, Ruth, 84
Goring, Marius, 260
Gouzenko, Igor, 7, 92-94
Grable, Betty, 5, 173-174, 258, 279, 316
Graham, Gwethalyn, 13, 73
Grandpré, Pierre de, 141
Granger, Farley, 207
Grant, Cary, 32, 114, 170
Gratton, Hector, 219
Gray, Coleen, 36, 131
Greene, Graham, 87
Griffith, D. W., 113, 124
Grignon, Claude-Henri, 78, 186, 225
Grunenwald, Jean-Jacques, 160
Guèvremont, Paul, 301
Guitry, Sacha, 244-247, 278, 293-295, 305
Gury, Paul, 188, 218, 225
Gustave V (roi de Suède), voir Bernadotte

H

Hammett, Dashiell, 254
Hampton, Lionel, 222
Hardwicke, Cedric, 274
Harrison, Rex, 6, 164-165
Hart, Lorenz, 264
Hart, Richard, 41-42, 69
Hartnell, William, 165
Hasso, Signe, 84

322   LUMIÈRES VIVES

Haydn, Richard, 148
Hayward, Susan, 221
Hayworth, Rita, 12, 132, 137-138, 193-195, 260, 265, 298
Hearst, William R., 103, 139
Hecht, Ben, 36
Heflin, Van, 42, 210, 221
Hellinger, Mark, 45, 117-119
Hellman, Lillian, 145
Hemingway, Ernest, 35, 46, 96, 117
Henreid, Paul, 296-297
Henri IV, 27
Henry, Yves, 301
Hepburn, Katharine, 103-104
Herlie, Eileen, 156, 267
Hitchcock, Alfred, 114, 179-180, 205-207, 230
Hitler, Adolf, 206, 252, 261, 315
Hobson, Laura, 55
Hodgins, Eric, 170
Holm, Celeste, 70, 238
Holt, Tim, 101
Homolka, Oscar, 110
Honegger, Arthur, 59
Hope, Bob, 12, 48, 232, 234, 303
Horne, Lena, 264
Houde, Camillien, 103
Howard, Leslie, 155
Howe, C. D., 72
Hoyt, John, 185
Hugo, Victor, 253, 266
Huston, John, 100, 144, 204, 229, 242
Huston, Walter, 101, 242

I

Inda, Estela, 57-58

J

Jacobsen, Johan, 140
James, Jesse, 90
Jandl, Ivan, 178
Jeanne d'Arc, 211-214
Jeanson, Henri, 58, 80, 108, 202, 225, 269
Johnson, Celia, 28
Johnson, Van, 5, 105, 270
Jolliet, Louis, 193
Jolson, Al, 72

Jones, Jennifer, 69, 74
Jonson, Ben, 51
Jory, Victor, 194
Jourdan, Louis, 179-180
Jouvet, Louis, 51, 58-59, 108, 141, 222, 269, 278, 279, 306

K

Kalmus, Natalie, 47, 76, 129, 233, 264
Kanin, Garson, 83
Karloff, Boris, 9, 92, 221
Kaufman, George, 106-107
Kaye, Danny, 47-48, 134, 169, 221-222
Kazan, Elia, 68
Kellino, Pamela, 66-67
Kelly, Gene, 210, 264
Kemper, Charles, 131-132
Kessel, Joseph, 291
Kipling, Rudyard, 278
Knowles, John, 119
Koestler, Arthur, 122
Korda, Alexander, 197, 267-268
Krims, Milton, 7
Kroeger, Berry, 94

L

Labiche, Eugène, 300
Ladd, Alan, 111, 234
Lake, Veronica, 111, 128
Lamarr, Hedy, 112, 135
Lamour, Dorothy, 12
Lancaster, Burt, 296
Landis, Carole, 115
Landru, Désiré, 62
Lang, Fritz, 113
Lansbury, Angela, 102, 105, 210
Lardner, Ring, 233
Lassie, 232-233
Latimer, Jonathan, 139
Laughton, Charles, 122-123, 139-140, 179-180
Laurents, Arthur, 310
Leblanc, Maurice, 254
Leclerc, Ginette, 51
Lederer, Charles, 36
Leigh, Vivian, 198, 203
Lénine, Vladimir Ilitch, 135

INDEX DES NOMS DE PERSONNES

323

Lewis, John L., 103
Lewis, Sinclair, 102
Lindfors, Viveca, 123
Lindsay, Howard, 102, 106
Lipsky, Eleazar, 33, 35-36
Litvak, Anatole, 238
Lockhart, Gene, 214
Lockwood, Margaret, 120
Lorde, André de, 241
Lorre, Peter, 297
Louis XIII, 209-210
Louis XVIII, 245
Loy, Myrna, 32, 170
Lubitsch, Ernst, 8, 173
Luce, Henry, 139
Lugosi, Bela, 92, 168
Luguet, André, 2
Lumière (frères), 220
Lupino, Ida, 9, 50

M

MacMurray, Fred, 27
Mafféi, Claire, 161
Magnani, Anna, 97, 260
Mailer, Norman, 291
Makarova, Tamara, 28
Malaparte, Curzio, 96, 122
Mallarmé, Stéphane, 142
Malraux, André, 96, 122
Mankiewicz, Joseph, 250
Marais, Jean, 44, 112, 194, 267
Marin, Jean, 261
Marly, Florence, 80, 185
Marquand, J. P., 130
Marshall, Herbert, 89
Marx (frères), 169
Marx, Karl, 135
Mason, James, 66, 120
Massey, Raymond, 82
Massine, Léonide, 258, 260
Mature, Victor, 36, 131
Mauffette, Guy, 78
Mayo, Virginia, 48, 222
McCarey, Leo, 188
McCarten, John, 265
McGuire, Dorothy, 74
Menjou, Adolphe, 102, 104
Mérimée, Prosper, 193, 195, 197, 208

Michel-Ange, 5
Milestone, Lewis, 123
Milland, Ray, 140, 185
Miller, Arthur, 145
Minney, R. J., 119
Mitchell, Margaret, 221
Mitchell, Millard, 151
Molière, 20
Montez, María, 54, 241
Montezuma, 57
Moore, Kieron, 198
Moorehead, Agnes, 224
Moorehead, Alan, 291
Moreno, Marguerite, 58
Morgan, Dennis, 72
Morgan, Frank, 210
Morgan, Henry, 232-233
Morgan, Michèle, 22, 111, 223, 313
Morgan, Terence, 156
Morlay, Gaby, 58
Morris, Wayne, 100
Muni, Paul, 9
Mussolini, Benito, 287

N

Napoléon Bonaparte, 244-246, 252, 295
Nash, Marilyn, 63
Negri, Pola, 8
Negulesco, Jean, 223
Nelligan, Émile, 83
Nelson, Horatio, 252
Neveu, Ginette, 317
Nichols, Dudley, 81
Nicolosi, Joseph, 55
Nietzsche, Friedrich W., 206
Niven, David, 270
Novotná, Jarmila, 178

O

O'Brien, Margaret, 15
O'Hara, Maureen, 6
O'Keefe, Dennis, 241
O'Neill, Eugene, 81-82, 129
Odets, Clifford, 113-114, 115
Olivier, Laurence, 2, 82, 91, 145, 153-157, 192, 202, 242, 267
Orzazewski, Kasia, 50

LUMIÈRES VIVES

P

Pabst, Georg W., 192
Pagnol, Marcel, 78, 101, 120, 123, 132, 133-134, 155, 278
Palmer, Lilli, 45
Parker, Eleanor, 99-100
Paul (saint), 112
Paxinou, Katina, 82
Peck, Gregory, 68, 179-180
Pelletier, Jacques, 219
Périer, François, 59
Perrault, Charles, 44
Pershing, John J., 124
Peters, Jean, 57
Petiot, Marcel, 62
Pickford, Mary, 8, 30, 31, 229
Pigaut, Roger, 161, 305
Pinkerton, 34
Platon, 240, 242
Plievier, Theodor, 291
Poitras, Henri, 187, 218
Poivre, Annette, 160
Pola, Isa, 51
Porter, Cole, 72
Powell, William, 1, 106-108, 260
Power, Tyrone, 56-58, 260
Pressburger, Emeric, 260
Price, Vincent, 210
Printemps, Yvonne, 305-306
Prokofiev, Sergueï, 62
Provost, Guy, 187, 218

Q

Queen, Ellery, 34

R

Racine, Jean, 20, 192
Raft, George, 9
Raimu, 120, 134, 141, 278
Raines, Ella, 108
Rains, Claude, 296-297
Rank, J. Arthur, 14, 15, 17, 23, 39-40, 124, 264, 286
Rapper, Irving, 99
Raye, Martha, 63
Reagan, Ronald, 100
Redgrave, Michael, 82

Reed, Donna, 41
Reinhardt, Max, 8
Remarque, Erich Maria, 35, 96, 122-123
Renoir, Jean, 113
Renoir, Pierre, 27
Richardson, Ralph, 198, 203
Richelieu (cardinal), 209-210
Rin Tin Tin, 232
Roberts, Allene, 282
Robin, Danny, 279
Robinson, Edward G., 143-144
Rodgers, Richard, 264
Rodin, Auguste, 4-5
Rogers, Buddy, 31
Rogers, Ginger, 284-285
Romains, Jules, 51
Romance, Viviane, 141, 194
Romero, Cesar, 57, 174
Rooney, Mickey, 27, 76-77, 129, 264
Roosevelt, Franklin D., 144
Roquevert, Noël, 160
Rose, Fred, 7
Rossellini, Roberto, 113, 159, 260, 287
Rouleau, Raymond, 196
Rousseau, Jean-Jacques, 104
Roux, Armand, 133
Roux, Lucien, 133
Roy, Gabrielle, 13, 72
Runyon, Damon, 117, 303
Russell, Jane, 234
Russell, Rosalind, 82

S

Sabu, 28
Salacrou, Armand, 226
Salou, Louis, 313
Saroyan, William, 227, 229, 275
Sartre, Jean-Paul, 207, 300, 318
Saunders, Mary Jane, 303
Scelba, Mario, 317
Schiller, Norbert, 185
Schumann, Robert, 72, 314
Scott, Barbara Ann, 152
Scott, Derek, 1
Selznick, David O., 12, 76, 170, 179-180
Shakespeare, William, 2, 82, 83, 153-154, 157, 204
Shapiro, Lionel, 29, 182-183
Shearer, Moira, 260

INDEX DES NOMS DE PERSONNES

325

Shellabarger, Samuel, 56-58
Silone, Ignazio, 96
Simenon, Georges, 34, 254
Simmons, Jean, 156
Simon, Michel, 88, 313
Sitwell, Osbert, 119
Skelton, Red, 181
Skouras, Spyros, 279
Sloane, Everett, 137-138
St-Laurent, Louis, 287
Staline, Joseph, 135
Stanwyck, Barbara, 130, 220, 222
Steigmann, Otto, 183
Stein, Gertrude, 47
Stevens, George, 111
Stevens, Mark, 238
Stewart, James, 17, 45, 49-50, 207
Sturges, Preston, 250
Sullivan, Arthur, 88
Sullivan, Francis L., 214
Sydney, Basil, 156, 267

T

Talleyrand, Charles-Maurice de, 293-295
Taylor, Don, 118
Taylor, Robert, 89
Tcherina, Ludmilla, 59, 260
Temple, Shirley, 30, 32, 303
Thurber, James, 48
Tierney, Gene, 7, 94
Todd, Ann, 179-180
Tolstoï, Léon, 197-198
Topping, Bob, 91
Toren, Marta, 73
Totter, Audrey, 89
Tracy, Spencer, 102-105
Traven, B., 100
Trevor, Claire, 144
Truman, Harry S., 237
Turner, Lana, 41-42, 91, 112, 115, 132, 175, 209-210
Twain, Mark, 132

V

Vallée, Rudy, 32
Valli, Alida, 179-180

Van Druten, John, 46, 98-99, 101, 109
Varin, Roger, 132
Veidt, Conrad, 28
Ventura, Ray, 100
Vera-Ellen, 264
Véry, Pierre, 195, 225
Vidal, Henri, 313
Vidor, King, 193
Ville, Léon, 88
Vincent de Paul (saint), 52-54, 203, 253
Vincent, Jean, 168
Von Stülpnagel, Carl-Heinrich, 293

W

Wagner, Richard, 314
Walbrook, Anton, 260, 264
Wanger, Walter, 191, 211, 214
Warner (frères), 1, 98-99, 132, 223, 268
Warner, H. B., 90
Wayne, John, 230
Webb, Clifton, 275
Weissmuller, Johnny, 275
Welles, Orson, 136-138
Wells, H. G., 9, 10-11
Whelan, Arleen, 108
Widmark, Richard, 36, 162
Wilde, Cornel, 181
Wilde, Oscar, 129
Wilder, Billy, 147, 150-151
Williams, Tennessee, 317
Winchell, Walter, 117
Winsor, Kathleen, 56
Wiseman, Nicholas, 312-313
Wooland, Norman, 156, 164-165, 267
Wyman, Jane, 222, 223-224, 242
Wynn, Keenan, 210

Y, Z

Young, Robert, 90
Zanuck, Darryl, 55, 68, 237
Zweig, Stefan, 51

Index des œuvres

13 Rue Madeleine, 50
1918, *voir* Westfront 1918

A

A Connecticut Yankee, 273-274
A Double Life, 83-85, 204
A Foreign Affair, 149-151
A Letter to Three Wives, 248-250
À l'Ouest rien de nouveau, 122
À nous la liberté, 65
A Place of One's Own, 119-120
A Song Is Born, 220, 222
Ah, Wilderness!, 129
Aigle à deux têtes (L'), 142, 200, 205
Alexandre Nevski, 60, 65
All My Sons, 145
All Quiet on the Western Front, 123
Andy Hardy, 77
Angel with the Trumpet (The), 267-268
Anna Karénine, 197-198, 203
Another Part of the Forest, 145
Antoine et Antoinette, 159-161, 199, 203, 269
Arch of Triumph, 29, 121-123, 140
Assassinat du père Noël (L'), 59, 195-196, 199
Aventures fantastiques du baron Münchhausen
    (Les), 314-317

B

B.F.'s Daughter, 130
Bachelor and the Bobby-Soxer (The), 32
Ball of Fire, 220-221
Ballerina, 14
Bambi, 18
Baiser (Le), 5
Barkleys of Broadway (The), 284-286

Bataille de l'eau lourde (La), 261
Bataille du rail (La), 79, 81, 290, 292
Bataillon du ciel (Le), 290-292
Belle et la Bête (La), 43-44, 123, 267
Belle Meunière (La), 134
Best Years of Our Lives (The), 19, 22, 132
Bethsabée, 199
Beyond Glory, 234
Big Clock (The), 139-140
Birth of a Nation (The), 124
Blanche-Neige, 18
Body and Soul, 45
Bonheur d'occasion, 21, 34, 72
Boomerang, 50, 159
Bourgeois de Calais (Les), 5
Boys Town, 131
Brief Encounter, 17, 22, 28, 155

C

Caesar and Cleopatra, 40
Cabinet du docteur Caligari (Le), 65
Café du Cadran (Le), 204
Call Northside 777, 49-50
Camarades (Les), 122
Camille, 84
Captain from Castile, 56-58
Carmen, 141, 194
Casablanca, 297
Cass Timberlane, 102
César, 120, 123
Champion, 270
Chartreuse de Parme (La), 200, 205
Christophe Colomb, 124
Chronique des Pasquier, 1
Cinq Gentlemen maudits (Les), 141
Citizen Kane, 137

328   LUMIÈRES VIVES

Club de femmes, 141
Colonel Blimp, 260
Command Decision, 270
Condamnés (Les), 304-306
Condition humaine (La), 223
Copie conforme, 108
Corbeau (Le), 51, 52, 55, 200, 222
Count of Monte-Cristo (The), 73
Critias, 242
Croisade [en Europe], 291
Crossfire, 69, 90
Cuirassé Potemkine (Le), 60, 65, 192
Curé du village (Le), 261, 265, 289
Cure for Love (The), 268

D

D'homme à hommes, 252-253
Dame de l'Ouest (La), 88
Dead End Kids, 131
Deep Valley, 9
Dernière Classe (La), 127, 251
Déserteur, 65
Destin fabuleux de Désirée Clary (Le), 244-247, 295
Destry Rides Again, 24
Diable au corps (Le), 265
Diable boiteux (Le), 293-295
Docteur Louise, 261
Doctor, 51
Down to Earth, 12
Druid Circle (The), 46
Duchesse de Langeais (La), 268

E

Earth and High Heaven, 13, 73
Emperor Jones (The), 129
Emperor Waltz (The), 147, 151, 195, 204
Enchantment, 270
Enfants du Paradis (Les), 19, 311
Escape, 163-165
Escape Me Never, 50
Étranger (L'), 279
Étudiant de Prague (L'), 65
Exile (The), 54-55

F

Fabiola, 111, 311-313, 315
Famille (La), 317
Fanny, 120
Farrebique, 55, 200
Femme du boulanger (La), 141
Fighting Father Dunne, 131
Film Sense (The), 62
Forever Amber, 13
Forteresse (La), 20, 27, 37, 40-41, 215, 280
Fountainhead (The), 292
Foxes of Harrow (The), 5
Fridolinons, 20
Fugitive (The), 86-87, 204
Fun and Fancy Free, 17
Furia, 51
Fury at Furnace Creek, 130-132

G

Garden of Allah, 75-76
Gentleman's Agreement, 13, 55, 68-70, 72, 238
Give My Regards to Broadway, 131
Going My Way, 188
Golem (Le), 65
Gone with the Wind, 19, 22, 76, 192, 220, 311
Good Sam, 188-189
Goupi Mains Rouges, 19, 22, 188
Grande Illusion (La), 65
Grapes of Wrath (The), 65, 87
Great Dictator (The), 63
Great Expectations, 22, 70
Green Dolphin Street, 41-42
Gros Bill (Le), 261, 299-302

H

Hairy Ape (The), 129
Hamlet, 91, 145, 153-157, 165, 202, 242, 267
Henry V, 2, 17, 19, 28, 40, 91, 145, 153, 155, 210, 268
High Wall, 89-90
Hills of Home, 233
Home of the Brave, 307-310
Homecoming, 115
House on 92nd Street (The), 50, 158
Huis clos, 207

INDEX DES ŒUVRES

I

I Remember Mama, 109-111, 204
Ideal Husband, 129
Ils étaient neuf célibataires, 141
Inévitable Monsieur Dubois (L'), 2
Informer (The), 65, 87
In Which We Serve, 17, 28
Iron Curtain (The), 7, 92-94, 95
Inside the Atom, 135
Ivan le Terrible, 60

J

Jeanne d'Arc, 192
Jeannou, 27
Jenny et le soldat, 140
Joan of Arc, 12, 45, 191-192, 211-214
Johnny Belinda, 205, 222, 223-224, 242
Joyeux Phénomène (Le), 134
June Bride, 234

K

Kermesse héroïque (La), 58, 65
Key Largo, 143-144, 281
Kid from Brooklyn (The), 47
Killers (The), 45, 117
Killer McCoy, 76-77
Kiss of Death, 33-37, 50, 159
Knock on Any Door, 281-282

L

Labyrinthine Ways (The), 87
Lac des cygnes (Le), 15
Lady from Shanghai (The), 136-138
Lassie Come Home, 233
Le jour se lève, 27
Le journal tombe à cinq heures, 27
Le silence est d'or, 19, 22, 88
Les amoureux sont seuls au monde, 269, 279
Les assassins sont parmi nous, 270
Life with Father, 1-2, 22, 98, 111
Ligne générale (La), 60
Little Caesar, 144
Little Miss Marker, 303
Long Home (The), 87

Long Night (The), 26-27
Long Voyage Home (The), 129, 155
Lost Weekend (The), 140
Loves of Carmen (The), 193-195, 197
Lucrèce Borgia, 141

M

M, 65
Madame Bovary, 112
Magic Town, 17, 24-25, 45
Main de Dieu (La), 5
Mains sales (Les), 318
Mama's Bank Account, 109
March of Time (The), 53, 166, 312
Marie-Didace, 21, 34
Marion des Neiges, 55
Marius, 53, 101, 120, 134
Marked Woman, 101
Maudits (Les), 79-81, 85, 88, 123, 144, 159, 202
Maxime Gorki, 65
Mayerling, 76, 112
Meet John Doe, 24
Mikado (The), 88
Misanthrope (Le), 275
Modern Times, 63, 234
Monsieur Verdoux, 62-63, 137, 203, 204
Monsieur Vincent, 52-54, 199-200, 202, 212, 242, 295
Montgomery, 291
Mourning Becomes Electra, 81-82
Mr. Belvedere Goes to College, 274
Mr. Blandings Builds His Dream House, 170-171
Mr. Smith Goes to Washington, 24
My Heart Goes Crazy, 14, 16, 40
My Wild Irish Rose, 72

N

Naked and the Dead (The), 291
Naked City, 117-119, 204
Nanook, 158
Ninotchka, 173
Notaire du Havre (Le), 1
Notorious, 114

O

Octobre, 60

330 — LUMIÈRES VIVES

Oklahoma, 98
On Our Merry Way, 131
Orestie, 81
Oswiecim, 132
Othello, 83-85, 161

P

Païsa, 88, 159
Paleface (The), 234
Paradine Case (The), 179-180
Partage de midi, 304
Passionnelle, 141
Penseur (Le), 5
Père Chopin (Le), 215
Peste (La), 217
Porte de l'Enfer (La), 4
Phèdre, 151
Philadelphia Story (The), 250
Pierre le Grand, 65, 192
Polyeucte, 304
Prince of Foxes, 56
Pygmalion, 155

Q

Quai des Orfèvres, 222, 279
Quatre ans d'occupations, 294
Question russe (La), 132

R

Rainbow (The), 65
Ramuntcho, 71
Red Shoes (The), 242, 258-260, 264
Relentless, 90
Rêves d'amour, 141
Rio Escondido, 132
Robinson Crusoé, 135
Rome, ville ouverte, 19, 22, 40, 88, 97, 113, 159, 287-288
Rope, 205-207, 230
Rope of Sand, 296-298
Round to Rio, 12
Ruy Blas, 266-267

S

Saigon, 111

Samson et Dalila, 112
Sang d'un poète (Le), 65
Saturday Night, 234
Scarface, 9
Sciuscià, 95, 96-97, 159, 177-178, 203
Sealed Verdict (The), 29, 182-185
Search (The), 175-178, 181, 202-203, 242, 256
Secret Life of Walter Mitty (The), 47-48, 222
Septième Voile (Le), 101
Séraphin, 78
Silence de la mer (Le), 291
Singapore, 27-28
Siren of Atlantis, 240-242
Sitting Pretty, 204, 275
Sleep, My Love, 31-32
Snake Pit (The), 236-239
So This Is New York, 232-234
Something in the Wind, 9
Son of Lassie, 233
Sorrowful Jones, 303
Stalingrad, 291
State of the Union, 45, 102-105, 106-107
Stone Flower (The), 19, 22, 28
Street with No Name (The), 158, 161-162
Student Prince (The), 8
Summer Holiday, 129
Survenant (Le), 21
Symphonie pastorale (La), 19, 22, 28, 128, 223

T

Tap Roots, 220-221
Tarzan, 275
Temps modernes, *voir* Modern Times
Ten Days that Shook the World, 60
That Lady in Ermine, 173-174
The Eagle Has Two Heads, 142
The Senator Was Indiscreet, 106-108, 142
Thérèse Raquin, 65
Thief of Bagdad (The), 28
Things to Come, 9, 10
Three Muskateers (The), 208-210
Time of Your Life (The), 227, 229-231
Timée, 240-241
Tin Flute (The), 13, 72
To the Victor, 123
Tobacco Road, 137
Tonnerre sur le Mexique, 60
Torment, 271-272

INDEX DES ŒUVRES

Treasure of the Sierra Madre (The), 100-101, 144, 204, 242, 256
Trois Mousquetaires (Les), 209

U

Un ami viendra ce soir, 199
Un carnet de bal, 131
Un grand amour de Beethoven, 141
Un homme et son péché, 78, 125, 186-188, 215-219, 224-226, 228, 292, 300
Un revenant, 58, 108, 260
Un tramway nommé Désir, 317-318
Unconquered, 72
Unfinished Dance (The), 14-15
Up in Arms, 47
Upturned Glass (The), 66-67

V

Vicomte de Bragelonne (Le), 54, 208
Voice of the Turtle (The), 46, 98-100, 110

Volpone, 51, 55, 141
Voyage de monsieur Perrichon (Le), 151

W

Westfront 1918, 65, 192
Whispering City, 20, 33, 37, 40-41
Women (The), 84
Wonder Man, 47, 134, 222
Words and Music, 264

X, Y, Z

XIVth Olympiad, 151
You Can't Take It with You, 104
Zéro de conduite, 220

Table des matières

Présentation	VII
Établissement du texte	XXV
De Broadway à Hollywood – sans incident	1
La Mystérieuse Affaire de la rue McGill	4
Beware of Baronova!	7
L'an prochain, dans l'autre monde…	10
Pour que les vaches soient bien gardées	14
Bilan sans bavardage	19
La grande dizaine	22
Maigre et jeune	26
Les étoiles ne brillent qu'une fois	30
Histoires de crimes	33
Grenouille, gare à toi !	38
Il était une fois…	43
Génie de la grimace	47
(Danny Kaye dans *The Secret Life of Walter Mitty*)	
Quasi-documentaire	49
(James Stewart dans *Call Northside 777*)	
Saint Vincent brûle un lampion…	52
(Pierre Fresnay dans *Monsieur Vincent*)	

LUMIÈRES VIVES

Un nain au pays des géants   56
    (Tyrone Power dans *Captain from Castile*)

Sic transit...   60
    (Eisenstein est mort ; Chaplin a fait *Monsieur Verdoux*)

Prison sans soupirail   64

L'épiderme du problème   68
    (L'antisémitisme dans *Gentleman's Agreement*)

Maigre chère   71

Du sable, de la volupté, des remords   75
    (Marlene et R. P. Boyer dans *Garden of Allah*)

Götterdämmerung-45   79
    (*Les Maudits* de René Clément)

Murder Story, by Shakespeare   83
    (Ronald Colman dans *A Double Life*)

Vingt siècles avant J.-C.   86
    (*The Fugitive* de John Ford)

MGM : Grands Maîtres du Médiocre   89
    (*High Wall*)

L'affaire du petit rideau de fer   92
    (*Tovarisch* Andrews-Gouzenko dans *The Iron Curtain*)

Les bons films : pftt !   95

Oh ! le chaste week-end !   98
    (*The Voice of the Turtle* à l'usage du dauphin)

Jean-Jacques Rousseau en images   102
    (*State of the Union* avec Tracy, Hepburn... et Camillien !)

Après le scalpel, le tomahawk   106
    (William Powell dans *The Senator Was Indiscreet*)

Le sentimental melting-pot   109
    (Irene Dunne, Oscar Homolka, dans *I Remember Mama*)

TABLE DES MATIÈRES

Les désenchantés   113
(Hollywood contre la vie)

Testament de Broadway   117
(*Naked City* de Mark Hellinger)

Cette fois, « rien de nouveau » !   121
(*Arch of Triumph*)

Nous sommes venus il y a 300 ans…   126
(Etc., etc.)

Hip ! hip ! et viennent les cowboys !   130
(*Fury at Furnace Creek*)

L'avènement du Roux-color ?   133
(… et le Technicolor enfoncé ?)

Le prodige engagé   136
(Orson Welles et *The Lady from Shanghai*)

Murder with a smile   139
(Milland et Laughton dans *The Big Clock*)

Merci, mon Dieu, pour les méchants…   143
(Robinson et les Bogart dans *Key Largo*)

À une personne sérieuse   146
(*The Emperor Waltz*)

À Berlin, ah ! ce qu'on peut rigoler !   149
(*A Foreign Affair* avec Marlene, etc.)

L'impossible triomphe   153
(*Hamlet*)

Tranches de vie   158
(*Antoine et Antoinette* – *The Street with No Name*)

Hollywood voyage   163
(*Escape,* avec Rex Harrison)

Abbott and Costello Meet Frankenstein   168

336 LUMIÈRES VIVES

Comédie d'outre-tombe   173
    (*That Lady in Ermine* : par Ernst Lubitsch ?)

L'examen de conscience   175
    (*The Search*)

Le « Procès » de Hitchcock   179
    (*The Paradine Case*)

La machine à faire le vide   182
    (*Sealed Verdict*)

Tout va très bien – pourvu que ça dure…   186
    (En attendant *Un homme et son péché*)

Une grande rumeur au sud…   190

Prosper au spectacle   193
    (*The Loves of Carmen*)

Il y a longtemps, longtemps…   197
    (*Anna Karénine*)

Les dix grands   201

Sartre, Bourget, Dostoïevski, etc. – et Hitchcock !   205
    (*Rope*)

Mister Richelieu et Gene O'd'Artagnan   208
    (*The Three Musketeers*)

Un album de 5 000 000 $ 211

En l'an 55, à mi-chemin…   215
    (*Un homme et son péché*)

Sur des thèmes anciens, faisons des films vieillots   220

Oui, le silence est d'or   223
    (*Johnny Belinda*)

Le milieu, le bon langage, etc.   227
    (Propos sans conséquence)

Mais qu'est-ce que c'est ?   229
    (*The Time of Your Life*)

TABLE DES MATIÈRES

Des deux, je préfère le vrai — 232

Voyage au fond de l'abîme — 236
(*The Snake Pit*)

La belle Antinéa, non platonique — 240
(*Siren of Atlantis*)

Ainsi parla Napoléon-Sacha… — 244
(*Le Destin fabuleux de Désirée Clary*)

La comédie du country-club — 248
(*A Letter to Three Wives*)

Pour compléter le *Petit Larousse* — 251
(*D'homme à hommes*)

Au royaume de la grisaille — 254
(c'est-à-dire chez nous)

La culture à grand spectacle — 258
(*The Red Shoes*)

De la couleur avant (et au lieu de) toute chose — 263

Ruy Blas — 266

L'embarras du choix — 269

A Connecticut Yankee — 273

Cinéma des Boulevards — 278

Bogart-le-bon, et du meilleur — 281
(*Knock on Any Door*)

Les souliers rouges de Fred Astaire — 284

Cette attente nous tue… — 287
(si l'on peut dire)

Guerre d'autrui tu ne prendras — 290
(*Le Bataillon du ciel*)

Talleyrand (Sacha) — 293

LUMIÈRES VIVES

Une Afrique en plaque	296
Et voilà *Le Gros Bill...*	299
À l'écran : le sentimental Dur-à-Cuire	303
L'éternelle triade	304
Simple comme un Chef-d'œuvre *(Home of The Brave)*	307
Pour voir les lions, c'est trois heures *(Fabiola)*	311
Plaisir d'Allemagne *(Les Aventures de Münchhausen)*	314
Index des noms de personnes	319
Index des œuvres	327

CRÉDITS ET REMERCIEMENTS

Les Éditions du Boréal remercient le Conseil des arts du Canada ainsi que le gouvernement du Canada pour leur soutien financier.
Canadä

Les Éditions du Boréal sont inscrites au Programme d'aide aux entreprises du livre et de l'édition spécialisée de la SODEC et bénéficient du Programme de crédit d'impôt pour l'édition de livres du gouvernement du Québec.
Québec ⁕⁕

Photographie de la ouverture : René Lévesque, journaliste, 1950. Fonds René Lévesque, Archives nationales à Montréal, Bibliothèque et Archives nationales du Québec, P18,S1,SS4,SSS1,D30,P3.

L'intérieur de ce livre a été imprimé sur du papier
100 % postconsommation, traité sans chlore, certifié ÉcoLogo
et fabriqué dans une usine fonctionnant au biogaz.

MISE EN PAGES ET TYPOGRAPHIE :
LES ÉDITIONS DU BORÉAL

ACHEVÉ D'IMPRIMER EN NOVEMBRE 2022
SUR LES PRESSES DE L'IMPRIMERIE HLN
À SHERBROOKE (QUÉBEC).